U0956011

解套

基本逻辑与六大战法

屠龙刀◎编著

中国宇航出版社
·北京·

版权所有　侵权必究

图书在版编目（CIP）数据

解套基本逻辑与六大战法 / 屠龙刀编著. -- 北京 : 中国宇航出版社, 2024.4(2024.9重印)

ISBN 978-7-5159-2342-0

Ⅰ. ①解… Ⅱ. ①屠… Ⅲ. ①股票交易－基本知识 Ⅳ. ①F830.91

中国国家版本馆CIP数据核字(2024)第010853号

策划编辑　卢　珊　　封面设计　王晓武
责任编辑　卢　珊　　责任校对　洪　宇

出版发行　中国宇航出版社
社　址　北京市阜成路8号　　邮　编　100830
（010）68768548
网　址　www.caphbook.com
经　销　新华书店
发行部　（010）68767386　　（010）68371900
（010）68767382　　（010）88100613（传真）
零售店　读者服务部
（010）68371105
承　印　三河市君旺印务有限公司
版　次　2024年4月第1版　　2024年9月第2次印刷
规　格　710×1000　　开　本　1/16
印　张　14.25　　字　数　188千字
书　号　ISBN 978-7-5159-2342-0
定　价　49.00元

本书如有印装质量问题，可与发行部联系调换

PREFACE 序

愿天下没有解不开的套

套牢，对于大多数散户来说，是最不愿意碰到，但又无法避免的一件事。很多散户在形容自己的炒股生涯时，都曾这样概括：入场—被套—解套—解套失败—再度深套，最后含泪离场。

其实从理论上来说，大多数交易系统中并没有套牢的概念，只有“止损”的概念。当投资者持仓的股票亏损达到一定幅度时，第一件事就是止损离场。但是还有很多投资者不愿意止损，宁愿被套牢也不止损，甚至采用了“添油”战术，不断地加仓，导致亏损幅度逐渐增大，最后加不动仓了，看着账面巨大的亏损额，陷入悔恨与懊恼的情绪中。

其实套牢也没有那么可怕，可怕的是很多投资者不知道如何应对套牢，以及毫无章法的解套操作。这就如同一名将军，他手下有一只部队被敌人包围了，而且敌人还可能在四周布下了陷阱，等待他的救援部队进入圈套。此时，他该如何选择？最下策的选择，是自乱阵脚，慌慌忙忙地率军去救援，最后落入陷阱，全军覆没。最上策的选择是什么？当然是重新分析战场形势，找出部队被围的原因，然后采取针对性的策略。部队被围，肯定与先前的策略失误有关，也就是说，之前制订的战略战术有需要检讨和修改完善的地方。因此，要想解围，必须先在思想上解套，寻找一套新的战略战术。

总之，一个恰当的策略，不只是能挽回损失（被围的部队），甚至可能出现胜负的逆转，乃至反败为胜。

我们寻求股票解套的策略也类似。外围环境不同，个股条件不同，股价运行的阶段不同，解套的方法、策略也不尽相同。大家知道，市场上不只有散户，还有坐在散户对面的主力庄家。通常来说，随着经济的发展，股市也会振荡上升，这样股市的参与者都能够分享经济发展的成果。而当股市长期在某一区域横向振荡时，整个股市就趋近于一场零和游戏，考虑交易成本和费用，可能还会演变为负和游戏。因此，坐在散户对面的主力就扮演了一个操纵整个游戏的庄家的角色。为了能够从散户手中拿到钱，这些主力就会设计一个又一个的陷阱，来套牢散户。散户则因为对主力的手法缺乏了解，而不断地“入套”，努力“解套”，最后“割肉”离场。

从以上描述可以看出，散户被套牢，其实很大程度上是出自“主力庄家”的设计。因此，对于散户来说，第一选择是不被套牢，第二，若是被套牢了，就需要制订有针对性的解套方案。盲目地入场“添油”，很可能会越亏越多。

针对被套牢情况的不同，本书设计了 3 个层面的解套逻辑，即股票层面解套、资金层面解套以及交易系统的重构。同时，从解套实战出发，设计了 6 套适应不同环境的解套策略，17 套解套方案，以供读者参考使用。

纵使解套策略千千万万，但总归不被套牢才是最好的。解套的过程，就是磨炼交易技术和投资心态的过程。在研究和应用解套策略与战术期间，投资者会遇到各种问题和困难，但要相信一点：天下没有解不开的套。

CONTENTS 目录

第四章 顺趋势解套战法

第五章 反向解套战法

第一章

复盘：套牢是如何发生的

套牢，是所有投资者最痛恨的一件事。但是，对于大多数散户来说，却又是谁都无法避免的一件事。很多散户形容自己的炒股生涯，都曾这样概括：入场—被套—解套—解套失败—再度深套，最后含泪离场。

可以这样说，有股市的地方，就会有套牢。那么，套牢是如何发生的呢？

第一节 主力运作与散户追涨

股市中，主力与散户就是一对天生的冤家。尽管从理论上来说，投资者都可以从经济发展带动的股市上涨中获利，但不可否认，在市场上，更多的获利都是通过交易获得的。这就决定了大部分股市交易其实都是一种零和博弈，即一方获利，必然会造成另一方的亏损。当然，这是在不考虑交易成本的前提下。因此，在高位套牢散户，就是主力必修的功课，也是其盈利的必然选择。

主力不总是要将手中的股票卖给散户，只有股价上升到高位或者想要抛出手中的筹码时，才会向散户派筹。散户愿意买入股票的原因，其实也只有一个，即相信股价未来还会继续上涨。因此，主力的所有运作都是围绕股价进入高位后，仍然要让散户相信股价还会继续上涨的思路下进行的。即使在股价下跌到“半山腰”位置，只要主力手中还有股票要出清，也会制造一种股价即将反弹的感觉，让散户感到自己抄底是正确的选择。

一、高位设套模式

高位设套模式是主力最喜欢的一种下套模式，也是散户最容易中招的一个陷阱。股市中有这样一句话：牛市就是散户的收割机。很多人，特别是散户都讨厌熊市，觉得熊市让自己失去了挣钱的机会。但事实上，真正让散户血本无归的却是人人都爱的牛市。观察A股的K线走势图可以发现，每一轮牛市的高点，其实都伴随着大量散户的血与泪。

下面来看一下上证指数的走势情况，如图1-1所示。

从图1-1中可以看出，历次股市运行的高点，都伴随着成交量的急剧放大。其实从另外一个角度来解读，就是每次股市的高点都伴随着大量的套牢盘，其中又以2015年6月中旬的高点所对应的套牢盘最大。相比2007年的牛市高点，2015年的高点成交量更大，被套牢的人数也更多。这也是后续很多年股市一直难以形成较大上升浪的原因之一，即当年在高点套牢了太多散户。

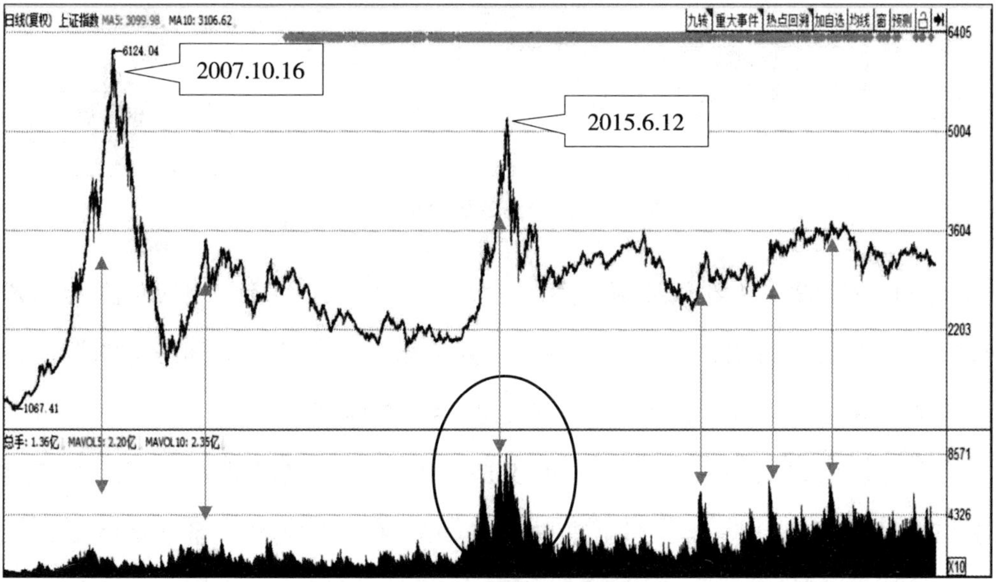

图1-1　上证指数日K线走势图

由于A股市场属于单向交易市场，即任何人想要从股市中挣钱，都需要通过“低价买进，高价卖出”的模式来实现。同时，与散户不同的是，主力的资金量非常大，无论是买入股票还是卖出股票，都会对股价走势产生较大的影响，根本做不到悄无声息地买入与卖出。因此，主力在卖出时，需要尽可能地制造出一种繁荣的景象，让散户感觉到买入股票就能赚钱。当然，大多数散户也不会第一时间跟进，而是会经过“充分的犹豫与观望”之后才入场，而此时，往往也离主力出清手中的筹码不远了。

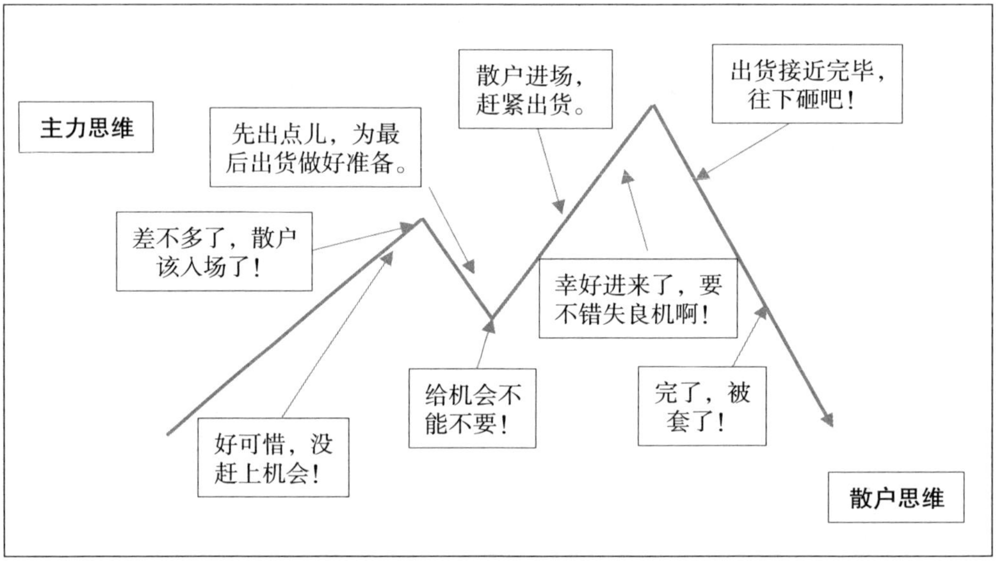

图1-2　主力高位设套运作意图

图1-2为股价达到顶部区域后主力的运作意图，以及散户思维变动示意图。从图中可以看出，当股价进入顶部区域后，主力第一时间考虑的就是将手中的筹码兑换成现金，当然，价格还要尽可能地高。

主力之所以能够成为主力，不仅是手中的资金量足够大，还因为其对散户心理掌握的比较准。通常来说，市场上绝大多数散户都具有贪婪、从众、恐惧下跌等弱点，而正因为这些弱点，散户才在市场上被主力耍的“团团转”。

与散户的理解不同，主力想要出货时，一定会营造一种看涨的氛围，可能会借助外围的利好消息，也可能会在股价走势方面造成一种强势上攻的迹象。此时，受赚钱效应的影响，很多散户就会格外愿意入场买入股票。股价即使在顶部出现下跌，也会理所当然地认为属于主力洗盘，也是自己较佳的入场机会。主力为了鼓励散户的这种想法，也为了尽快将手中的筹码全部出清，就会刻意制造一种股价继续上攻的假象。当然，在最后阶段的上升期，主力往往会通过一边拉升一边出货的方式，将手中的筹码派发出去。由于此时市场做多情绪极高，根本不用主力动用多少资金，就可以轻松地将股价向上拉升，同时还可以大肆出货。

当其将手中的筹码差不多要出清时，主力就不会再花力气维护市场氛围和股价了，争相将手中最后的筹码派发出去就是其最直接的选择。所以很多股票在冲顶时，往往都会有一个直线下跌的过程，此前入场的散户就这样被套在了“山顶”上。

当然，也有人会说，有些股票在顶部也是盘整了很长时间啊，并没有直接下跌啊！其实，这类股票走势的出现，主要源于主力手中的筹码还没有出清。可能是因为市场环境不好或其他原因，愿意追涨入场的散户较少，因而，主力不得不延长出货时间，这也是一些经典顶部形态出现的原因。

二、“半山腰”设套模式

多数情况下，典型的“半山腰”设套模式都是由于股价受外部因素影响下跌过急，主力手中还有部分筹码尚未出清，因而不得不在下跌途中择机派筹。

“半山腰”设套的主力意图，如图1–3所示。

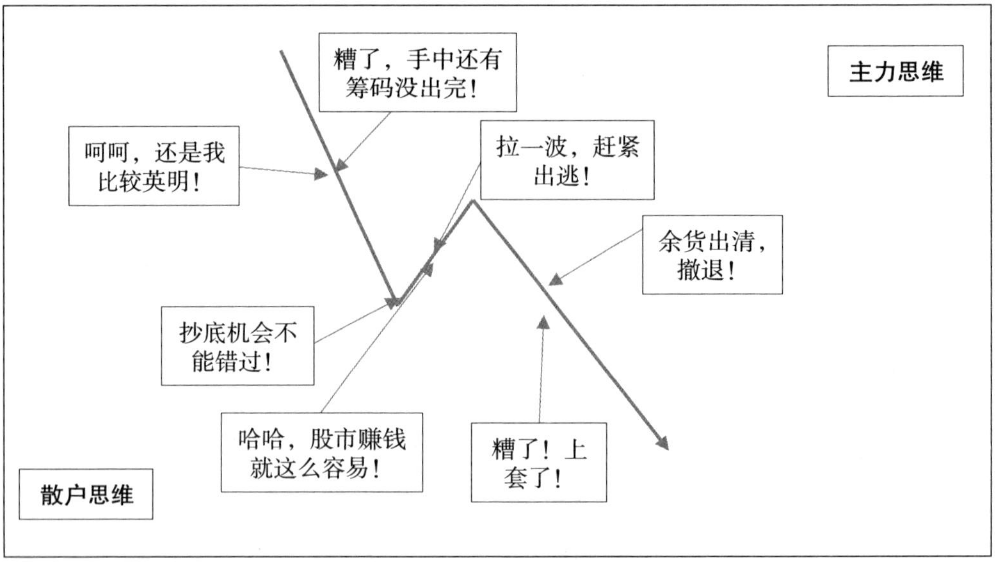

图1-3　主力半山腰设套运作意图

相对于顶部派筹而言，半山腰派筹的难度更大一些。毕竟从大趋势上来看，股价此时多已进入下跌趋势，很多技术分析理论派的投资者是不愿意入场的，同时，由于市场缺乏赚钱效应，新手投资者也是不愿意入场的。此时市场上会有一些老派投资者可能会用诸如价值分析理论或者某些背离理论来论证股价已经触底即将反弹，自己入场是为了“博反弹”。事实上，多数敢参与反弹的投资者都是有着丰富的投资经历的，这也是人们常说的，“新手死在山顶上，老手死在半山腰”的原因。

对于很多有经验的投资者来说，高位追涨必然面临较大的风险，尤其是股价进入高位滞涨阶段或量价背离开始显现。同时，错过股价大幅上涨，是不可能不在这些投资者心中留下一丝遗憾的，因此，这些投资者都会密切关注股价的走势。当股价下跌达到一定幅度并且遇到强支撑位时，特别是外围开始出现一些利好信号时，这些投资者就会将这一时间看成较佳的入场时机。基于以上判断，这些投资者选择在股价下跌途中入场了。

第二节　套牢与散户心理变化

套牢，本质上来讲是指投资者的预期与股价的实际走势不相符。例如投资者预计股价将上涨，但买进后股价却一直在下跌，这种现象称为多头套牢；相反，投资者预计股价将下跌，将所买股票卖出，但卖出后股价却一直上涨，这种现象称为空头套牢。目前，由于A股市场以做多为主，因而所谓的套牢，指的也是多头套牢。

通常来说，如果一个投资者在入场前就已经制订了科学且规范的交易计划，那么，套牢是不会发生的，因为止损就是整个交易计划的一部分。当股价触及止损位时，理论上就应该立即止损，此后也就不会有所谓的“套牢”了。但现实却是很多人并没有第一时间止损，于是套牢就发生了。

一、套牢程度：浅套与深套

根据股价低于买入成本价的幅度，可将整个套牢分为浅度套牢、中度套牢和深度套牢。如图1–4所示。

散户的资金量不同、认识不同，对套牢的感觉也会有所差别，但从整体上来说，大部分散户在面对不同程度的套牢时，都会有一些相似的心理反应。

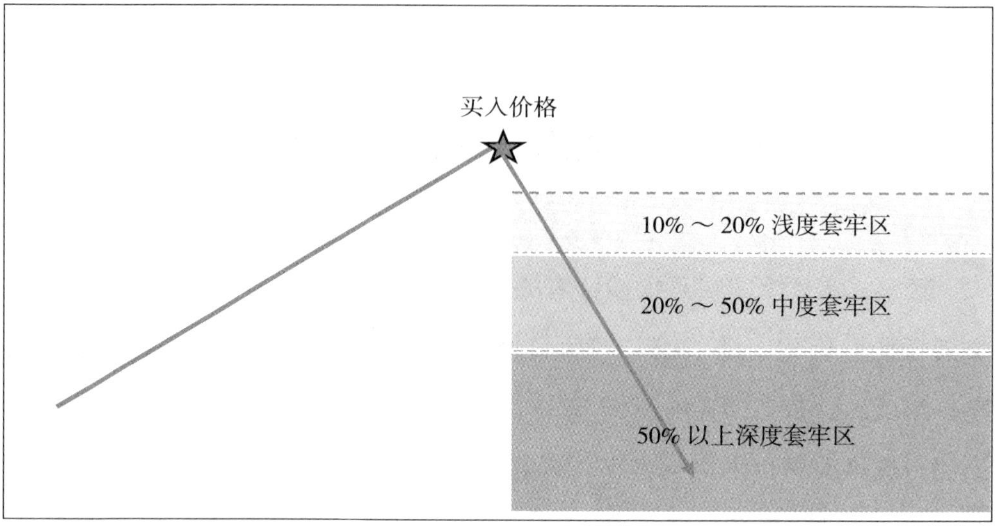

图1-4　套牢程度的划分

1. 浅度套牢与散户心理

从严格意义上来说，浅度套牢并不能称之为套牢。毕竟这一区域距离止损位很近，也就是刚刚触及止损位而没有事实上进行止损，而形成的亏损。

通常来说，浅度套牢者面临以下三种选择，如图1-5所示。

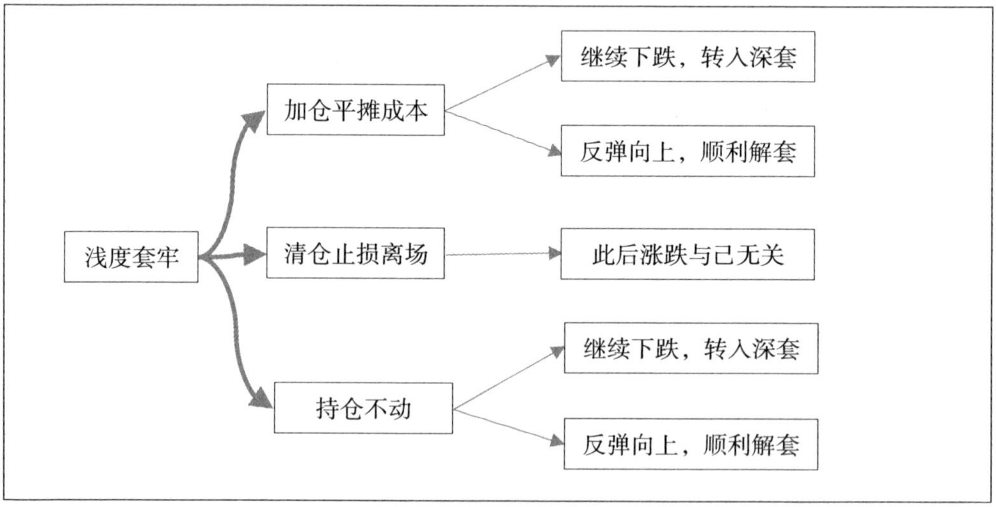

图1-5　浅度套牢者的选择

从散户的角度来说，在三种选择中，若选择清仓，也就意味着承认自己的失败，还要面临将账面损失变为事实损失的窘境。更何况愿意清仓的投资者肯定属于能够主动承认判断错误的人，这类人可能早已在先前股价触及止损位时止损立场了。因此，大多数投资者在此时往往都不会选择清仓离场，要么坚持继续持仓，要么选择加仓平摊成本。这其实是很多散户，特别是新入场投资者的通病。

采取加仓平摊成本策略的投资者，其中可能会有一部分人在某一次行动中成功了，但更多的人都会以失败告终。原因很简单，市场已经证明了其判断的错误，此时加仓实质上就是错上加错。

2. 中度套牢与散户心理

中度套牢者的心理恐怕就没有那么淡定了，失望、恐慌与悔恨的情绪夹杂在一起，很多人已经失去了在浅度套牢时的信心。此时，投资者怀疑的不仅仅是自己此次的投资选择，甚至会怀疑自己是否适合做股市交易。

通常来说，中度套牢者的选择与浅度套牢者也是一样的，即持仓不动、清仓离场和加仓平摊成本。不过，此时加仓平摊成本总会给人一种希望渺茫的感觉，更多的人还是选择了平躺，即持仓不动，还有一些人咬咬牙选择了清仓。

3. 深度套牢与散户心理

相比于中度套牢者和浅度套牢者，深度套牢者面对的局面反而简单了，很多人基本对收复失地失去了信心，自暴自弃、恐慌心理成了主流。有些投资者选择在股价达到极低价位时割肉离场了。当然，有一些放弃操作者甚至还可能会因为市场的某些因素而成功实现了“回血”，但这终归是极少数。

二、套牢仓位：轻仓与重仓被套

相比于套牢程度而言，仓位是更值得关注的一个问题。不同仓位的套牢，对未来解套和投资策略的影响都是巨大的。从总仓位来看，套牢可分为以下三类，如图1-6所示。

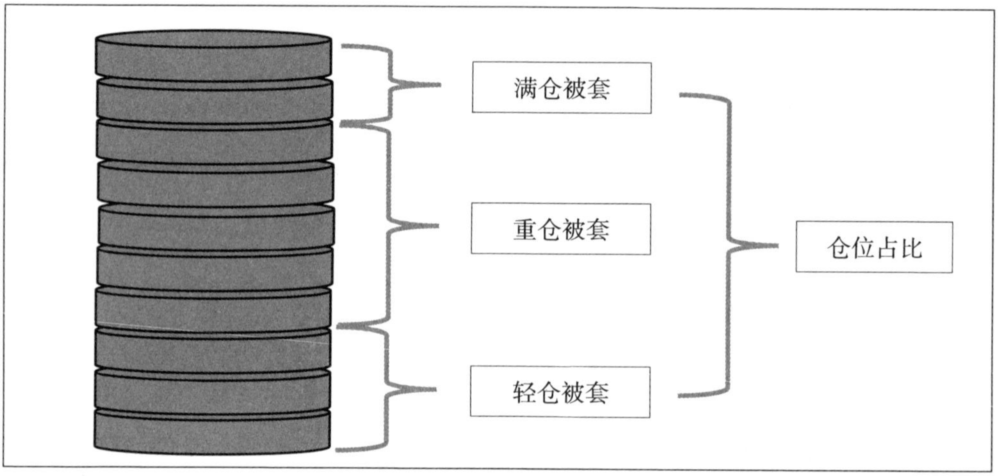

图1-6　套牢仓位占比

1. 轻仓被套

轻仓被套，通常指占总仓位30%以内的资产被套牢的情况。按照相对科学的投资理论要求，单只股票在总仓位占比不应该超过三分之一的比例。那就意味着，投资者持仓中有一只或两只股票被深度套牢，但由于其占总仓位的比重不大，相对整个投资而言，可能并不算过高的套牢水平。

对于轻仓被套的投资者来说，其能够采取的解套策略还是非常多的，比如借助其他仓位的盈利来弥补被套牢股票的亏损等。因此，相对而言，这类被套牢者心理上还算平静，一般不会过于恐慌。

但是，对于这类投资者来说，最可怕的一件事，也是很多人经常采取的一个行动，即通过将盈利资产卖出，买入亏损资产，以期让亏损资产收益转正。然而，这种做法的最终结果常常是亏损并没有减少，还让自己滑入了重仓被套的深渊。

2. 重仓被套

重仓被套，是指占总仓位30%以上的资产被套牢的情况。该类情况的出现，大部分是以下两种原因造成的：其一，整个市场大环境不佳，造成了市场的普跌；其二，个人操作不当，将大部分资产集中于某一类板块或概念，甚至单只股票。通常来说，重仓被套后，投资者缺少转换空间。

对于很多散户来说，重仓被套后心理肯定难以接受，失落、恐慌、悔恨的情绪相交织，对其操盘也会产生一定的影响。重仓被套后，由于缺少转换空间，投资者可选的策略变少：斩仓以获得操作资金；躺平待反弹；甚至从外部融资入场，都成为其选择。但是，由于投资者的心理已经严重失衡，继续操作很容易让亏损幅度继续放大。

3. 满仓被套

通常来说，超过80%仓位被套牢，就可以称之为满仓被套了。这是投资者能够用于投资的最大比重。满仓被套也是一种非常极端的情况，投资者所持股票基本被全部套牢。除了市场大环境的因素，更多的与散户的操作有关。此时，投资者若不割肉，将没有任何操作空间。恐慌的情绪开始蔓延，割肉和躺平这两个极端的选项成了很多投资者的选择。很多散户甚至会放弃解套的努力。

三、套牢位置：牛市套牢与熊市套牢

同样是被套牢，股市所处的位置与时间不同，散户的心理也是完全不同的。这种不同，与其入场时的心理预期有直接关系。被套牢的位置不同，是二者最显著的区别，如图1-7所示。

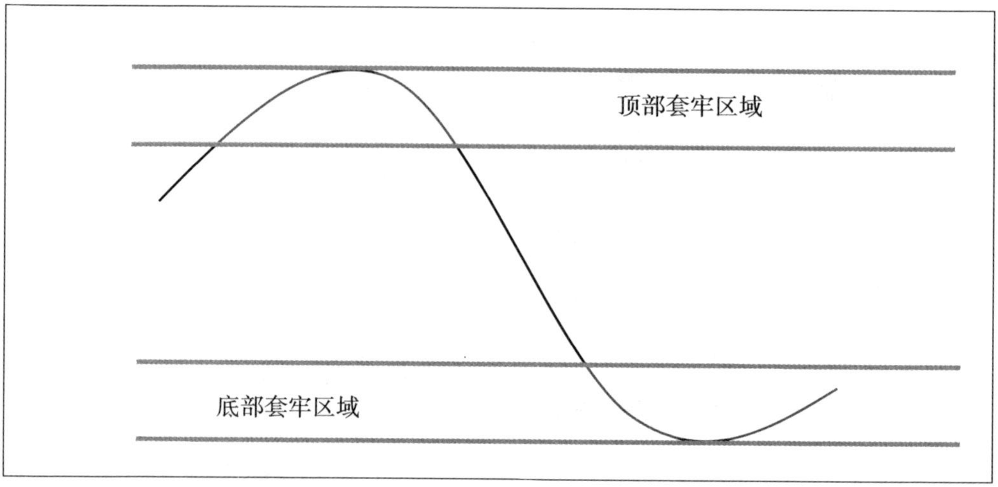

图1-7　套牢位置分布

从理论上来说，在股价运行的各个位置几乎都能套牢投资者，当然，除了极端的底部区域。但是，在顶部区域套牢和底部区域套牢，散户还是会有完全不同的心境的。

1. 顶部区域套牢

顶部区域套牢，特指在股价冲顶前后入局的投资者。很多人并不是看不到风险，而是被利益所吸引而入场。这类投资者入场的目标很简单，就是看到了股价短期内大幅上涨的希望。而股价一旦开启下跌，最没有准备的可能也是这类投资者。很短的时间内，股价就会出现较大的跌幅，让投资者陷入手足无措的境地。经验老到的投资者会第一时间选择割肉离场，而还不肯认错的投资者，则会陷入深度套牢的窘境。其后就可能经历最典型的心理变化了，从淡定看待股价下跌逐渐转为恐慌。

从投资解套的角度来看，股价自高位下跌而被套牢后，想要解套是非常困难的，常规的解套方法几乎是无效的。减仓或清仓后，通过操作其他股票再实现整体仓位上的解套，才是相对明智的选择。然而，此时的投资者很可能会因为恐慌而放弃任何操作，甚至还会不断加仓，试图通过平摊成本来解套，这就等于“抱薪救火”了。

2. 底部区域套牢

相对而言，在底部区域被套牢还是比较幸运的。因为股价已经处于较低的位置了，股价下行空间有限，此时能够操作的手段和方法也比较多。即使保持不动，也会随着市场的转暖而自动解套。

事实上，很多底部区域的套牢者都是投资者为了抄底刻意为之，也就是大家常说的 “主动买套”。因为手中有了一定的底仓，在以后的交易中就占据了主动地位，可以根据市场变化酌情进行加仓或减仓等操作。从散户心理上来看，这类投资者的心理更为放松，也不会因为股价的波动而过于紧张。

当然，市场上也会有一些新手抄底者贸然进场后，面对股价的大幅波动仍然不知所措，甚至会在底部位置割肉离场。

第二章

解套的原则与基本要求

解套是一种难度非常高的交易活动，若操作不当，可能会让投资者已经亏损的本金“雪上加霜”。从某种意义上来说，并不是所有的股票、所有的时间点都可以进行解套操作。

第一节　解套的基本原则

解套，对于投资者来说，是迫不得已的情况下采取的交易策略，从战略战术上来讲，属于消极的、被动的战法。因此，在实战交易过程中，需要遵循以下几项基本原则，如图2-1所示。

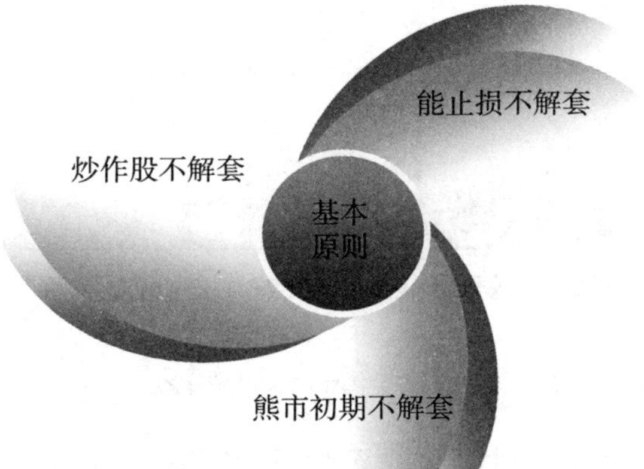

图2-1　解套“三不解”原则

一、能止损不解套

高手只止损不解套，普通散户反之。从实际操作来看，很多散户投资者都是厌恶止损的，他们宁可选择被套牢后再努力解套，也不愿意选择止损。

从散户的逻辑来看，即使股票被套牢，只要没有割肉离场，那么这种亏损就是纸面上的，就有回本的可能；反之，一旦选择了止损，就等同于割肉，这个钱就是实打实的损失了。但是，股市中的高手却从来都是反向操作的，即他们只止损，不解套。事实上，这就是普通投资者与股市高手之间的区别。股市充满了变数，无论是普通散户还是高手，都有判断失误的时候。而面对失误，是承认错误还是掩盖错误，最终都会体现在投资成果上。

下面看一下恒瑞医药的股价走势情况，如图2-2所示。

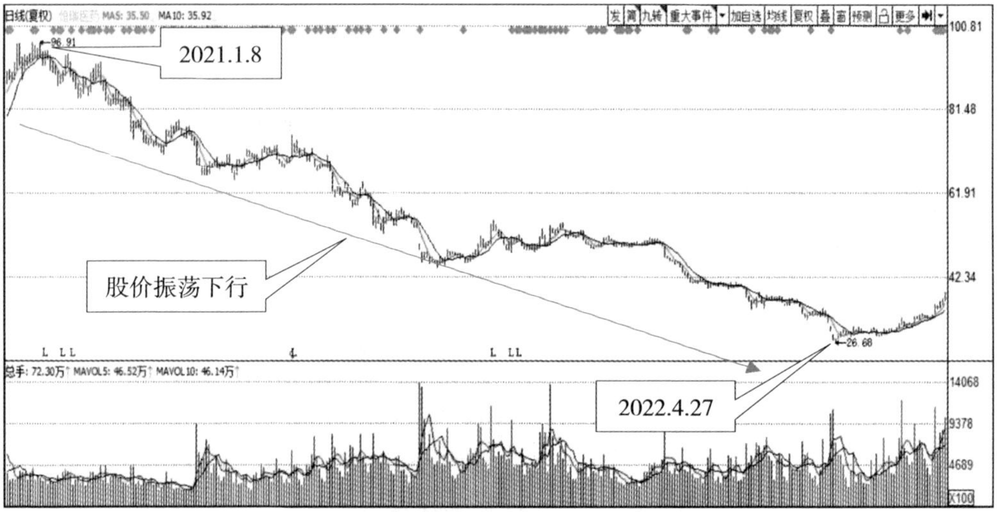

图2-2　恒瑞医药（600276）日K线走势图

从图2-2中可以看出，恒瑞医药的股价从2021年1月初的96.91元高点开始振荡下跌，到2022年4月下旬，该股股价就只有26.68元了，股价下跌了70%左右。投资者在股价下行区间入场被套牢后，无论采取何种解套方式都是很难成功解套的。当然，若投资者能够长线持股，比如持股在三到五年以上，就另当别论了。也就是说，若在2021年年初阶段买入股票后，最合理的处理方式就是止损，而不是等到后来再进行解套操作。

二、炒作股不解套

市场上从不缺少爆炒股。有被爆炒的股票，就有被套牢在这些股票上的散户。通常来说，短线爆炒股，多是因某些利好因素或概念的刺激，而被游资大幅拉升的、股价严重偏离内在价值的股票。当游资撤出后，这些股票势必还会恢复到与其内在价值相符的价格水平。这也就意味着，被套牢在这些股票上的散户，大部分是很难解套的。

下面看一下江盐集团的案例，如图2–3所示。

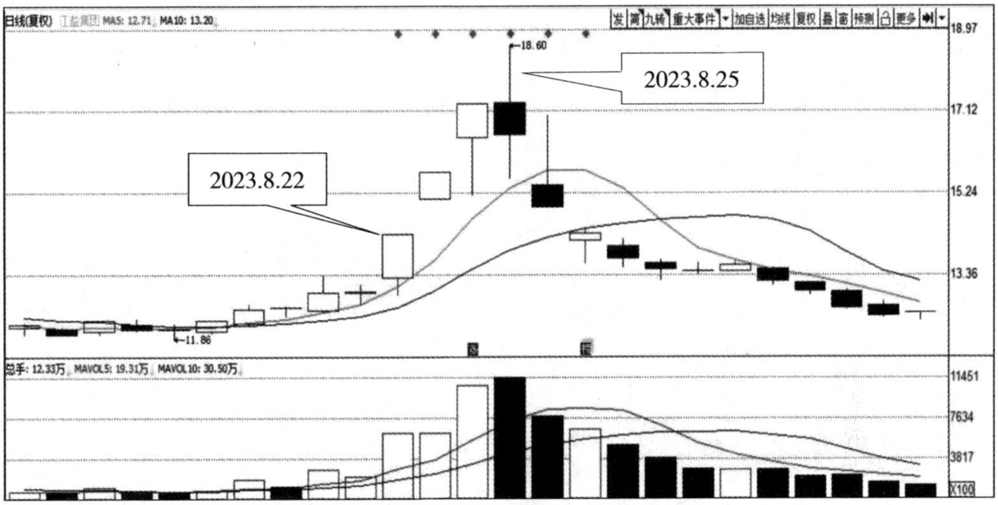

图2–3　江盐集团（601065）日K线走势图

从图2–3中可以看出，受日本东京电力公司核污水排海的影响，市场上又掀起了一波抢盐、囤盐的热潮。一时间，盐业上市公司的股票也成为资金追捧的对象。

江盐集团作为盐业板块比较有代表性的一只，成为这波炒作行情中的龙头股票。自2023年8月22日开始，该股股价连续拉出三个涨停板。不过，由于我国食盐储备充足，加之井盐产量和储量都十分庞大，抢盐风潮很快就消散了，对盐业股票的炒作也就宣告终结了。

8月25日，炒作江盐集团的资金撤出，股价冲高回落，大量散户被套牢在高位。此时，被套于高位的散户最合理的选择就是止损离场，任何解套方式其实都是不合理的，也无法改变被深度套牢的命运。

三、熊市初期不解套

股市刚刚经历了牛熊转换，且已经确认股价开始进入熊市时，此时就不适合进行解套操作了，而要坚决地止损。毕竟，熊市初期还有部分主力资金在高位没有出清，股价下跌幅度并不大，有时股价还可能会在高位出现大幅振荡。此时往往是散户止损离场的最佳时刻，一旦错过这个时刻，后面将会被深度套牢。反之，若没有止损，而是采取了加仓解套策略，则散户会陷入极其被动的境地。

下面看一下云从科技的案例，如图2-4所示。

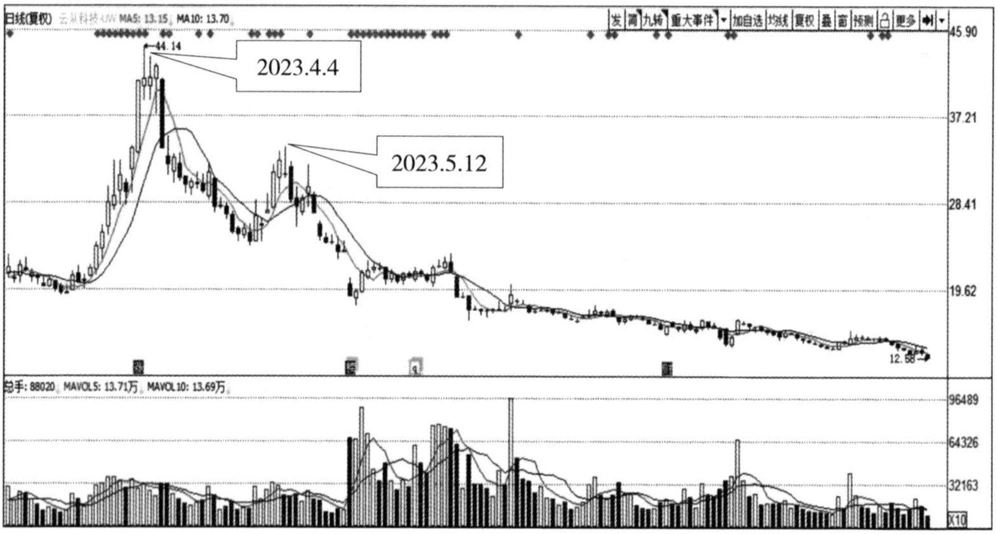

图2-4　云从科技（688327）日K线走势图

从图2-4中可以看出，受中美科技战影响，云从科技作为人工智能领域的领军企业，在2023年上半年出现了一波大幅上升走势。

到2023年4月4日，该股股价冲顶后回落。此后的两个交易日股价一直在高位横向振荡，这属于典型的主力出货形态。此时投资者应该第一时间离场。此后，该股股价大幅下挫，很多没有离场的散户就被套在了高位。

5月12日，云从科技出现了一波反弹，但并未触及前期高点位置即宣布反弹失败。此时正处于该股步入熊市后的初期，投资者的第一选择仍是止损离场，而非想办法解套。此时的反弹就是主力送给投资者的最后一次出逃机会。

此后，该股股价进入了漫漫下跌之路。

总之，在熊市初期被套牢者的选择有三种：第一，直接止损离场（最优解）；第二，大幅减仓，低位再加仓，择机解套；第三，不再看账户，等待股市过几年超过前期高点（当然，这也不意味着个股一定会解套）。

第二节　解套的基本要求

并不是任何股票、在任何时间都可以进行解套操作，只有具有解套价值的股票，在正确的时间，才有可能完成解套操作。解套的基本要求，如图2-5所示。

一、股票要有解套价值

市场上的股票有很多，但并非所有的股票都有解套的价值。在没有解套价值的股票上花时间、精力、金钱进行解套操作，还不如干脆止损卖出，通过其他股票把损失的钱赚回来。

很多垃圾股或者短线被爆炒过的股票，基本不具有解套价值，投资者也就无须费力寻找解套方法。针对这类股票，投资者的选择有两个：其一，直

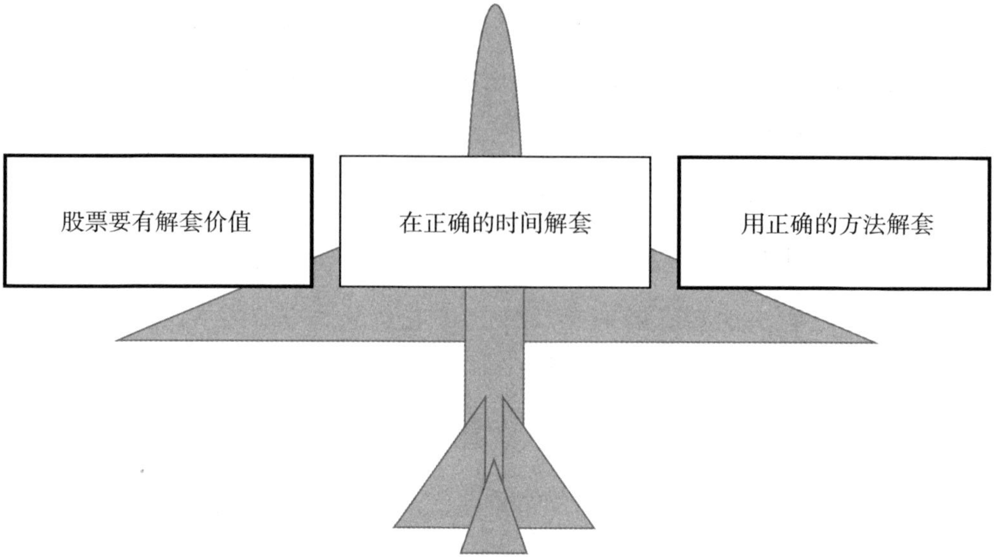

图2-5 解套的基本要求

接止损离场；其二，采取鸵鸟政策，将股票置之不顾，过个三五年也许趁着某一阵东风就回本了。

一般来说，下面两类股票比较适合解套。

第一，绩优股。只有绩优股才能确保股价的振荡上升。被这类股票套住后，只要采取合适的解套技法，就可能在相对较短的时间完成解套。

第二，交易活跃，波动较大的股票。这类股票操作空间较大，有成功解套的可能。

下面来看一下海尔智家的案例，如图2-6所示。

图2-6为海尔智家在2021年9月到2022年8月的股价走势情况。海尔智家属于白色家电行业的龙头企业，基本面较佳，属于典型的超级绩优股、白马股。

从图中可以看出，该股股价在一年的时间里基本呈现横向大幅振荡走势，股价波动幅度非常大，当然，从大的方向来看，股价整体还是呈下跌态势的。投资者若被这类股票套牢了，解套操作就会相对容易得多了。

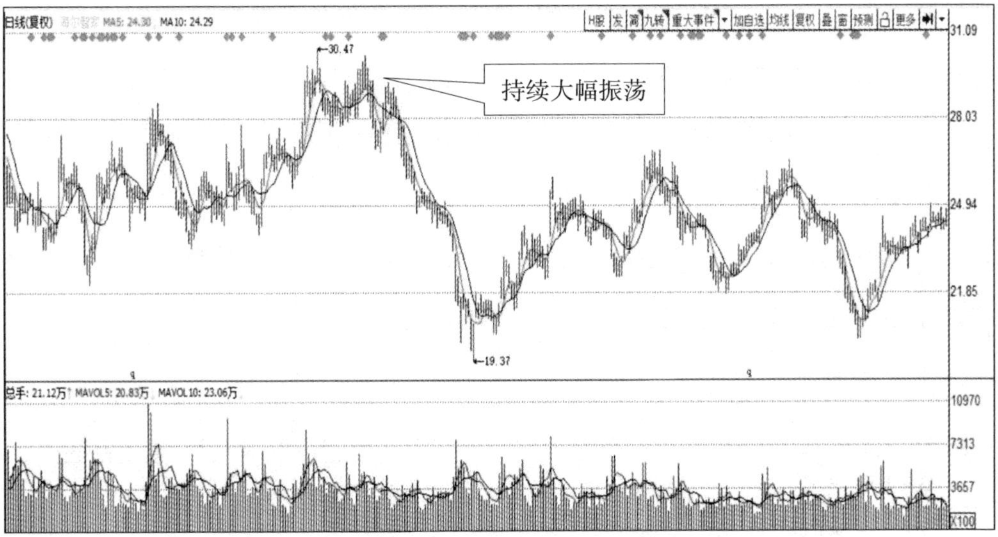

图2-6 海尔智家（600690）日K线走势图

二、在正确的时间解套

投资者被套牢后，只有在正确的时间展开解套行动，才能事半功倍。

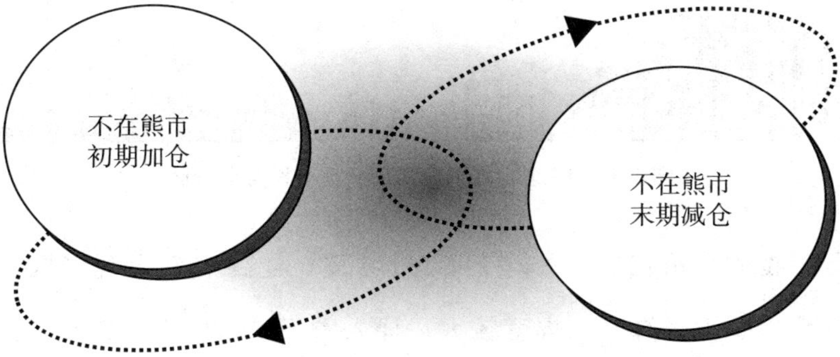

图2-7 在正确的时间解套

第一，不在熊市初期加仓。

无论是何种解套策略，无非是通过加仓与减仓完成最后解套操作的。但在熊市初期，也就是个股股价开始启动大幅下跌的前期，都不是加仓的良机。即使股价出现了反弹迹象，也不应该加仓。当然，由于此时很多投资者被套牢的幅度并不大，心里所想的是，如果适当加仓，那么当股价稍稍反弹，自己就可能全身而退。其实，主力资金鼓励的恰恰是这种行为。在下跌启动伊始，主力最常用的策略就是推动股价大幅振荡，以促其快速完成出货。一旦出货结束，股价也就失去了继续向上的动力，此时想要通过加仓来完成解套的投资者，只会面对更大的亏损幅度。

下面来看一下中文在线的案例，如图2-8所示。

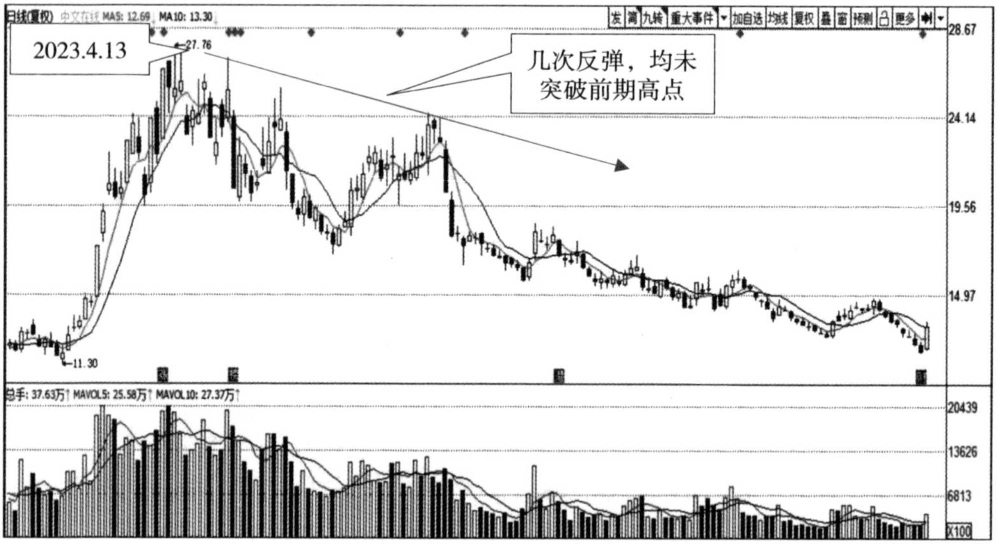

图2-8 中文在线（300364）日K线走势图

中文在线的股价自2023年4月13日触及短期高点后出现了振荡下跌走势。在下跌初期，股价振荡幅度较大，让人看不清股价未来的运行方向。在高点处套牢的投资者很容易产生股价将反攻向上的感觉，于是入场加仓摊低成本。可是，股价刚刚反弹没有太大的幅度就反向大幅下跌，如此往复几次后，主力出货接近结束时，股价真正的大幅下跌就会来临。也就是说，前期套牢的投资者，若没有在高位止损离场，反而采用加仓以谋求解套，则很容易被深度套牢。

这就是在错误的时间进行解套操作的必然结果。

第二，不在熊市末期减仓。

熊市末期也是主力资金开始寻求进场的时段。为了获得廉价的筹码，主力常常会将已经处于低位的股价再向下打压，且常常在盘面留下非常恶劣的K线形态，目的是让散户对手中的股票彻底失去信心，进而放弃手中的筹码。

因此，若想进行解套的投资者，千万不能在此阶段再进行减仓或清仓操作，否则可能会距离解套越来越远。

下面看一下长青股份的案例，如图2-9所示。

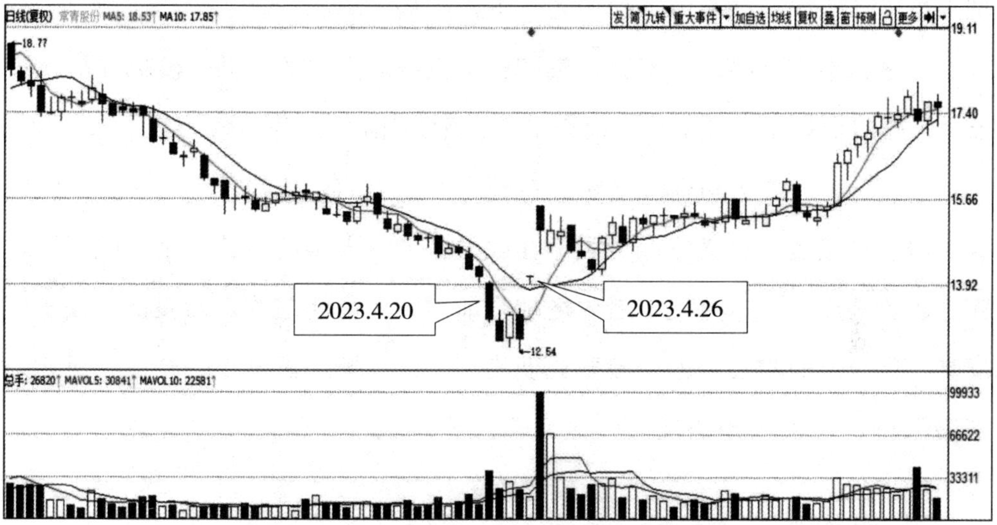

图2-9　长青股份（603768）日K线走势图

长青股份的股价自2023年2月开始出现振荡下跌走势。在下跌末期的4月20日，该股股价下跌幅度突然加大，给投资者的心理造成了极大的震撼。此后，很多深度套牢的投资者很容易产生股价还将大幅下跌的错觉，于是直接割肉离场或减仓操作，以便为未来赢得资金储备。可是，此后股价并没有向下太大的幅度就反向大幅上攻，并于4月26日直接拉出涨停板。也就是说，前期套牢的投资者，若在开始下跌时割肉离场或减仓，此时很可能没有及时跟进来，错过了最佳的解套时机。

三、用正确的方法解套

所有的解套方法，概括起来无外乎加仓与减仓两种。但在什么情况下应该加仓，什么情况下应该减仓，却是关系解套成功与否的关键。

第一，借助趋势解套。

股价运行的趋势一旦形成将很难改变。从解套操作来看，顺趋势解套，无疑会更容易；而逆趋势解套不仅会增加解套难度，甚至会让自己距离解套越来越远。比如，在股价短线正处于下行趋势时单向加仓，只会让自己的持仓成本看起来好一些，并不会距离解套更近，因为你的亏损额度仍在放大；反之，若股价处于短线反攻阶段再加仓，则会让自己距离解套更近。

第二，股价走势与仓位调整。对于股价走势的认知与理解，是想要尝试解套操作的投资者的必修课。股价在底部区域进入振荡走势或小波段反弹，还是趋势的反转，这是投资者入场加仓前需要考虑清楚的。若股价只是小幅反弹，则应及时将加仓部分股票兑现卖出，以免增加被套牢的仓位；反之，若股价真正迎来了趋势反转，则只需加仓后躺平，就可以很容易地实现解套了。

还有一类股票，在经历了一轮下跌之后，可能会转入横向振荡区间，此时高抛低吸操作是较为理想的降成本操作，也是最佳的解套方式。

第三，对于资金量大的投资者而言，解套的方法也更为多样。比如通过融券对冲交易、股指期货交易等，都可以对冲股价下跌带来的损失，从而实现解套。

第三章

解套的基本逻辑与路线

解套，从专业角度来看，指的就是股价回升至买入价上方后，卖出股票获得资金的过程。解套的前提是股票被套牢了，也就是股价大幅低于买入价格了。如何让卖出股票获得的资金达到或超过买入股票前的资金水平，这是解套要解决的根本性问题。

第一节　解套的三个层面与基本逻辑

从具体实战来看，每个投资者采取的解套战术与方法都不尽相同。但从整体上来看，不外乎是从以下三个层面来实现解套的，如图3-1所示。

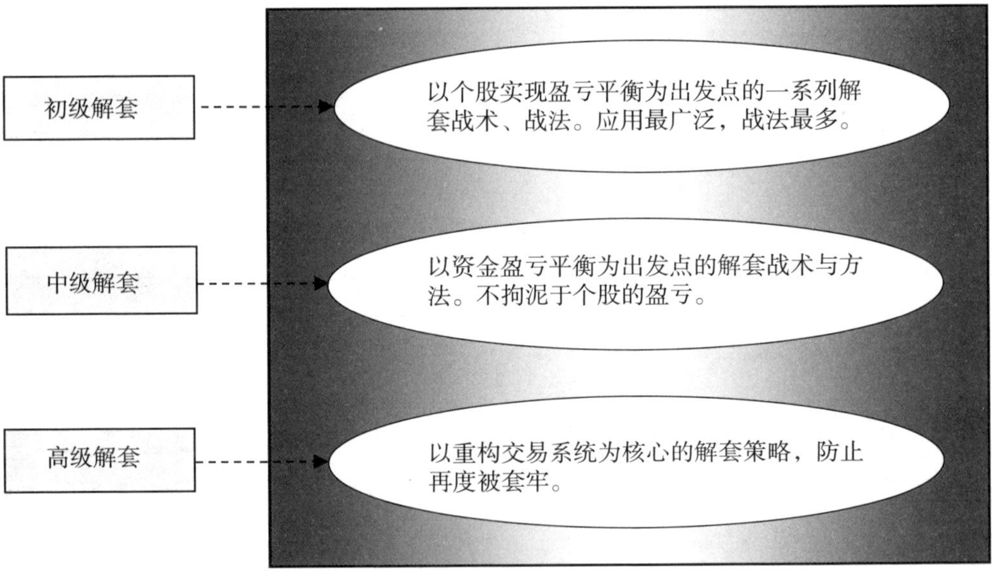

图3-1　解套的三个层面与策略

一、初级解套：个股层面解套

对于大多数投资者来说，解套更多的还是停留在个股层面，即通过个股的操作或等待个股股价反弹，实现个股盈亏的平衡，从而达到解套的目标。同时，由于对个股未来走势的判断不同，个股层面的解套又分为三类，如图3-2所示。

本书介绍的解套策略与方法，主要也是围绕个股层面的解套来展开的。后文还将展开详细讲解，这里不做过多的介绍。

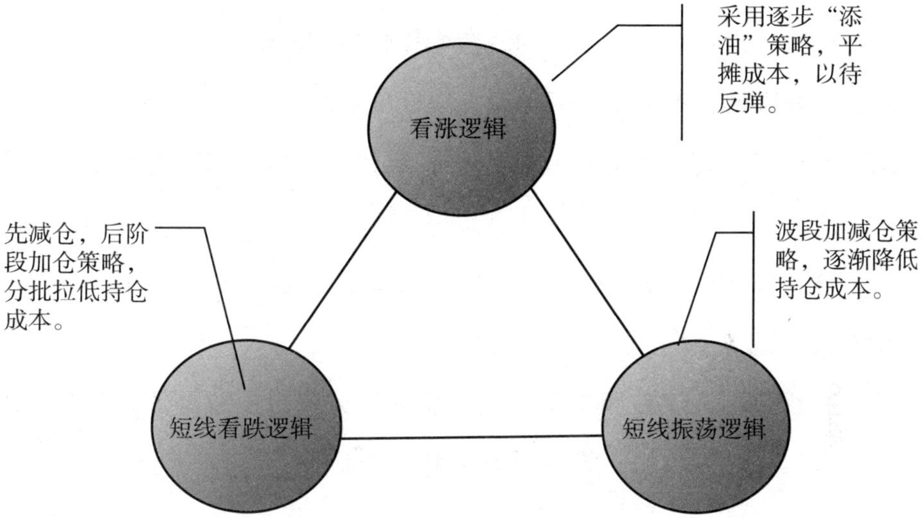

图3-2 初级解套的三类策略

二、中级解套：资金层面解套

所谓的资金层面解套，与个股解套不同。该层面更多关注的是整体资金的解套，而非个股层面的解套。比如，投资者买入了五只股票，若执着于五只股票都不能出现亏损，那么，当这五只股票其中有一只或两只亏损或被套牢后，就要努力地为其解套了。反之，若从整体资金角度来看，五只股票其中有两只出现了亏损，但其中三只实现了盈利，最终整体持仓仍是盈利的，那么，这就不能定义为亏损或套牢，也就无须进行解套操作。

反过来说，若整体持仓出现了亏损，那么这时所谓的解套，就是从整个资金角度进行的，并非针对个股。也就是说，投资者可以根据当前的市场环境和个股走势，将资金投放到最有可能产生利润的领域或个股，而并非执着于将亏损的个股变为盈利。只要是能够产生盈利的项目，都可以作为投资的方向，比如，在漫漫熊市期，将资金投放至债券基金或国债逆回购等领域。尽管这些领域的盈利幅度相对较低，但能够最大程度地实现盈利，总比放在股市中亏损更好。

从实施层面上来看，资金层面的解套操作包括但不限于以下几类。

第一，更换股票，重新选择强势股，以期实现整体资金的盈亏平衡。

第二，在市场下行期暂时清仓或减仓股票，以保持充裕的资金储备博弈反弹。

第三，通过集中资金各个击破的方法，实现单只股票的盈利平衡，进而实现整体资金的盈亏平衡。

第四，将视野打开，在股市下行期，将大部分资金投放至债券基金、国债等领域，以实现稳定收益，等待市场反弹。

三、高级解套：交易模式层面解套

相对于个股或资金层面的套牢，交易模式与思维的套牢更难解。造成个股亏损的交易模式和交易思维不改变，那么，套牢就可能一而再、再而三地发生。换句话说，一旦你的思维被“套牢”了，还坚持用固化的思想去操作股票，那么，个股的套牢就会越来越多。只有不断地总结与思考，完善自己的交易系统和体系，才有可能真正意义上实现“解套”。

交易模式层面的解套，其具体的解套策略包括但不限于以下几类。

第一，重新制订严格且完善的交易系统，特别是止损系统。

第二，检讨个人交易系统出现的问题，包括交易模式、选股策略等与自己的交易特点是否相吻合。关于交易模式、选股策略，其实并没有标准的答案。事实上，在市场上，每种交易模式、选股策略都不乏成功的案例，关键看投资者怎么用。当然，这与个人的性格特征、手中资金量的大小都有一定的关系。总之，再好、再优秀的交易模式都可能会亏钱。作为投资者，要想在股市中生存下来，必须找到一种适合自己的交易模式。正所谓，输家可能有一万种输钱的方法，但赢家只需坚持一种即可。

第三，重新认识股市的风险与机会。一赢二平七亏损，是股市得以运行的内在法则，也是投资者必须接受的一个事实。大部分投资者都可能会面临亏损，而为了降低亏损的概率，必须把每一步都做对才行。

同时，将自己的心情平静下来，不要被股票套牢影响了情绪，以至于做出错误的判断。盈利必然来自正确的判断。在心绪混乱的情况下，人是不可能做出正确的判断的。如果投资者的情绪得不到修正，则很难实现彻底的“解套”。

第二节 看涨逻辑与“添油”式解套

“添油”式解套，即在买入股票后，随着股价的持续走低，不断地加仓，以使整个持仓成本不断降低的解套方法。

“添油”式解套是很多新手散户最常用的一种解套方法，同时也是失败率最高的方法。这种方法本身也不是没有可取之处，只是对应用环境和应用范围有严格的要求。

一、散户“添油”式解套的思维模式

“添油”式解套之所以被很多新手散户喜欢，与新手散户的心理预期、思维模式密切相关。

新手散户被套后，心理上对股价快速反弹有着强烈的心理期待，也正因为如此，常常采取“添油”式方法来尝试将被套牢的股票解套，如图3-3所示。

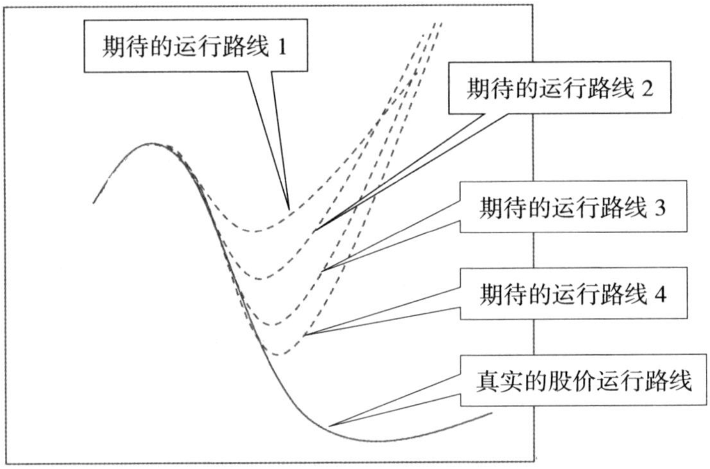

图3-3　新手散户期待的股价运行路线

图3-3中给出了大多数散户所预期的股价运行路线，也正因为如此，他们才会采取相应的“添油”式解套模式。其基本思维模式如下。

首先，散户在高位买入股票后，总是期待股价可以一飞冲天。而后，股价开始朝着与自己期待相反的方向运行。

接着，当股价下跌一定幅度后，散户的账户亏损比例开始放大。为了拉低平均持仓成本，开始入场加仓，并期待股价能够立即转入反攻。这就是期待的股价运行路线1。

此后，股价并未按照期待的股价运行路线1行动，而是继续下探，先前拉低的亏损比例继续放大。为了继续拉低平均持仓成本，散户再度入场加仓，并期待股价能够立即转入反攻。这就是期待的股价运行路线2。

之后也就有了期待的股价运行路线3和期待的股价运行路线4。

直至散户的资金被全方位套牢，已经无力继续加仓了。

这就是很多新手散户的“添油”式解套之路。随着股价的不断走低，不断地加仓，直至加不动了。很多投资者可能会因为股价的持续下跌而绝望，甚至割肉离场。

这就是股市中经常演绎的一个情节。

二、“添油”式解套的操作条件与要求

从前面的介绍中可以看出，“添油”式解套方法的使用是存在很大风险的，但也并非一无用处，只是在实践过程中有严格的限制条件和环境。具体要求包括如下几点，如图3-4所示。

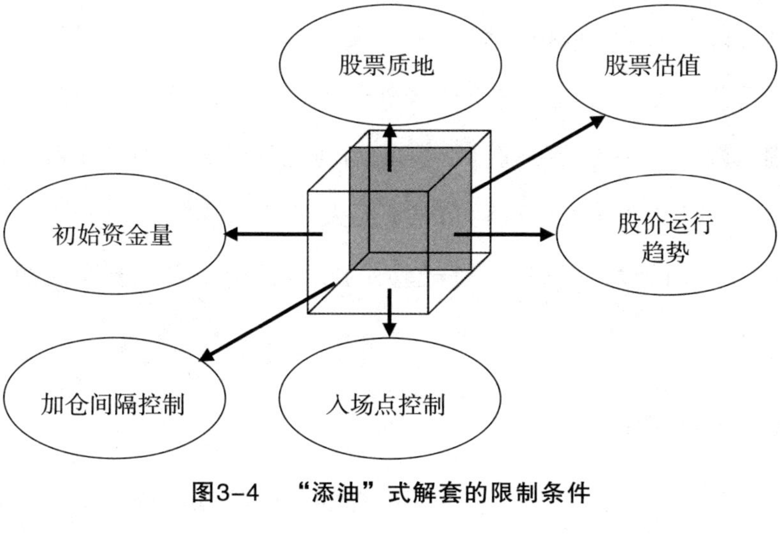

图3-4　“添油”式解套的限制条件

1. 股票质地

股票质地是决定是否继续加仓的关键因素。只有绩优股才值得长期持有并不断加仓，绩优股无论怎么下跌，都会有止跌的那一天，而且股价总会回

归至与其价值相符的时候，这也是实行“添油”式解套的前提。

反之，对于一些垃圾股来说，基本没有解套操作的价值，只能进行止损操作。垃圾股的下行永无止境，最终甚至可能会退市。

2. 股票估值

选股要选好股票，但这些好股票还要便宜。一些明显进入低估值区间的绩优股，股价即使短期内受外围环境的影响而出现大幅下跌，但其股价最终还是会回到与内在价值相吻合的水平。

反之，股价被炒上天的绩优股也是十分危险的。历史上很多次股市的大幅下跌都是由绩优股股价严重偏高引发的。比如，大盘指数在2021年的下跌，就是由于机构资金抱团绩优股，将这些绩优股的股价炒到高位而引发的。

3. 股价运行趋势

股票被套牢，说明股价短线肯定已经进入了下行趋势，但股价长线运行趋势也是需要关注的方向。股价长线处于上行趋势，意味着短线的下行很可能是短线回调，未来股价很可能会重新回到上升通道。相对而言，针对这类套牢的股票进行加仓，未来盈利的概率会大很多。

反之，一些长线已经进入下行趋势的股票，短期内想要实现盈利就会变得非常困难。

4. 加仓间隔控制

很多新手散户在套牢的第一时间就想要立即降低持仓成本，所以总是在股价刚刚开始下跌时就进行加仓，而且是连续地加仓。这就使得自己的资金很快就被耗光，当股价再度大幅下跌时，已经没有资金进行加仓了。

因此，投资者若想要进行“添油”式解套操作，必须合理控制加仓的间隔。通常来说，可选择的加仓间隔设置包括两类：第一，时间间隔，即股价下跌一段时间（比如两周）后，股价跌势趋稳再进行加仓；第二，幅度间隔，即股价相比套牢位置下跌到一定幅度（如10%）后，再进行加仓。

5. 入场点控制

从严格意义上来说，即使股价下跌到一定幅度，也不应该立即进行加仓。只有明确的股价企稳信号出现，才是入场加仓的良机。

6. 初始资金量

从实战操作的角度来看，初始投入的资金量过大，后期是很难通过“添油”式解套操作将股票从亏损变为盈利的。

当然，这里的资金量过大是相对于个人账户可用资金来说的。比如，你的账户里有10万元，当你一次性将8万元投入到一只股票，且该只股票又被套牢的话，你是很难通过“添油”战术完成解套的。毕竟可调动的资金只剩下2万元了，只占总仓位的20%。

反之，若你先期投入的金额只有1万元或2万元，则后面就有了较大的操作空间。

三、“添油”式解套与金字塔式配置

从理论上来说，最理想的“添油”式解套加仓方式，应该以金字塔形式逐级加大仓位。如图3-5所示。

从图3-5中可以看出，该类资金配置方式，要求投资者入场时，先以较低的仓位买入股票（如10%）；此后随着股价的下跌，逐渐增加买入的金额，以使整个持仓成本大幅下降。

下面以模拟股价的波动来验证一下金字塔式加仓的效果，如图3-6所示，为某只股票的股价波动走势图。

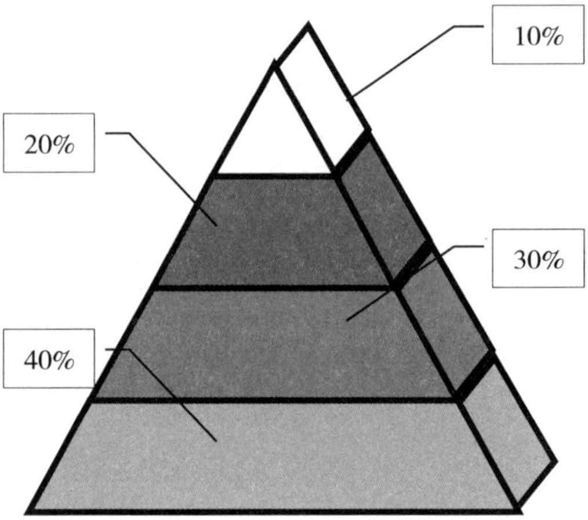

图3-5　金字塔式仓位配置图

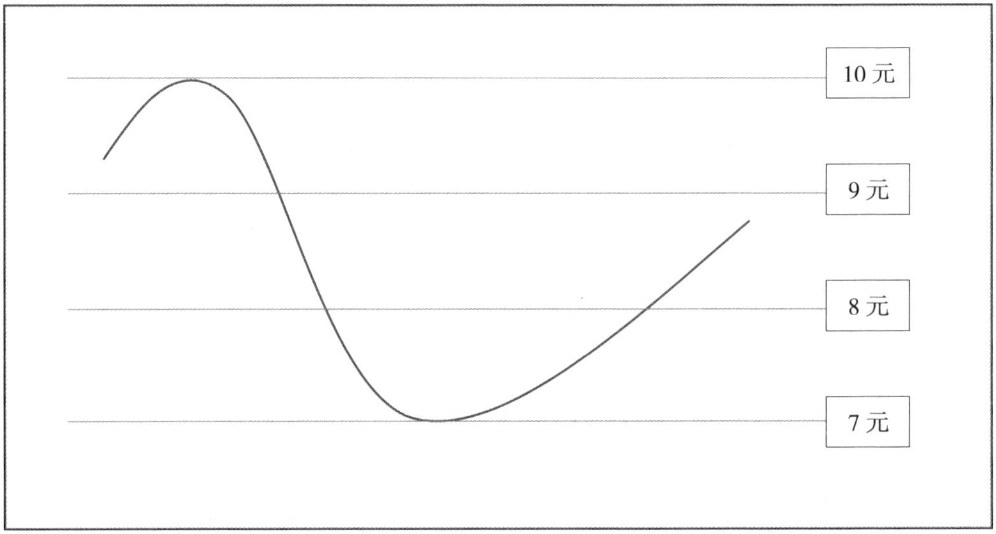

图3-6　模拟股价走势图

从图中可以看出，投资者若在10元入场买入股票，当股价跌至7元，则相当于亏损了30%。假如投入的资金为100万元，则当股价跌至7元时，市值仅剩70万元了。若按照金字塔式仓位配置持续加仓，则股价跌至7元时，投资者持仓的总资产还有88.81万元，亏损比例为11.19%。其持仓资产与成本变动数据，如表3-1所示。

表 3-1　股票持仓成本变动表

股价	买入金额	买入数量	持仓总量	持仓资产	持仓成本
10 元	100000 元	10000 股	10000 股	100000 元	10 元
9 元	200000 元	22200 股	32200 股	290000 元	9.31 元
8 元	300000 元	37500 股	69700 股	557800 元	8.61 元
7 元	400000 元	57100 股	126800 股	888100 元	7.89 元

注：不计交易成本。

也就是说，若采用金字塔式加仓方案，当股价出现反弹后，只要股价反弹至8元左右（7.89元），投资者就可以实现解套的目标了。

第三节　短期看跌逻辑与“减仓”解套

“减仓”式解套，即投资者买入股票，在股价下跌造成一定程度的套牢后，投资者短线看跌，但中长线仍看涨该股，因而采取短线高点卖出股票，并在低点再重新买入股票的操作。中长线看好股票，是“减仓”式解套的根本出发点。若中长线也看空股票，就应该立即止损离场，而非继续试图解套。

一、散户“减仓”式解套的思维模式

通常来说，加仓可以平摊成本，待股价反弹时即可完成解套。而减仓只会抬升平均持仓成本，距离解套只会越来越远。但是，若在股价反弹高点减仓，而在低点再将股票拿回来，这其实也就相当于降低了持仓成本，距离解套也就更近了。其实，很多投资者短线做T，使用的也是这个思路。其基础思维模式如图3-7所示。

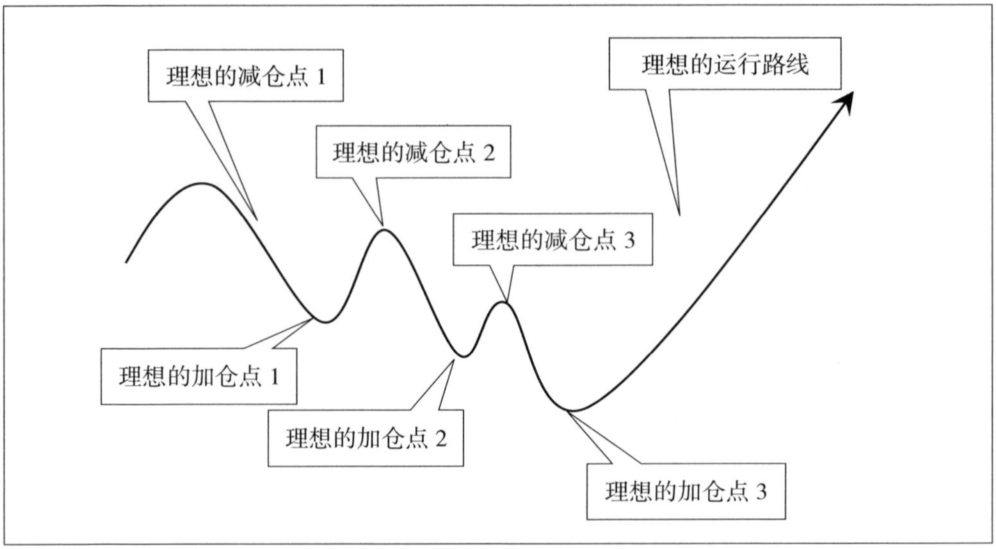

图3-7 新手散户期待的股价运行路线

图3-7中给出了大多数散户预期的股价运动路线，也正因为如此，其才会采取相应的“减仓”式解套模式。其基本思维模式如下。

首先，散户在高位买入股票后，总是期待自己的股票可以一飞冲天。而后股价开始朝着与自己期待相反的方向运行，特别是从市场环境、个股技术面走势来看，该股短线很可能继续下行。但投资者仍旧看好该股，认为中长线走势向好，而且短线换成其他股票也未必就会表现得比这只股票更好。

其次，鉴于股价短线还将下跌的判断，投资者为了能够控制亏损额度，不得不采取短线减仓策略，待股价企稳后再加仓。这就是第一次理想的减仓点1与加仓点1形成的原因。

此后，该股股价经过了一波反弹，再度走出了下跌行情。投资者同样从控制亏损的角度出发，再度减仓，并在股价企稳位置再度加仓回来。这就是理想的减仓点2与加仓点2形成的原因。

此后，股价又经历了一次反弹，于是就有了理想的减仓点3与加仓点3。

其实，从本质上来说，这是一种看起来非常美好的解套方式，但市场并不会总是如预期般演绎。有时候，当股价反弹到高点后，投资者一减仓，股价却再度上攻。这就会让采用此策略的散户特别头疼。继续减仓，若股价再上涨，仓位就太低了；反之，若加仓，股价再跌回来，自己的操作就等于归零了。

二、“减仓”式解套的操作条件与要求

从前面的介绍中可以看出，“减仓”式解套方法的应用难度系数相对较大，但若使用得当，效果还是不错的。其具体要求包括如下几点，如图3–8所示。

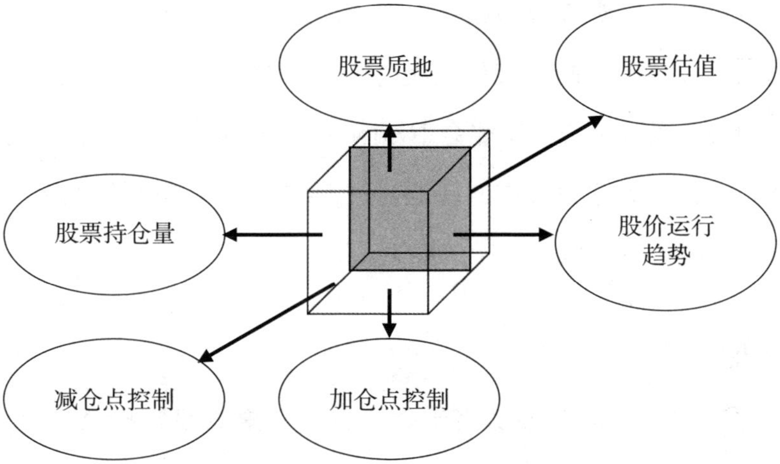

图3–8　“减仓”式解套的限制条件

1. 股票质地

与“添油”式解套策略相同，“减仓”式解套对股票本身的质地也有较高的要求。并不是所有股票都能使用该策略，只有绩优股才值得长期持有并不断加仓。绩优股无论怎么下跌，都会有止跌的那一天，而且股价总会回归至与其价值相符的时候，这也是实行“减仓”式解套的前提。

反之，对于一些垃圾股来说，基本没有解套操作的价值，只能进行止损操作。垃圾股的下行永无止境，最终甚至可能会退市。

2. 股票估值

选股要选好股票，但这些好股票还要便宜。一些明显进入低估值区间的绩优股，股价即使短期内受外围环境的影响而出现大幅下跌，但其股价还是会回到与内在价值相吻合的水平。

反之，股价被炒上天的绩优股也是十分危险的。历史上很多次股市的大幅下跌都是绩优股股价严重偏高引发的。

3. 股价运行趋势

股票被套牢，说明股价短线肯定已经进入了下行趋势，但股价长线运行趋势也是需要关注的方向。股价长线处于上行趋势，意味着短线下行很可能是股价的回调，未来股价很可能会重新回到上升通道。

相对而言，针对这类套牢的股票先进行减仓，待其开始企稳时再加仓，这样就减少了股价下行区间产生的损失。

4. 股票持仓量

“减仓”式解套需要投资者手中拥有一定量的股票持仓，而且在减仓后，股票的持仓量还能维持在一定的水平之上。若投资者判断出错，损失也不会太大。

5. 减仓点控制

从趋势运行角度来看，当股价处于下行趋势时，下跌就具有了较大的惯性。因此，一些反弹阻力点位、加速下跌点位，都可以成为减仓的关键点位。有些投资者在被套牢后，喜欢通过日内T+0操作来降低亏损幅度，使用的也是这个方法，即在盘中股价加速下行时卖出股票，待股价企稳或临近收盘时再买回股票。这样自己手中的股票并未减少，但持仓成本却下降了。

6. 加仓点控制

相对而言，在“减仓”启动后，只要股价事实上出现了下跌，那么加仓点就不重要了，理论上只要能够在覆盖交易费用后还有剩余就可以了。但在实际操作中，仍可等到股价出现止跌信号时，比如遇支撑位反弹、场外资金入场抢筹等，再重新将卖出的股票买回。

三、“减仓”式解套与仓位配置

“减仓”式解套与“添油”式解套策略最大的不同点在于对股价短线运行趋势的判断。“加仓”的前提是预判股价会涨，而“减仓”的前提是预判股价会跌。但在实际交易过程中，必须为股价实际运行方向与预判方向相悖做好准备。因此，在“减仓”安排上，必须谨慎。“减仓”式解套的仓位配置如图3–9所示。

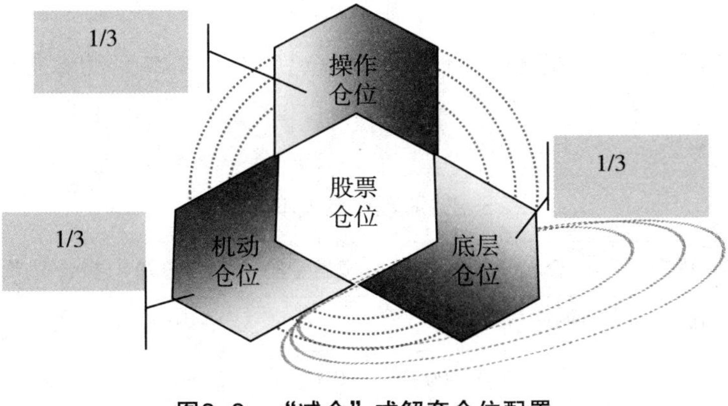

图3–9 “减仓”式解套仓位配置

由于投资者还身处套牢中，因而，能够用于“减仓”操作的仓位应该以不超过1/3为宜，以免因股价反向上攻，错过“解套”机会。

下面以模拟股价的波动来验证一下“减仓”式解套的效果，如图3–10所示，为某只股票的股价波动走势图。

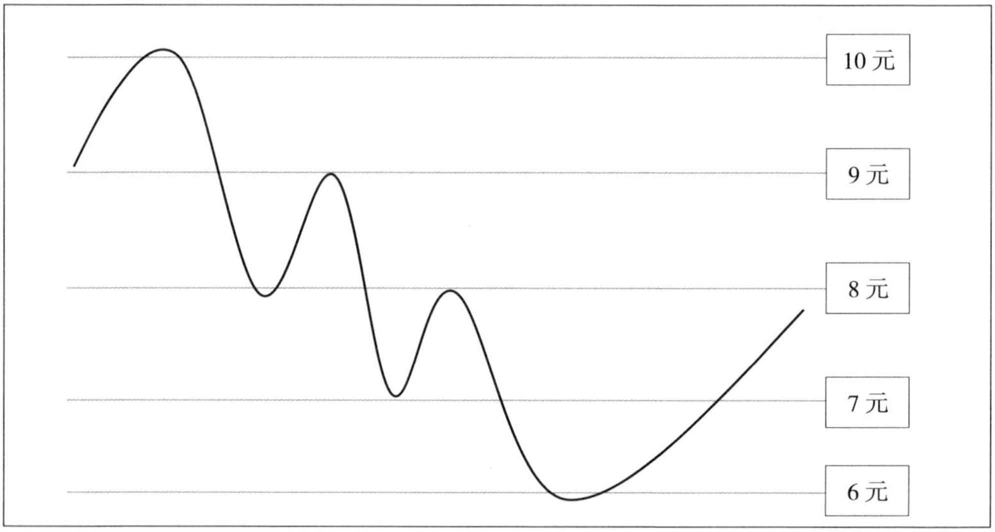

图3-10　模拟股价走势图

从图3-10中可以看出，投资者若从10元入场买入股票，当股价跌至6元，则相当于亏损了40%。假如投入的资金为30万元，则当股价跌至6元时，市值仅剩18万元了。

按照“减仓”式解套来操作，其持仓资产与成本变动数据，如表3-2所示。

表 3-2　股票持仓成本变动表

股价	买入数量	买入金额	卖出数量	卖出金额	持仓总量	持仓资产	持仓成本
10 元	30000 股	300000 元			30000 股	300000 元	10 元
9 元			10000 股	90000 元	20000 股	180000 元	10.50 元
8 元	10000 股	80000 元			30000 股	240000 元	9.67 元
9 元			10000 股	90000 元	20000 股	180000 元	10 元
7 元	10000 股	70000 元			30000 股	210000 元	9 元
8 元			10000 股	80000 元	20000 股	160000 元	9.50 元
6 元	10000 股	60000 元			30000 股	180000 元	8.34 元

注：不计交易成本。

也就是说，若采用“减仓”式解套方案，当股价出现反弹后，只要股价反弹至8.50元左右，投资者就可以实现解套的目标了。

相比于“添油”式解套，“减仓”式解套方案的成本降低速度要慢一些，但这个方案并没有占用额外的资金，甚至还解放了部分资金。也就是说，该方案在解放资金的情况下，就可以实现持仓成本的下移。

第四节　振荡逻辑与“加减仓”解套

“加减仓”式解套，即投资者买入股票，在股价下跌造成一定程度的套牢后，投资者短线看振荡，但中长线仍看涨该股，因而采取低吸高抛式操作，以达到最终解套的目的。中长线看好股票，是“加减仓”式解套的根本出发点。若中长线也看空股票，就应该立即止损离场，而非继续试图解套。该解套方式可以看成是前两种解套方式的组合形式。

一、散户“加减仓”式解套的思维模式

尽管股价下跌给投资者造成了一定的损失，但若能维持在一定区域内振荡，那么，高抛低吸无疑是最理想的解套方式。其实，不只是被套牢者，很多波段交易者同样喜欢这种高抛低吸操作。其基础思维模式如图3–11所示。

图3–11中给出了大多数散户预期的股价运动路线，也正因为如此，其才会采取相应的“加减仓”式解套模式。其基本思维模式如下。

首先，散户在高位买入股票后，总是期待股价可以一路上涨。但是之后股价却朝着与自己期待相反的方向运行，特别是从市场环境、个股技术面走势来看，该股短线很可能继续下行。但投资者仍旧看好该股，认为其中长线向好，而且短线换成其他股票也未必就会表现得比这只股票更好。

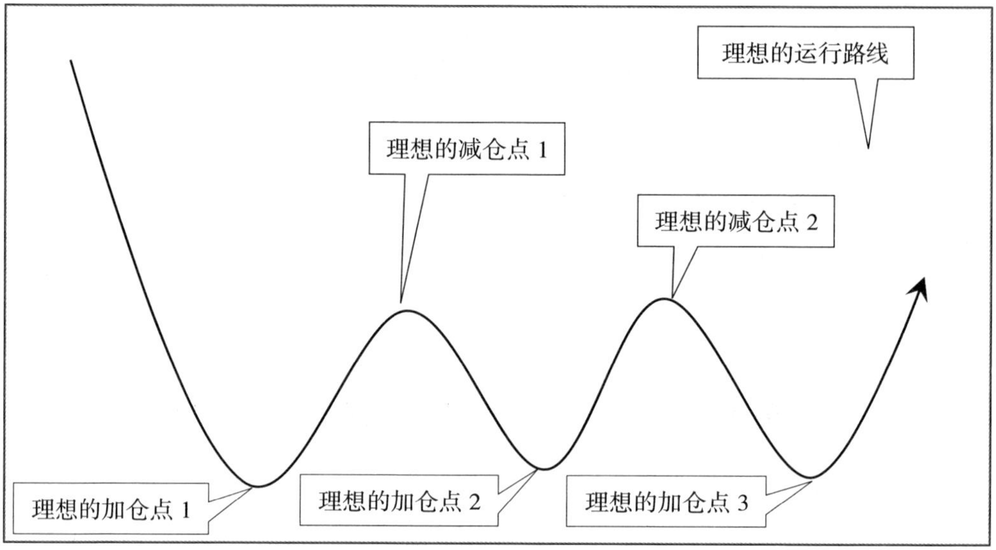

图3-11　新手散户理想的股价运行路线

其次，该股股价进入底部区域后，尽管出现了反弹，但反弹力度并不大，且很快又出现了回调，接着又一轮的反弹与回调出现了。于是股价就这样在低位区域盘整振荡。投资者直接坐等股价反弹解套却又很难实现，抛出手中的股票又心有不甘。

从现实角度出发，在股价触底后开始反弹时立即进行加仓，在回调结束反弹开启时再减仓，如此循环交易，不仅可以让股票持仓成本持续走低，还不至于错过股票后面可能到来的涨势。

当然，这样操作有时也会面临一定的风险。比如股价进入底部区域，投资者加仓后，股价继续走低，可能会让投资者的亏损幅度进一步放大；而股价反弹，投资者减仓后，股价若继续上涨，也会让投资者陷入被动。

二、"加减仓"式解套的操作条件与要求

"加减仓"式解套方法的应用相对比较困难，对投资者的要求也比较高，但若使用得当，效果还是不错的。其具体要求包括如下几点，如图

3－12所示。

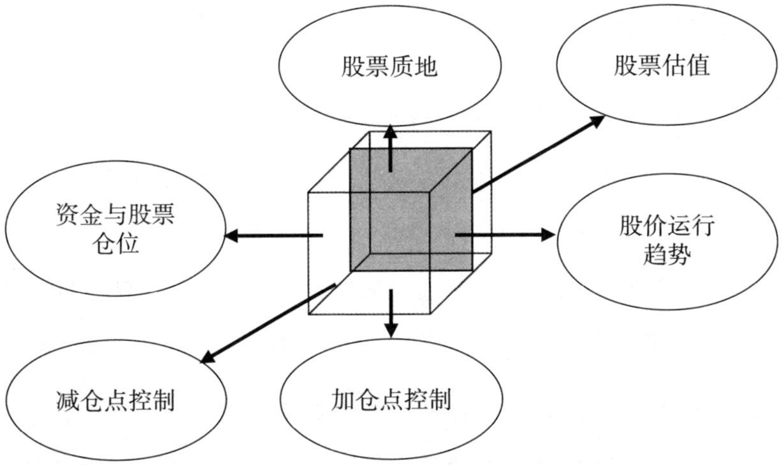

图3－12 “加减仓”式解套的限制条件

1. 股票质地

值得投资者进行解套操作的股票，肯定是值得投资的品种，对股票本身质地有着较高的要求。只有绩优股才值得长期持有并不断加仓。绩优股无论怎么下跌，都会有止跌的那一天，而且股价总会回归至与其价值相符的时候，这也是实行“加减仓”式解套的前提。

反之，对于一些垃圾股来说，基本没有解套操作的价值，只能进行止损操作。垃圾股的下行永无止境，最终甚至可能会退市。即使这类股票出现了一段时间的横向盘整，也是主力为了出货进行的运作，不值得投资者跟进。

2. 股票估值

选股要选好股票，且这些好股票还要便宜。一些明显进入低估值区间的绩优股，股价即使短期内受外围环境的影响而出现大幅下跌，也还是会回到与内在价值相吻合的水平。

反之，股价被炒上天的绩优股也是十分危险的。历史上很多次股市的大幅下跌都是绩优股股价严重偏高引发的。

3. 股价运行趋势

股票被套牢，说明股价短线已经进入下行趋势，但股价长线运行趋势也是需要关注的方向。股价长线处于上行趋势，意味着短线的下行很可能是回调，未来股价可能会重新回到上升通道。

相对而言，能够进行加减仓高抛低吸操作的股票，肯定是股价在横向盘整过程中已经呈现出了一定的规律性，比如在一个宽阔的空间内振荡等。当然，这种空间的划分可能会有很多种，如矩形区域、上升通道，甚至三角形区间、菱形区域等。总之，只要股价波动幅度足够大，具有一定的操作空间即可。

4. 资金与股票仓位

“加减仓”式解套需要投资者手中不仅有资金，还要拥有一定量的股票持仓。而且在减仓后，股票的持仓量还能维持在一定的水平之上。在低位加仓后，投资者手中的资金还能拥有一定的余量，以备不时之需。

5. 加仓点控制

振荡行情中，先加仓还是先减仓并不是固定的，关键要看股价的运行态势，到底是先减仓更有利，还是先加仓更有利。

相对而言，由于股票已经被套牢了，我们所做的操作都是为了降低成本，因而，加仓点要进行特别的控制。只有明确了股价的强支撑位或股价已经开始有反弹迹象时，才能入场进行加仓。加仓幅度一般不应超过剩余可用资金量的三分之一。

6. 减仓点控制

股价在反弹之后或在下行途中出现了明显的加速下跌迹象，投资者都可采用减仓的方式，以减少股价下行带来的损失。

通常情况下，在股价横向振荡过程中，以临近上方阻力位为最佳的减仓时间。当然，很多股票在振荡过程中，由于散户心理的影响，阻力位可能会呈现一定的下行，因此，在股价临近上方阻力位前，需要特别谨慎，以免错过最佳的减仓时机。

三、“加减仓”式解套与仓位配置

“加减仓”式解套与前面介绍的两类解套策略最大的不同点，在于对股价短线运行趋势的判断。“加仓”的前提是预判股价会涨，“减仓”的前提是预判股价会跌；而“加减仓”操作的前提是预判股价会在一定的空间内振荡。因此，在仓位安排上，必须留足所需的资金和股票。“加减仓”式解套的仓位安排如图3–13所示。

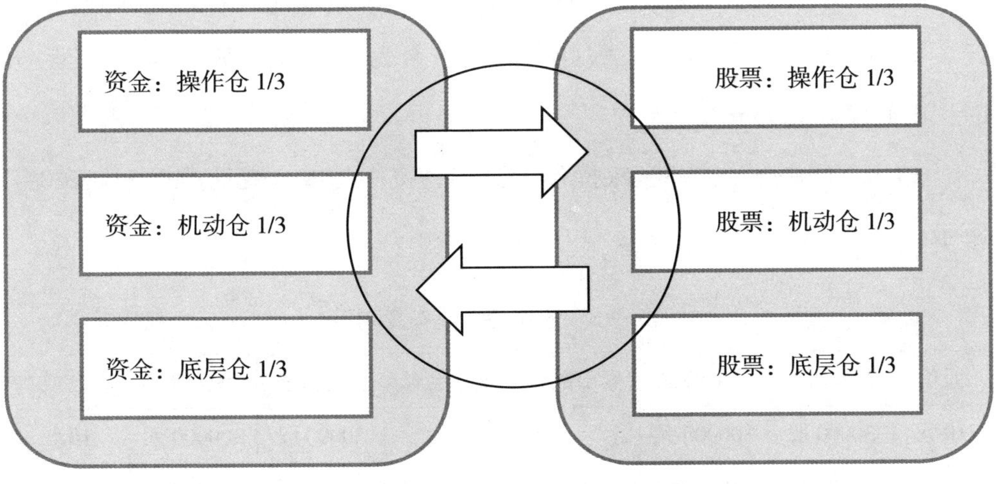

图3–13　“加减仓”式解套资金与股票仓位安排

由于投资者还身处套牢中，因而，能够用于“减仓”操作的仓位应该以不超过1/3为宜，以免因股价反向上攻错过解套机会。同时，用于加仓的资金也不应超过可用于该股资金的1/3，以防止股价跌破横向振荡区域。

下面以模拟股价的波动来验证一下“加减仓”式解套的效果，如图3–14所示，为某只股票的股价波动走势图。

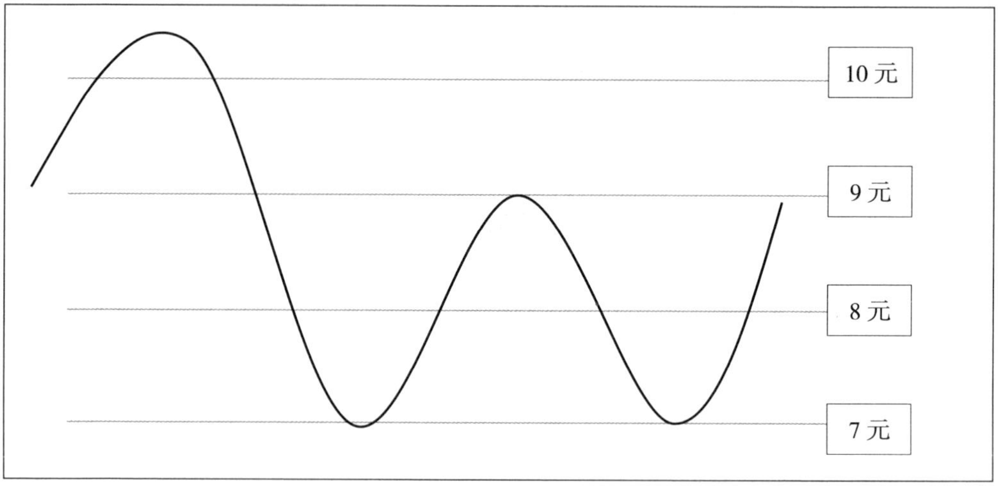

图3–14　模拟股价走势图

从图3–14中可以看出，投资者若在10元入场买入股票，当股价跌至7元，则相当于亏损了30%。假如投入的资金为30万元，则当股价跌至7元时，市值仅剩21万元了。

按照“加减仓”式解套来操作，其持仓资产与成本变动数据，如表3–3所示。

表 3-3　股票持仓成本变动表

股价	买入数量	买入金额	卖出数量	卖出金额	持仓总量	持仓资产	持仓成本
10 元	30000 股	300000 元			30000 股	300000 元	10 元
7 元	10000 股	70000 元			40000 股	280000 元	9.25 元
9 元			10000 股	90000 元	30000 股	270000 元	9.34 元
7 元	10000 股	70000 元			40000 股	280000 元	8.75 元
9 元			10000 股	90000 元	30000 股	270000 元	8.67 元
7 元	10000 股	70000 元			40000 股	280000 元	8.25 元

（续表）

股价	买入数量	买入金额	卖出数量	卖出金额	持仓总量	持仓资产	持仓成本
9元			10000股	90000元	30000股	270000元	8元

注：不计交易成本。

也就是说，若采用“加减仓”式解套方案，当股价经历两轮从7元到9元的振荡，就可以实现解套了（持仓成本降至8.67元，已经低于股价9元了）。若经过三个振荡循环，就可以让持仓成本大幅低于成本价了。

当然，这是一种相对比较理想的股价运行模式，在现实投资活动中，很难遇到这种情况，或者说即使投资者能够遇到，也很难准确地捕捉高点和低点。

第四章

顺趋势解套战法

顺趋势解套战法，即通过加仓平摊成本，是普通投资者最常用的一种解套方法，但这种解套方法只有在特定的趋势下使用才会发挥最大化的效果。

第一节　顺趋势解套的操作基础

顺趋势解套，顾名思义，是建立在预判股价中长线处于上升趋势的前提下，因短期仓位被套牢，而采取的加仓平摊成本解套操作。

顺趋势解套策略的实施，需要具备一定的基础条件，包括但不限于以下几种，如图4-1所示。

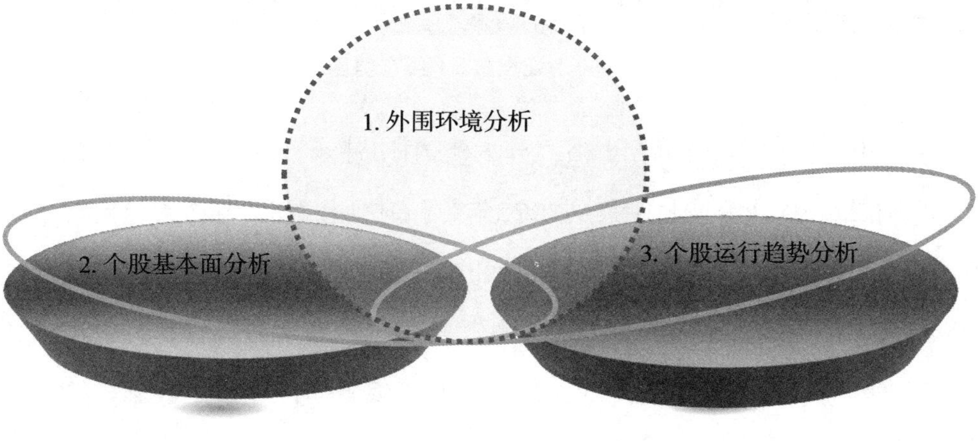

图4-1　顺趋势解套操作基础条件

一、外围环境分析

顺趋势解套，实质上需要通过加仓来平摊成本，待股价反弹完成解套的操作。这就需要外围环境的配合，也就是说，如果整个大盘正处于下行趋势，那么，此时加仓被深度套牢的可能性更大；反之，若大盘走势趋于稳定，则可增大解套的可能性。

下面看一下上证指数的日K线走势情况，如图4-2所示。

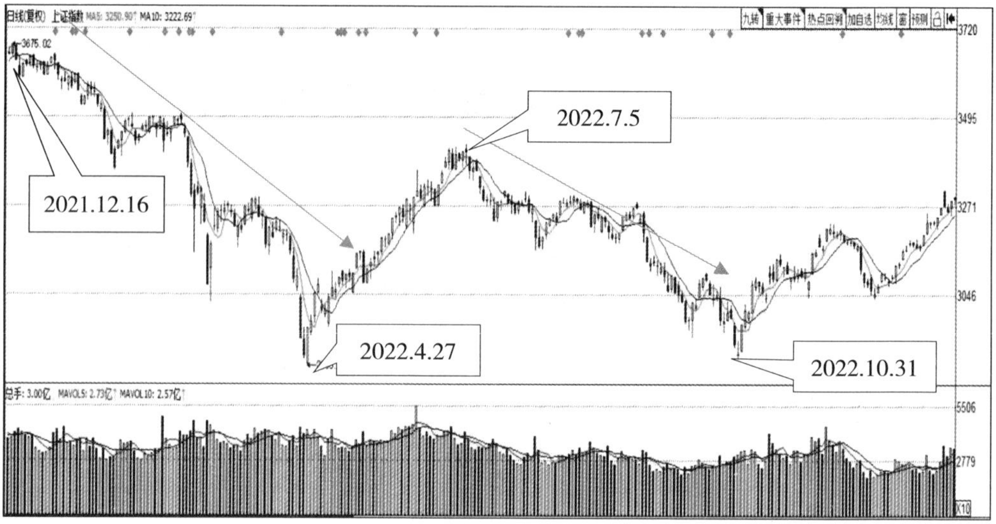

图4-2　上证指数日K线走势图

从图4-2中可以看出，自2021年12月中旬开始，整个股市环境并不理想，特别是自2021年12月中旬到2022年4月底这段时间，整个大盘呈现了单边下跌走势。从2022年7月初至10月底的这段时间，大盘再度呈现了持续三个多月的单边下跌走势。在这两波下跌趋势中，投资者若被套牢，也不宜进行以加仓为主的顺趋势解套操作，因为稍有不慎就可能让自己被套牢的仓位扩大，导致股价真正触底时已经没有资金用来加仓了。

通常情况下，投资者被套牢后，入场加仓进行顺趋势解套时，大盘环境需满足以下两个基本要求。

第一，大盘稳定运行于中期均线上方，且中期均线呈向右上方倾斜状况，这说明大盘环境较为稳定，比较适合入场交易。

第二，大盘没有出现明显的冲高回落迹象。也就是说，大盘并非处于短期高点位置，以免加仓被深套其中。

二、个股基本面分析

个股基本面不能太差，这是基础要求。

对于个股基本面的要求通常来自两个方面。首先，值得投资者进行解套操作的股票，肯定是有价值的股票，不能是垃圾股或濒临退市的股票；其次，个股的股价不能严重偏离其内在价值。也就意味着被短线爆炒的股票不能列为顺趋势解套的备选标的。因为这类股票的股价严重偏离内在价值，股价一旦进入下行通道，将会很难回归到以前的水平，因而，加仓式解套无异于“火上浇油”，很难起到解套的效果。

三、个股运行趋势分析

个股被套牢后，股价多数情况会处于下行趋势，且长线趋势仍是向好的。同时，投资者想要入场加仓解套前，必须确保股价当时已经出现了明显的止跌迹象。股价最好能够在某一重要支撑位获得足够的支撑，此时再入场加仓买入股票。

下面看一下中国中免的股价走势情况，如图4-3所示。

中国中免的股价自2023年1月底进入下行通道。该股股价几乎在整个2023年都是呈下行趋势的，股价运行于均线下方，且各条均线呈空头发散排列。在这一时间段内，几乎是没有顺趋势解套的操作空间的。投资者若贸然加仓进场，只会增加亏损幅度和额度，对于解套不会有任何帮助。

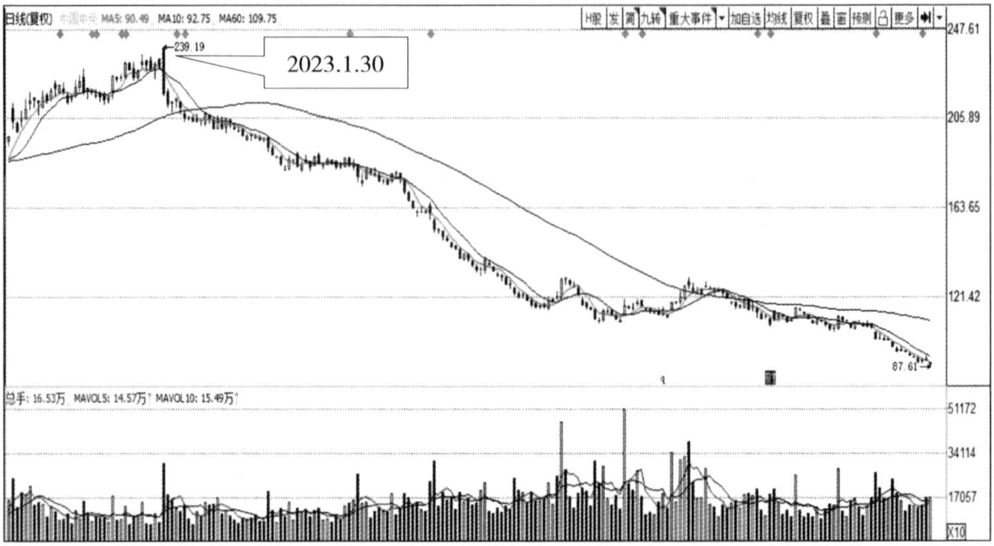

图4-3　中国中免（601888）日K线走势图

第二节　顺趋势解套的控制要点

投资者之所以选择加仓，一定是预估到股价可能会出现反弹，哪怕只有一波反弹。因此，在设定解套策略与加仓时，必须提前做好规划。

一、交易技术与策略

选择顺趋势加仓解套的前提，是坚信股价能够反弹，甚至会发生反转。不过，对股价未来走势预估的模式不同，加仓策略也不尽相同。

1. 分段阻击式加仓策略

使用该策略的前提，是投资者并没有十分的把握一次性找准股价回调的支撑点位。也就是说，在投资者的思维模式中，股价虽然有一波回调后立即转入反弹的概率，但整体上，这个概率并不大，因此，从投资安全的角度出发，分段阻击成为其理想的选择。其典型操作模式如图4-4所示。

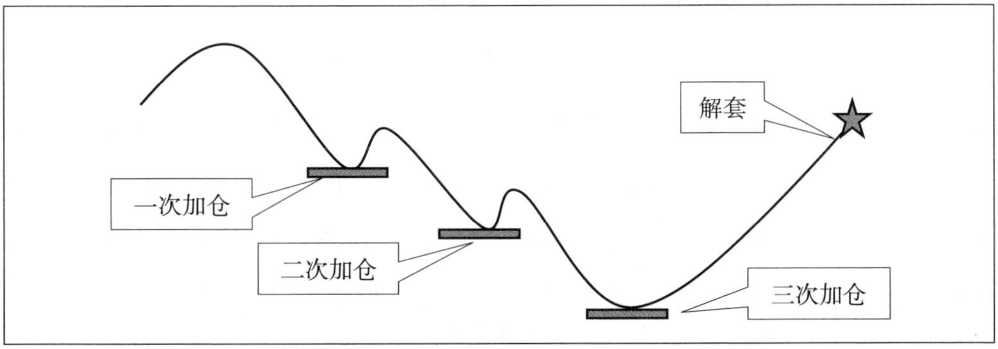

图4-4　分段阻击式加仓策略

策略解析：该策略试图通过多次加仓来平摊持仓成本，此后若股价出现反弹，则可将持仓拉至成本线以上，从而实现解套。

在具体操作过程中，该策略又可以细分为以下三类子策略。

（1）递进式加仓策略。

递进式加仓策略，即随着股价跌幅的扩大，加仓幅度逐渐增加。比如，在股价下跌10个百分点时加仓1万元；股价下跌20个百分点时，加仓2万元；股价下跌30个百分点时，加仓4万元等。使用该策略的前提是需要提前将资金规划好，不能加到后面没钱了。从实战效果来看，若规划得当，该策略的执行效果是非常不错的。

（2）递减式加仓策略。

递减式加仓策略，即随着股价下跌幅度的扩大，加仓幅度逐渐递减。比如，在股价下跌10个百分点时加仓4万元；股价下跌20个百分点时，加仓2万元；股价下跌30个百分点时，加仓1万元等。从本质上来说，使用该策略的原因在于投资者确信股价下跌幅度有限，也就是说，在投资者看来，第一次加仓后，股价反弹的概率是相当大的。

后面的加仓带有一定的被动成分。若第一次加仓后，股价立即反弹，效果最好；若到后面几次加仓后股价才反弹，则效果较差。

（3）平均式加仓策略。

平均式加仓策略，即虽然股价下跌幅度不断扩大，但加仓幅度保持不变。比如，在股价下跌10个百分点时，加仓2万元；股价下跌20个百分点时，加仓2万元；股价下跌30个百分点时，还是加仓2万元等。从本质上来说，使用该策略的原因在于投资者并不能确定股价何时会反弹，但依然坚信股价在未来的某个时间段会反弹。

该策略的执行效果一般会介于前两种效果之间。

2. 一次性加仓策略

使用该策略的前提，是投资者对于加仓点的选择非常有信心。也就是说，在投资者的思维模式中，股价极有可能在某一位置获得支撑而出现反弹，因此将该位置确定为主要的加仓位置。其典型操作模式如图4-5所示。

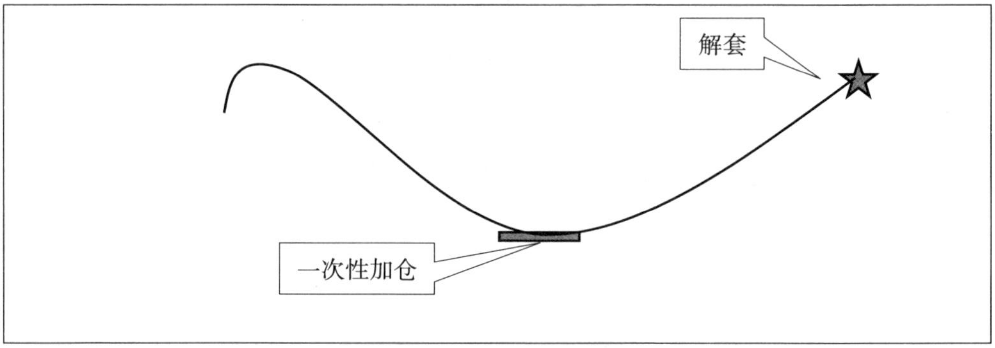

图4-5　一次性加仓策略

对于投资者来说，下方的加仓位是其能够承受的股价最大下跌幅度点位。若股价没有按照预期的路线反弹，甚至反向跌破了加仓点位，那么投资者也不会再度进行加仓操作。

3. 滚动加仓策略

使用该策略的前提，是投资者没有十分的把握一次性找准股价回调的支撑点位，同时预感到股价短线下行的概率稍大。也就是说，在投资者的思维模式中，股价存在随时反弹甚至反转的可能，但也有短期受阻力下行的可能。其典型操作模式如图4-6所示。

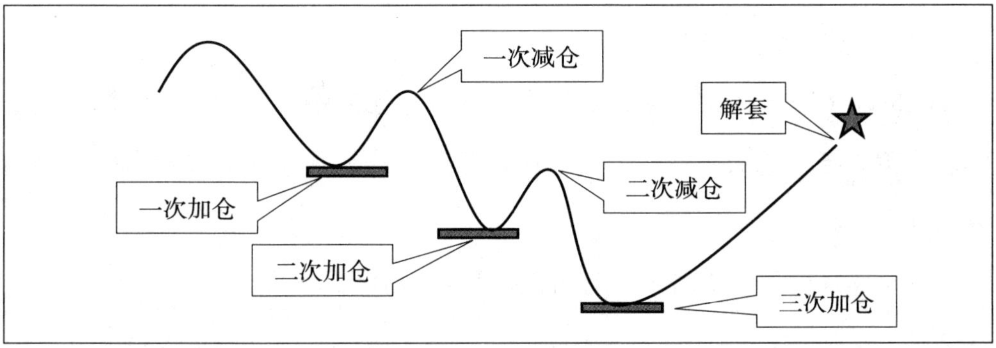

图4-6　滚动加仓策略

该策略对投资者的临场控盘能力要求较高，需要投资者能够多次准确地掌握股价振荡的相对高点与低点。从理论上来说，该策略一旦成功，效果也是非常好的，投资者可以在股价振荡下行过程中，不断地通过加仓与减仓来降低持仓成本。

二、入场点位控制

在实战过程中，很多套牢者总是寄希望能够很快完成解套，因此，在股价下跌幅度不大时，就积极地加仓，平摊成本，以期实现快速解套。结果却是股价还在下跌途中，而投资者手中可用来加仓的资金早已因过早入场而被深度套牢了。

对于想要解套的投资者来说，入场点位的选择是十分重要的。其实投资者完全可以将加仓点位按照新入场交易股票时选择入场点的方法来综合评估，千万不能因为自己有资金被套牢而随便将资金兑换成股票。

第一，跌幅较大，且出现止跌迹象。

这里的跌幅较大，指的是股价距离投资者的持仓成本线以下较远的位置，且股价已经已经开始出现明显的止跌企稳迹象。对于很多想要应用顺趋势解套法的投资者来说，此时就是一个不错的加仓机会。不过，此时的加仓需要进行严格的仓位控制。

第二，股价遇到强支撑位。

股价在下跌过程中，因触及强力支撑位，比如中长期均线、前期高点或低点位置、某一重要整数关口等，股价开始企稳反弹，此时投资者可考虑加大入场仓位。

下面来看一下唯捷创芯的案例，如图4-7所示。

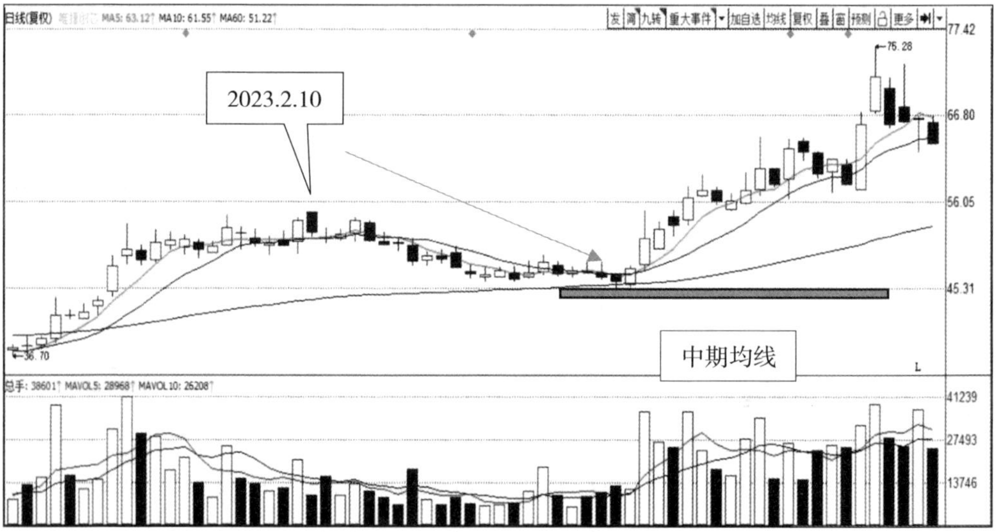

图4-7 唯捷创芯（688153）日K线走势图

唯捷创芯的股价自2023年2月10日创下新高后出现回落走势。此时若有投资者入场，则很快就会被套牢在高位。此后，该股股价出现了振荡下跌走势。其整个下跌过程呈现了阴跌态势，每个交易日的跌幅都不是太大，总是给人一种股价随时反弹的感觉，于是很多投资者都倾向于提早进行加仓，以平摊成本。然而，随着股价的不断下跌，加仓入场的资金又不断地被套牢了。

其实，对于这类股票而言，最理想的加仓位莫过于下方的中期均线，即60日均线。股价在60日均线位置一旦获得足够的支撑，并出现企稳反弹态势，投资者再入场加仓就安全了许多。

当然，这里有三点需要注意。

其一，不同的股票，具有强支撑力的中期均线可能不同。图4–7中唯捷创芯的经典中期均线为60日均线，可能其他股票具备该作用的均线为30日均线或120日均线。

其二，投资者不能在股价一触及中期均线或其他支撑位时，就认定该均线或其他支撑位对股价产生了支撑，立即入场加仓，而要看股价是否能够成功在支撑位附近获得足够的支撑。

第三，市场发出强力转势信号。很多人将A股市场形容为政策市，很多次规模较大的行情都与政府发布的相关政策有关。因此，当国家的一些能够对整个市场产生较大影响的政策、规划发布后，整个市场已经发出转势信号时，个股股价必然也会随之上扬，此时往往也是较佳的加仓时机。

三、仓位与资金控制

在很多经典投资理论中，都不提倡加仓平摊成本式解套方法。原因也很简单，既然投资者第一次已经对股票价格走势的判断出现了错误，那又怎么能够保证加仓的点位就是最佳的买入位置呢？更何况套牢者往往很难对股价走势做出客观的评价，这时套牢者心中想的往往都是快速解套，梦想着股价能够快速反弹，甚至反转。因为心中有了期待，所以判断就很难客观了。

仓位与资金控制要点包括以下三点，如图4-8所示。

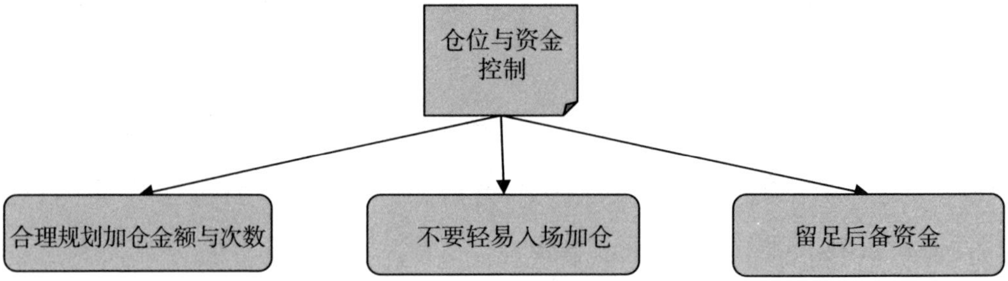

图4-8　仓位与资金控制

第一，合理规划加仓金额与次数。

没有人能够准确地找到最佳的加仓点位。很多时候，解套加仓是需要多次入场完成的，因此，在启动入场加仓前，需要对入场次数以及每次入场的金额进行合理规划。

第二，不要轻易入场加仓。

被套牢者手中肯定握有较高的仓位，从理论上来说，并不存在踏空的可能，因此也无须急着入场加仓平摊成本。反之，若过早入场加仓，很容易就会将手中的资金消耗掉，并陷入越套越深的窘境。

第三，留足后备资金。

无论看到有多么好的机会，都不能将手中的子弹打光，一定要留有充足的“预备队”。只有这样，才能在股市中做到“游刃有余”。

第三节　顺趋势解套的实操技巧

以加仓为主要思路的解套策略，在实战中可以细化为多种实战技法，每种实战技法又都有其特定的应用环境。

一、124解套法

124解套法，是根据股价在底部区域的走势情况，分批次入场加仓买入股票，借以降低持仓成本，待股价反弹时完成解套的一种操作策略。其基本操作路线大致如图4-9所示。

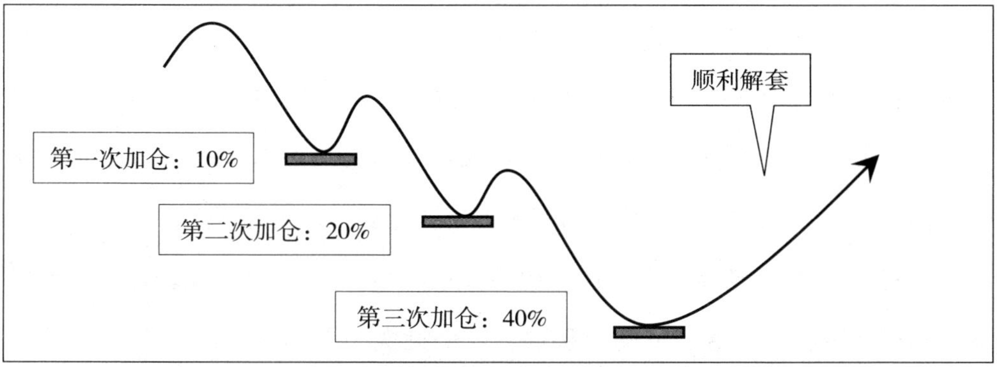

图4-9　理想的124加仓解套运行模式

当然，该种解套方法的顺利实施也是需要具备一定条件的。

第一，外部环境要求。

外部大盘环境稳定是入场加仓解套的前提条件。所有以加仓为主要策略的解套方法，都必须依赖大盘环境的企稳。当然，由于A股的特点，大盘指数在大部分时间内都处于横向振荡态势。也就是说，入场加仓解套时，至少大盘不能处于下行趋势。

第二，股票要求。

对于个股的要求主要有两个方面：其一，股票本身质地不能太差。若股票本身属于垃圾股或濒临退市的股票，就失去了解套的价值。其二，股价开始出现止跌企稳的迹象。

第三，仓位分配与控制。

从投资安全角度看，解套本身也是一种高风险的交易行为，操作不好就是错上加错。因此，在入场前必须对资金进行合理规划。在留足预备资金的前提下，还要设计好每次入场的资金占比。

124解套法对资金的规划为：将所有资金分成四部分，其中包括三个批次入场资金（70%），一个批次后备资金（30%）。

第四，入场加仓方法。

三个批次入场资金的具体入场条件如下。

第一批次10%资金入场条件：股价经过一波下跌后出现明显的止跌企稳迹象。通常股价会在中期均线附近获得支持而出现企稳迹象。

第二批次20%资金入场条件：股价跌破了前一批次入场线，且出现了大幅下挫态势，存在明显的主力打压痕迹，股价K线的形态非常恶劣。

第三批次40%资金入场条件：股价跌破了前两个批次的入场点，再度下跌后出现止跌企稳迹象，此时就是最后一个批次的入场机会。

原则上，后备资金是不应该入场的，除非市场发生了足以扭转趋势的情况。

下面以中国平安为例进行介绍，如图4-10所示。

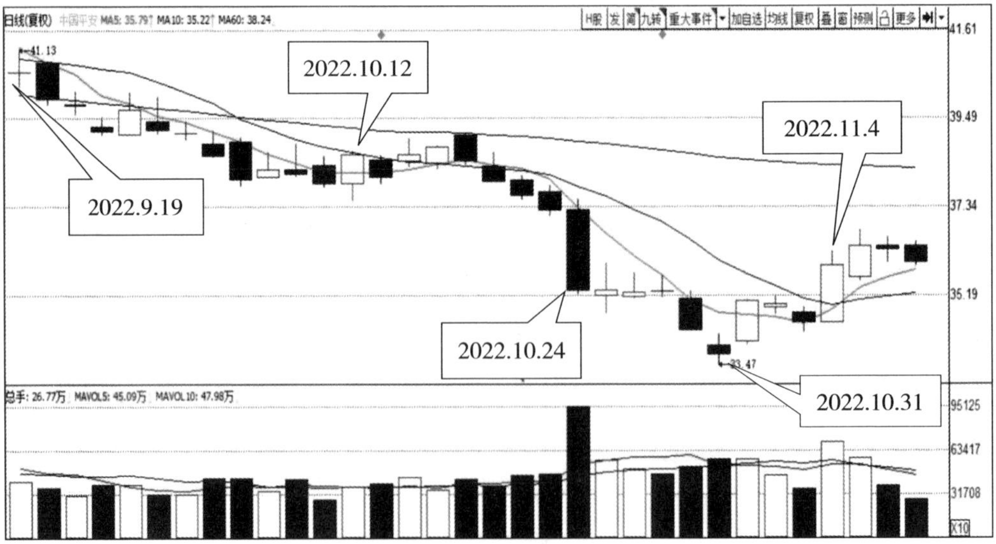

图4-10 中国平安（601318）日K线走势图

中国平安作为A股市场上的超级绩优股，股价曾经一度达到149.28元。自2020年年底开始，中国平安的股价正式开启了一波振荡下跌走势。在振荡下跌过程中，不断地有投资者试图入场抄底该股，但多数都被套牢其中。

比如，中国平安自2022年9月中旬开始了新一轮下跌，股价在40多元。此时若有投资者入场，则很可能被套其中。

假如投资者入场资金为2万元左右，到了10月中旬，该股股价已经在37元左右的水平了。若此时投资者开始尝试解套，假如手中还有10万元资金，投资者需要将10万元按照1：2：4：3的比例分为四份。

第一步加仓行动，10%资金，如图4-11所示。

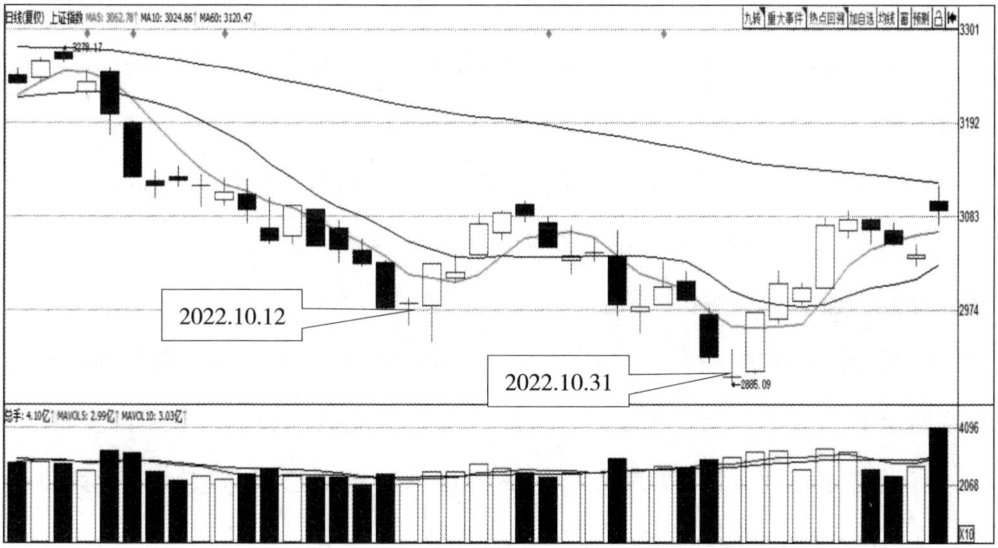

图4-11　上证指数日K线走势图

从图4-11中可以看出，大盘指数在2022年9月也经历了一波大幅下跌。到了10月中旬，大盘指数已经明显企稳了，甚至呈现了明显的反攻迹象。对于想要通过加仓解套的投资者而言，此时无疑是一个不错的机会。

基于对大盘指数和中国平安本身质地的了解，2022年10月中旬应该可以看成较佳的第一次入场机会。投资者可在原来投资20500元（股价由41元下跌至38元，持仓金额在不计交易费用的情况下，剩下19000元）基础上，入场加仓11400元，合计持仓金额为30400元。

第二步加仓行动，20%资金。

自2022年10月12日加仓后，中国平安的股价横向盘整一段时间，再度开始下跌。到了10月24日，该股股价更是大幅走低，下跌幅度超过5%。对于像中国平安这种超级绩优股来说，很少有跌幅大于5%的情况，是明显的破位形态，而这也肯定并非这类股票的正常表现。投资者可在当日临近收盘时再入场20%的资金，即21300元（此时中国平安的股价已经从38元下跌至35.50元了），持仓金额在不计交易费用的情况下，合计49700元。

第三步加仓行动，40%资金。

在投资者第二步加仓后，中国平安的股价横向盘整了几个交易日后再度下行，股价已经远远低于之前两次的加仓点了。

10月31日，该股股价出现了明显的止跌企稳迹象。此时与大盘走势相一致。大盘在当日出现了明显的止跌迹象，以十字线报收。投资者可在当日再度加仓40%资金，即40200元。

此时中国平安的股价已经从35.50元下跌至33.50元了，持仓金额在不计交易费用的情况下，合计87100元。此时投资者的持仓成本已经下降至35.92元，相比于最初的41元买入价，下跌了12%。也就是说，股价只要再反弹7.5个百分点就可以顺利解套了。

此后，中国平安的股价出现了反弹走势。11月4日，该股股价向上突破了多条均线，股价最高点触及36.22元。此时，想要解套出逃的投资者可以顺利完成解套操作了。

当然，投资者也可以选择卖出部分股票，之后持股待涨，以期实现利润最大化。

表 4-1 124 解套法实操数据表

交易时间	股价	买入金额	买入数量	持仓成本	持仓数量	持仓金额	持仓盈亏
2022.9.19	41 元	20500 元	500 股	41 元	500 股	20500 元	——
2022.10.12	38 元	11400 元	300 股	39.88 元	800 股	30400 元	–1500 元
2022.10.24	35.50 元	21300 元	600 股	38 元	1400 股	49700 元	–3500 元
2022.10.31	33.50 元	40200 元	1200 股	35.92 元	2600 股	87100 元	–6300 元

注：卖出金额与股票数量、亏损金额均用“–”表示，不含交易费用。

二、一次性加仓解套法

一次性加仓解套法，是指投资者在被套牢后，待股价回撤到某一强支撑位时，将手中的资金一次性加仓买入该股，待股价反弹时完成解套的一种操作策略。该解套法的操作模式如图4–12所示。

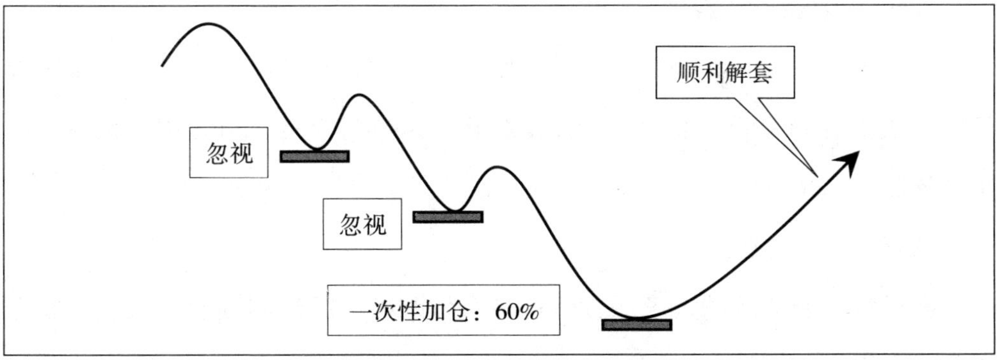

图4–12 理想的一次性加仓解套运行模式

当然，该种解套方法能否顺利达成目标，与投资者选择的入场加仓时机也密切相关。相对而言，这也是一种风险极大的解套策略。投资者一旦判断失误，将会让更多的资金蒙受损失。因此，在执行环节需要考虑的因素也较多。

第一，外部环境要求。

从某种意义上来说，一次性加仓颇有些毕其功于一役的感觉，因此对外部环境的要求比较高。通常来说，只有大盘环境向好或大盘已经彻底走出下跌趋势反转上行时，才是入场的时机。

第二，股票要求。

该解套方法对个股的要求主要有两个方面：其一，股票本身质地要好。绩优股的股价无论如何下跌，都可能会回归到与自身价值相符的状况，而垃圾股则可能会走出持续下跌的行情。其二，股价经过一波下跌后，受到了较强的支撑或者大盘出现趋势性转折。

第三，仓位分配与控制。

从投资安全角度看，任何选择都不可能百分之百准确，因此，选择通过一次性加仓解套的投资者仍需控制好仓位。用于一次性加仓的资金不能超过可用于该股资金的60%，当然，还需满足任何一只股票占总仓位的比重不应超过30%的限制。

第四，入场加仓方法。

在股价出现较大跌幅后，遇中长期均线的强力支撑或股价经过一波破位下跌后出现企稳反弹，而此时大盘指数也呈现向好态势，可考虑一次性入场加仓该股。

第五，止损与撤出。

当投资者所依赖的入场加仓位置被有效跌破，就说明选点失败，应立即进行止损操作。

与其他解套策略不同，一次性加仓解套方法并没有后续资金注入，因此，投资者未来的选择只有两个：要么止损撤出，要么持仓躺平。对于已经严重低估的超级绩优股来说，躺平也是不错的选择。而对于质地一般的股票来说，止损也不失为明智之选。

下面来看一下美的集团的案例，如图4-13所示。

美的集团作为A股市场上的超级绩优股，股价在2020年年末一度达到

108元。此后，美的集团的股价正式开启了一波振荡下跌走势。在振荡下跌过程中，其实不断地有投资者试图入场抄底该股，但多数投资者都被套牢其中。

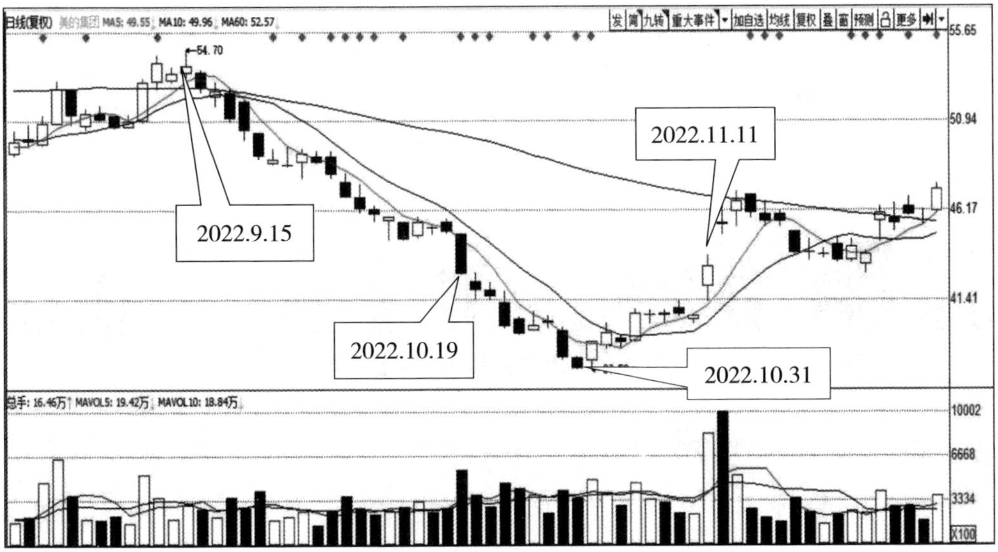

图4-13　美的集团（000333）日K线走势图

比如，美的集团自2022年9月中旬开始了新一轮的下跌，股价在50多元，此时若有投资者入场，则很可能被套其中。假如投资者入场资金在2万元左右（按股价53元，400股计算，不考虑交易成本因素），此后该股又经历了一波大幅杀跌走势。想要一次性加仓的投资者，需要等到股价大幅杀跌企稳后，且大盘出现反弹或反转迹象时才能入场。

再来看一下大盘指数的走势情况，如图4-14所示。

从图4-14中可以看出，大盘指数在2022年9月也经历了一波大幅下跌。到10月中旬，大盘指数明显已经企稳，至10月底甚至呈现了明显的反攻迹象。对于想要通过加仓解套的投资者而言，此时无疑是一个不错的机会。

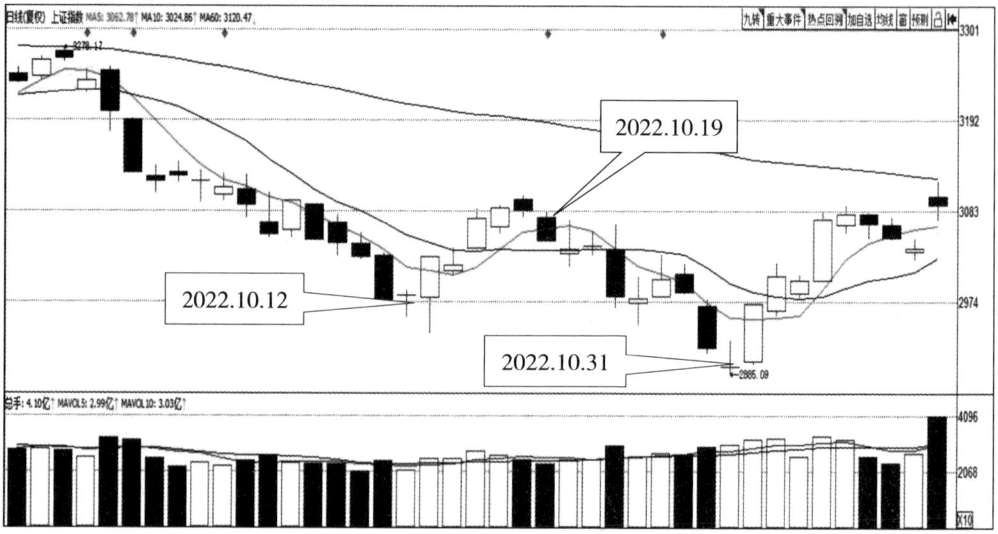

图4-14　上证指数日K线走势图

基于对大盘指数和美的集团本身质地的了解，在2022年10月底大盘企稳时，可以看成较佳的入场机会。投资者可在原来投资21600元（股价由54元下跌至38元左右，持仓金额在不计交易费用的情况下，剩下15200元）基础上，一次性入场加仓60800元（共计1600股），合计持仓金额为76000元（共计2000股）。一次性解套投入的金额应该占到能够用于该股总投资金额的60%左右（以10万元计，则应该在6万元左右）。

其具体持仓与成本数据，如表4-2所示。

表 4-2　一次性加仓解套法实操数据表

交易时间	股价	买入金额	买入数量	持仓成本	持仓数量	持仓金额	持仓盈亏
2022.9.15	54 元	21600 元	400 股	54 元	400 股	21600 元	——
2022.10.31	38 元	60800 元	1600 股	41.20 元	2000 股	76000 元	-6400 元

注：卖出金额与股票数量、亏损金额均用“-”表示，不含交易费用。

从表4-2中可以看出，按照一次性加仓解套方法，只要股价反弹能够达到41.20元左右，就可以顺利实现解套。那么，按此解套法操作的投资者，将在2022年11月11日顺利实现解套。

三、匀速加仓解套法

匀速加仓解套法，与124解套法相似，也是一种分批次加仓解套的方法，是根据股价在底部区域的走势情况，以相同金额分批次入场加仓买入股票，借以降低持仓成本，待股价反弹时完成解套的一种操作策略。其基本加仓模式如下，如图4-15所示。

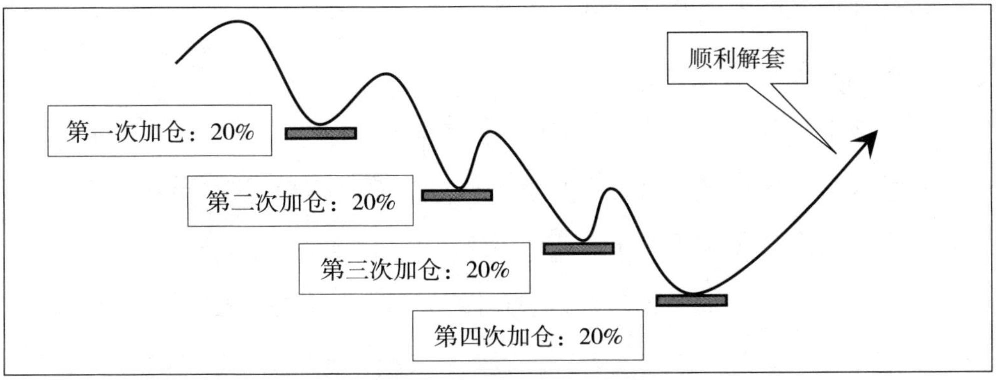

图4-15　理想的匀速加仓解套运行模式

该种解套方法的顺利实施所需的条件与124解套法基本相同，也包括如下几点。

第一，外部环境要求。

外部大盘环境稳定是入场加仓解套的前提条件。所有以加仓为主要策略的解套方法，都必须依赖大盘环境的企稳。当然，由于A股的特点，大盘指数在大部分时间内都处于横向振荡态势。也就是说，入场加仓解套时，大盘至少不能处于下行趋势。

第二，股票要求。

对于个股的要求主要有两个方面：其一，股票本身质地不能太差。若股票本身属于垃圾股或濒临退市的股票，就失去了解套的价值。其二，股价开始出现止跌企稳的迹象。

第三，仓位分配与控制。

从投资安全角度看，解套本身也是一种高风险的交易行为，操作不好，就是错上加错，因此，在入场前必须对资金进行合理规划。在留足预备资金的前提下，还要设计好每次入场的资金占比。

匀速加仓解套方略对资金的规划是：投资者可根据市场环境和个人资金情况，将可用于加仓的资金平均分成若干等份。比如将10万元资金平均分成五等份，并根据市场环境分批次买入股票。

第四，入场加仓方法。

五个批次入场资金的具体入场条件如下。

第一批次20%资金入场条件：股价经过一波下跌后出现明显的止跌企稳迹象。通常股价会在中期均线附近获得支撑而出现企稳迹象。

第二批次20%资金入场条件：股价跌破了前一批次的入场线，且出现了大幅下挫态势，存在明显的主力打压痕迹，股价K线形态非常恶劣。

第三批次20%资金入场条件：股价跌破了前两个批次的入场点，再度下跌后出现止跌企稳迹象。

第四批次20%资金入场条件：股价跌破了前三个批次的入场点，再度下跌后市场发出转势信号，可将第四批次资金投入。

第五批次20%资金入场条件：原则上，这笔资金可以作为备用资金，不到行情特别明朗时不宜入市。

下面以恒瑞医药为例进行介绍，如图4–16所示。

恒瑞医药作为A股市场上的超级绩优股，一度被认为是医药领域中的“茅台”。不过，最近几年因为受药品集中采购的影响，盈利能力有所下降，股价也出现了大幅下跌态势。不过，作为医药领域中的龙头股，其在医药领域仍具有很强的竞争力，该股本身也具有很强的盈利能力。

图4-16　恒瑞医药（600276）日K线走势图

恒瑞医药自2021年12月中旬开始了新一轮的下跌，股价在50元左右，此时若有投资者入场，很可能被套其中。假如投资者入场资金在2万元左右，到了2022年2月中旬，大盘指数开始企稳（如图4–17所示，大盘指数自1月底开始企稳），而该股股价此时已经在40元左右的水平了。若此时投资者开始尝试解套，假如手中还有10万元的资金，可以将10万元按照每份20%的比例均分为五份。

从图4–17中可以看出，大盘指数在2021年年底经历了一波大幅下跌。到2022年1月底，大盘指数已经明显企稳了，甚至呈现了明显的反攻迹象。对于想要通过加仓解套的投资者而言，此时无疑是一个不错的机会。

第一步加仓行动，20%资金。

基于对大盘指数和恒瑞医药本身质地的了解，2022年2月中旬应该可以看成较佳的第一次入场机会。投资者可在原来投资20000元金额（股价由50元下跌至40元，持仓金额在不计交易费用的情况下，剩下16000元）基础上，入场加仓20000元，合计持仓金额为36000元。

图4-17　上证指数日K线走势图

第二步加仓行动，20%资金。

自2022年2月15日加仓后，恒瑞医药的股价横向盘整一段时间，再度开始下跌。到3月9日，该股股价更是大幅走低，下跌幅度一度超过5%。对于像恒瑞医药这种超级绩优股来说，很少有跌幅大于5%的情况，这是明显的破位形态，而这也肯定并非这类股票的正常表现。投资者可在当日临近收盘时再入场20%的资金，即21000元（此时恒瑞医药的股价已经从40元下跌至35元左右了），持仓金额在不计交易费用的情况下，合计52500元。

第三步加仓行动，20%资金。

在投资者第二步加仓后，恒瑞医药的股价横向盘整了几个交易日后再度下行，股价已经远远低于之前两次的加仓点了。

4月12日，该股股价出现了明显的止跌企稳迹象。而此时大盘又处于横向盘整走势，也是可以考虑加仓的环境。投资者可在当日再度加仓20%资金，即19200元。

此时恒瑞医药的股价已经从35元下跌至32元了，持仓金额在不计交易费用的情况下，合计67200元。此时，投资者的持仓成本已经下降至38.19元了。

第四步加仓行动，20%资金。

在投资者第三步加仓后，恒瑞医药的股价横向盘整了几个交易日后再度加速下行，股价已经远远低于之前两次的加仓点了。由于此次跌幅和跌速都比较高，事实上可以看成绩优股的最后一跌。投资者需要在股价企稳时，再度加仓入场。

4月27日，该股股价出现了明显的止跌企稳迹象。而此时大盘也同步出现了反转迹象，也是可以考虑加仓的环境。投资者可在当日再度加仓20%资金，即21600元。

此时恒瑞医药的股价已经从32元下跌至27元了，持仓金额在不计交易费用的情况下，合计78300元。此时，投资者的持仓成本已经下降至35.10元了。

此后，恒瑞医药的股价出现了反弹走势，那么，第五批次资金就不需要再入场了。6月27日，该股股价大幅放量上攻，股价最高点触及35.76元。此时，想要解套出逃的投资者可以顺利完成解套操作了。

当然，投资者也可以选择卖出部分股票，而后持股待涨，以期实现利润最大化。

表 4-3　匀速加仓解套法实操数据表

交易时间	股价	买入金额	买入数量	持仓成本	持仓数量	持仓金额	持仓盈亏
2021.12.9	50 元	20000 元	400 股	50 元	400 股	20000 元	——
2022.2.15	40 元	20000 元	500 股	44.44 元	900 股	36000 元	–4000 元
2022.3.9	35 元	21000 元	600 股	40.67 元	1500 股	52500 元	–8500 元
2022.4.12	32 元	19200 元	600 股	38.19 元	2100 股	67200 元	–13000 元
2022.4.27	27 元	21600 元	800 股	35.10 元	2900 股	78300 元	–23500 元

注：卖出金额与股票数量、亏损金额均用“–”表示，不含交易费用。

四、滚动加仓解套法

滚动加仓解套法，是通过将加仓与高抛低吸结合，在股价下行途中不断降低持仓成本，待股价反弹时完成解套的一种操作策略。其基本运行模式如图4-18所示。

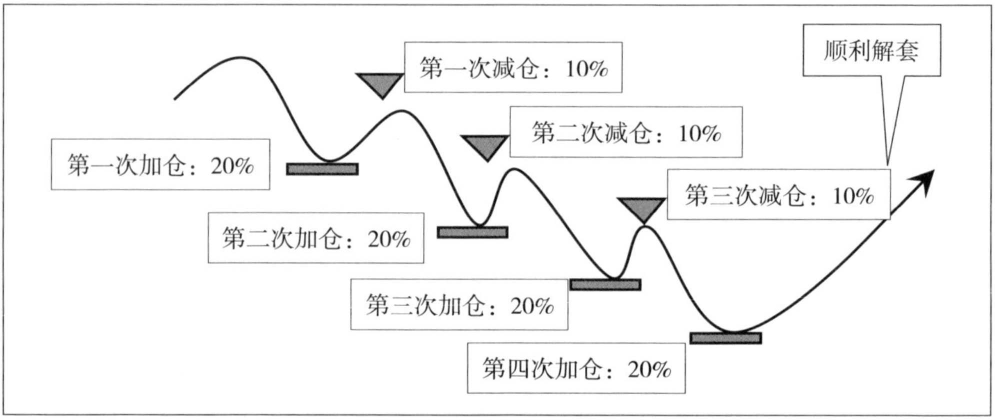

图4-18　理想的滚动加仓解套运行模式

该种解套方法的操作相对比较复杂，对投资者的要求也比较高。投资者需要拥有较好的盘感，在股价遇支撑与阻力时能够及时采取交易行动，尽可能地捕捉股价振荡带来的收益。

第一，外部环境要求。

外部大盘环境稳定是入场加仓解套的前提条件。滚动加仓的核心也是在不断地加仓，因而，加仓时也需要大盘环境的稳定。当然，由于A股的特点，大盘指数在大部分时间内都处于横向振荡态势。也就是说，入场加仓解套时，大盘至少不能处于下行趋势。

第二，股票要求。

相对而言，滚动加仓对股票质地的要求要低于前几种加仓方法，但也必须满足这样两点：其一，股票本身质地不能太差。若股票本身属于垃圾股或濒临退市的股票，就失去了解套的价值。其二，入场加仓前，股价开始出现止跌企稳的迹象。

第三，仓位分配与控制。

一般来说，投资者事先是很难准确计算出需要进行多少次加仓与减仓的，总体上是按照进二退一的原则进行控仓的。即当股价触及阶段低点并出现反弹时，加仓两成；此后当其反攻遇阻时，再减仓一成；如此循环。

因此，投资者可根据市场环境和个人资金情况，将可用于加仓的资金分成五等份，每次加仓一份，然后在股价遇阻时减仓半份。比如，投资者有10万元资金可用于加仓，便可以在第一波下跌后加仓2万元，当股价反弹遇阻时再减仓1万元；如此类推。直至手中资金剩余3万元时，停止加仓。

第四，入场加仓方法。

四个批次入场与离场的交易过程如下。

第一批次20%资金入场条件：股价经过一波下跌后出现明显的止跌企稳迹象。通常股价会在中期均线附近获得支撑而出现企稳迹象。

第一批次10%资金离场条件：股价反弹遇阻，出现下行迹象。

第二批次20%资金入场条件：股价跌破了前一批次的入场点，且出现了大幅下挫态势，存在明显的主力打压痕迹，股价K线形态非常恶劣。

第二批次10%资金离场条件：股价反弹遇阻，出现下行迹象。

第三批次20%资金入场条件：股价跌破了前两个批次的入场点，再度下跌后出现止跌企稳迹象。

第三批次10%资金离场条件：股价反弹遇阻，出现下行迹象。

第四批次20%资金入场条件：股价跌破了前三个批次的入场点，再度下跌后市场发出转势信号，可将第四批次资金投入。

第四批次10%资金离场条件：股价反弹遇阻，出现下行迹象。

由于整体上随着股价的下行，投资者仍处于增加仓位的态势，因而，仍可将其看成一种加仓式解套模式。

下面以国茂股份为例进行介绍，如图4-19所示。

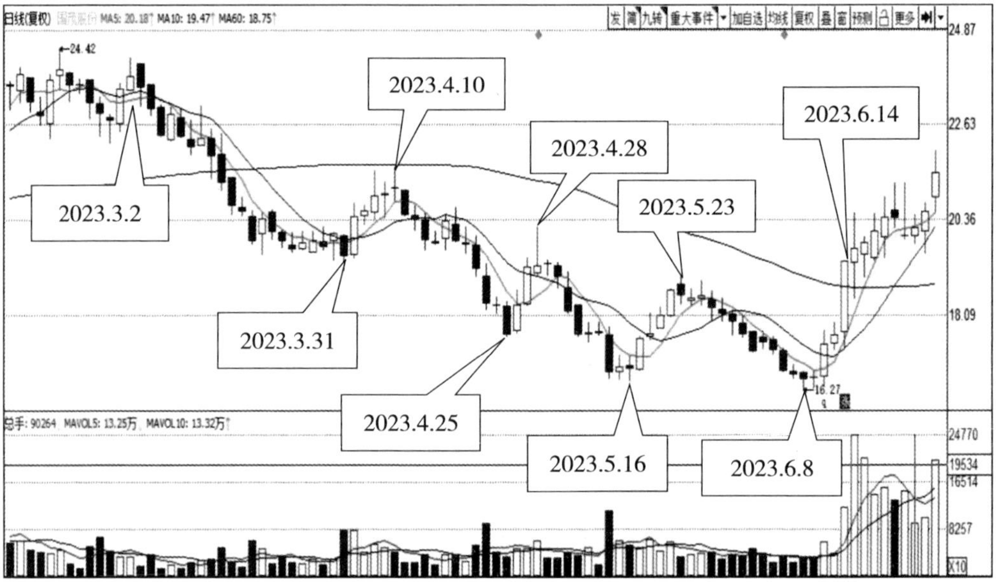

图4-19　国茂股份（603915）日K线走势图

国茂股份作为A股市场上重要的减速机生产厂商，自上市以来业绩一直非常不错，属于绩优股。不过，受外围环境不佳的影响，自2023年2月开始，国茂股份的股价也出现了振荡下跌走势。但是作为减速机领域中的绩优股，其本身仍具有很强的盈利能力。

国茂股份自2023年3月初开始了新一波的下跌，股价在24元左右。此时若有投资者入场，很可能被套牢其中。

假如投资者入场了资金2万元左右，到了2023年3月底，大盘指数尚平稳（如图4-20所示，大盘指数在2023年上半年整体呈横向振荡态势，都是可以进行解套操作的），而该股股价此时已经在20元左右的水平了。若此时投资者开始尝试解套，假如手中还有10万元的资金，需要将10万元按照每份20%的比例均分为五份，然后依次按照滚动操作法进行解套操作。

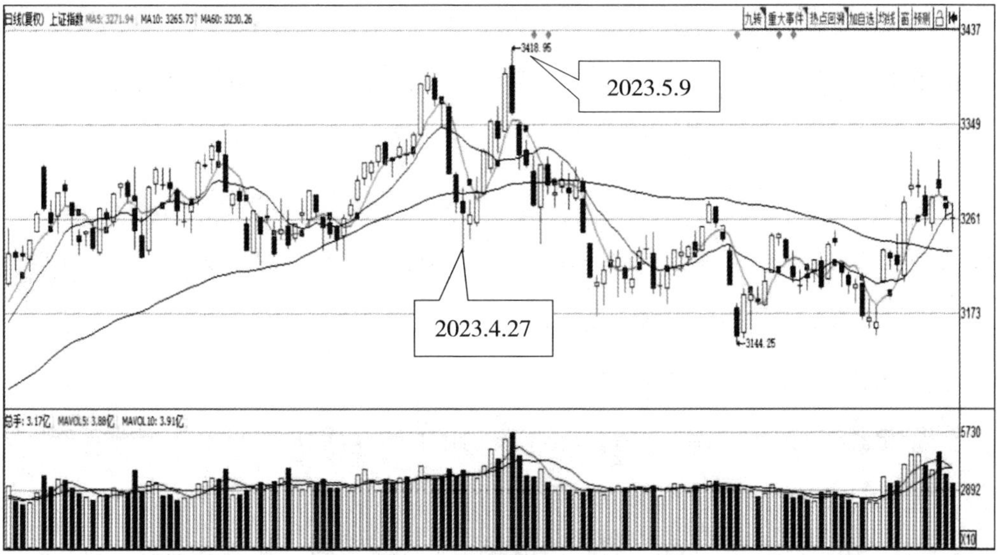

图4-20　上证指数日K线走势图

从图4-20中可以看出，大盘指数在2023年上半年整体呈现横向振荡态势。到2023年5月9日，大盘指数出现了一个明显的高点，此后又出现了振荡走低态势。不过，从整体上来看，大盘指数并没有出现较大幅度的上涨或下跌。

第一步加仓行动，20%资金。

基于对大盘指数和国茂股份本身质地的了解，2023年3月底应该可以看成较佳的第一次入场机会。投资者可在原来投资21600元金额（股价由24元下跌至20元，持仓金额在不计交易费用的情况下，剩下18000元）基础上，入场加仓20000元，合计持仓金额为38000元。

此后，该股股价出现了一波反弹，并在4月10日触及中期均线后回落，投资者可在21.50元位置减仓500股（合计10500元）。此时投资者持仓1400股（合计30100元），亏损了750元。

第二步加仓行动，20%资金。

自2023年4月10日振荡下跌后，国茂股份的股价在4月25日又一次出现反攻态势。投资者可考虑再度入场加仓20%的资金，即19800元（此时国茂股份的股价已经从21.50元下跌至18元左右了），持仓金额在不计交易费用的情况下合计45000元，投资者的亏损又一次放大了，来到了5650元。

该股股价的反弹只持续了3个交易日，在4月28日冲高后回落。此时，投资者可在20元位置减仓500股（合计10000元）。此时投资者持仓2000股（合计40000元），亏损650元。

第三步加仓行动，20%资金。

投资者在4月28日减仓后，国茂股份的股价再度出现了一波大幅下跌走势，股价已经远远低于之前两次的加仓点了。

5月16日，该股股价出现了明显的止跌企稳迹象。投资者可在当日再度加仓20%资金，即20400元。此时国茂股份的股价已经从20元下跌至17元了，持仓金额在不计交易费用的情况下，合计54400元。此时，投资者的持仓成本已经下降至19.08元了。

在投资者第三步加仓后，国茂股份的股价出现了一周左右的反弹。5月23日，股价冲高后回落。此时，投资者可在18.50元位置减仓600股（合计11100元），投资者持仓2600股（合计48100元），亏损了1850元。

第四步加仓行动，20%资金。

此后，国茂股份的股价又经历了一波下跌走势。

6月8日，该股股价出现了明显的止跌企稳迹象。投资者可在当日再度加仓20%资金，即19800元。此时国茂股份的股价已经从18.50元下跌至16.50元了，持仓金额在不计交易费用的情况下合计62700元。此时，投资者的持仓成本已经下降至18.48元了。

此后，国茂股份的股价出现了一波规模较大的反弹走势，那么，第五批次资金就不需要再入场了。6月14日，该股股价大幅放量上攻，并以涨停报收，股价最高点触及19.35元。此时，想要解套出逃的投资者可以顺利完成解套操作了。

当然，投资者也可以选择卖出部分股票，而后持股待涨，以期实现利润最大化。

表 4-4　滚动加仓解套法实操数据表

交易时间	股价	买入金额	买入数量	持仓成本	持仓数量	持仓金额	持仓盈亏
2023.2.28	24 元	21600 元	900 股	24 元	900 股	21600 元	——
2023.3.31	20 元	20000 元	1000 股	21.90 元	1900 股	38000 元	–3600 元
2023.4.10	21.50 元	–10750 元	–500 股	22.04 元	1400 股	30100 元	–750 元
2023.4.25	18 元	19800 元	1100 股	20.26 元	2500 股	45000 元	–5650 元
2023.4.28	20 元	–10000 元	–500 股	20.33 元	2000 股	40000 元	–650 元
2023.5.16	17 元	20400 元	1200 股	19.08 元	3200 股	54400 元	–6650 元
2023.5.23	18.50 元	–11100 元	–600 股	19.22 元	2600 股	48100 元	–1850 元
2023.6.8	16.50 元	19800 元	1200 股	18.48 元	3800 股	62700 元	–7500 元

注：卖出金额与股票数量、亏损金额均用“–”表示，不含交易费用。

相比于匀速解套法，滚动加仓解套法的资金利用效率更高，但操作难度也更大。

第五章

反向解套战法

快速解套需要两个条件：其一，股价的上涨，包括阶段反弹或趋势逆势上涨；其二，持仓股票成本的降低。但是，在趋势不利的情况下，短期内降低持仓股票数量，降低持仓成本，待股价触底企稳时再重新大幅加仓，也不失为明智的解套策略。但这种解套方法其实只有在特定的趋势下使用才会发挥最大化的效果。这就是本章讲解的反向解套战法。

第一节 反向解套的操作基础

反向解套，顾名思义，是建立在预判股价中长线处于上升趋势的前提下，短期内降低持仓股票数量，降低持仓成本，待股价触底企稳时再重新大幅加仓的解套操作。

反向解套策略的实施需要具备一定的基础条件，包括但不限于以下几种，如图5-1所示。

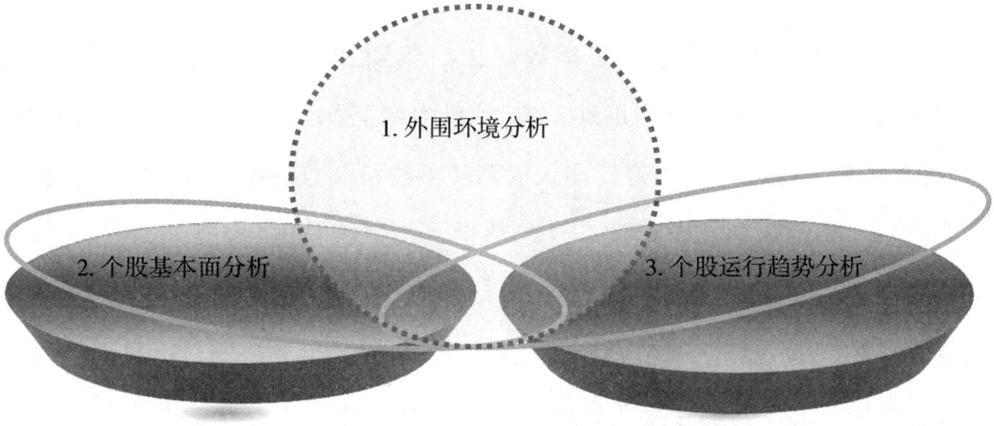

图5-1 反向解套操作基础条件

一、外围环境分析

反向解套，实质上是需要通过先减仓后加仓来规避股价下跌，快速平摊成本，待股价反弹完成解套的操作。这就需要外围环境的配合。在大盘短线快速下行期，此时加仓被深度套牢的可能性更大，而采用先行减仓，待大盘企稳时再加回仓位的方法，无疑可以加速完成解套操作。

下面来看一下上证指数的日K线走势情况，如图5-2所示。

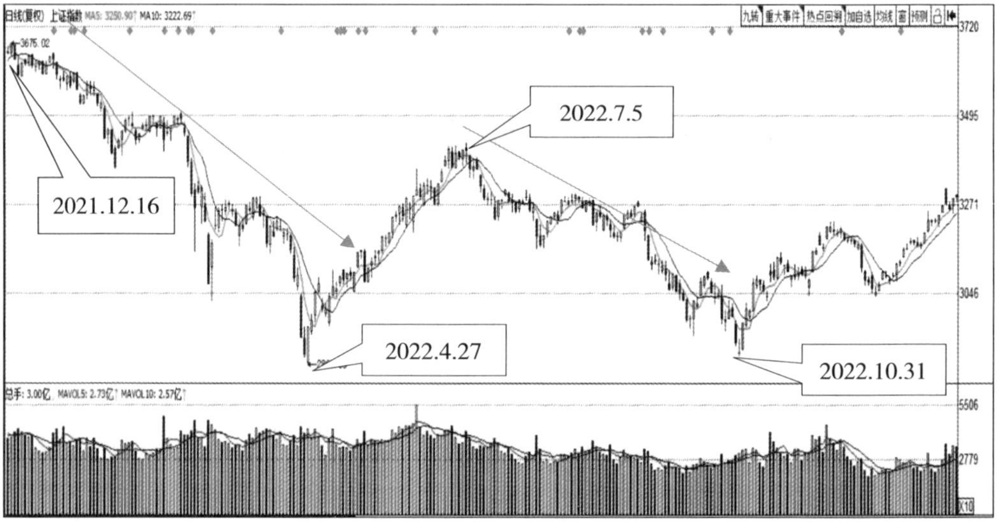

图5-2　上证指数日K线走势图

从图5-2中可以看出，上证指数在2021年到2022年年底期间出现了两波明显的振荡下跌走势，分别是2021年12月中旬至2022年4月底，2022年7月初到2022年10月底。投资者若在大盘两波下跌行情来临前买入股票，被套牢的概率就会相当大。在这两波下跌趋势中，投资者若被套牢，也不宜进行以加仓为主的顺趋势解套操作，稍有不慎，就可能让被套牢的仓位扩大，导致股价真正触底时已经没有资金用来加仓了。因此，在下跌趋势进行中，通过先减仓再加仓的反向解套策略，就显得更为明智了。

通常情况下，投资者被套牢后，先减仓再入场加仓进行反向解套时，大盘环境需满足以下几个基本要求。

第一，大盘显现明显的下行趋势，此后经过一波下跌后，开始出现止跌企稳迹象，比如大盘指数运行于中期均线上方，且中期均线呈向右上方倾斜状况等。

第二，减仓后进行加仓时，大盘应该没有出现明显的冲高回落迹象。也就是说，大盘并非处于短期高点位置，以免加仓后被深套其中。

二、个股基本面分析

与顺趋势操作相同，反向解套操作同样要求个股基本面不能太差。对于个股基本面的要求通常有两个方面。

首先，值得投资者进行解套操作的股票，肯定是有价值的股票，不能是垃圾股或者濒临退市的股票。

其次，个股的股价不能严重偏离其内在价值。这就意味着被短线爆炒的股票不能列为反向解套的备选标的，这类股票的股价严重偏离内在价值，股价一旦进入下行通道，将会很难再回归到以前的水平，因而，即使采取反向解套策略，也很难实现真正意义上的解套。

三、个股运行趋势分析

个股被套牢后，股价多数情况会处于下行趋势，且长线趋势仍是向好的。其实这就给了投资者反向解套的机会。在股价显现出明显的下跌趋势时，先减掉一部分仓位，然后待股价企稳时，也就是股价运行趋势发生转折时，重新将减仓的股票再加回来。

下面来看一下三七互娱的股价走势情况，如图5-3所示。

三七互娱的股价在2022年8月底冲高回落，此后该股股价在两个月内持续下跌，股价运行于均线下方，且各条均线呈空头发散排列。在这一时间段内，投资者可通过先行减仓操作，以降低持仓损失。到了2022年11月初，该股股价出现止跌企稳迹象，11月1日，股价向上突破短期均线，说明股价有短期向好的迹象，此时投资者就可以考虑将减仓的股票再加回来。这说明该股此时段比较有利于进行反向解套操作。

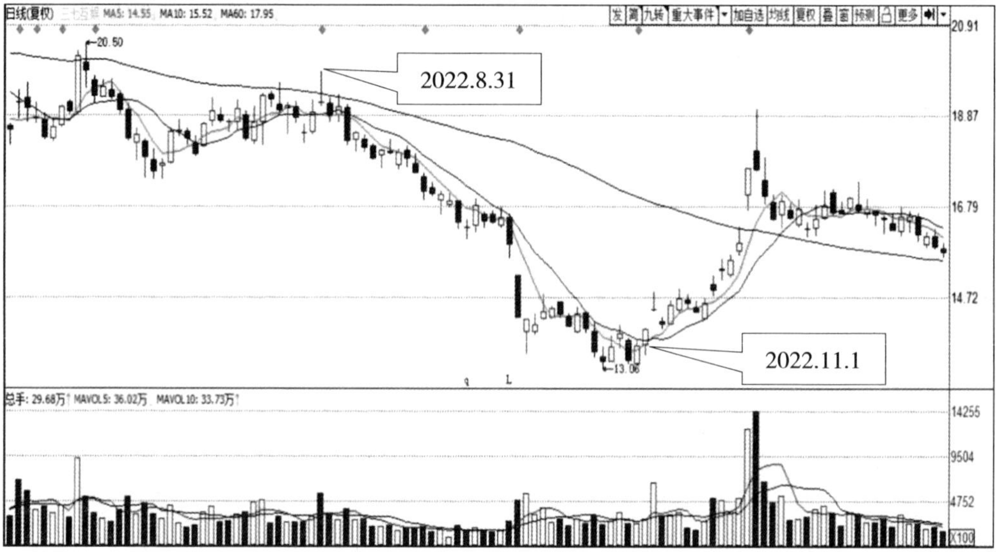

图5-3　三七互娱（002555）日K线走势图

第二节　反向解套的控制要点

尽管反向解套给人一种逆势而动的感觉，但其实这可能是与趋势关联最紧密，也最符合趋势交易要求的一种解套策略。投资者被套牢时，往往正处于股价下行期，无论我们如何看好股价的未来，但当下肯定是下行的。那么，从趋势交易角度来看，适当地减仓，待股价企稳后再加仓，无疑就是最明智的选择。当然，由于我们无法准确地预估股价下跌的幅度以及是否会立即反向上涨，因此，在设定解套策略与减仓、加仓时，必须提前做好规划。

一、交易技术与策略

选择反向减仓再加仓解套的前提，肯定是相信股价短线下跌后能够反弹，只是不确定下跌的时间和幅度。因为对股价未来走势预估的模式不同，具体的交易策略也不尽相同。

1. 分段阻击式减仓策略

该策略与分段阻击加仓策略相似，其对股价走势的预判也是相似的。使用该策略的前提，是投资者并没有十分的把握一次性确定股价下行的起始位。也就是说，在投资者的思维模式中，股价虽然会有一波回调，但整体上这个回调的幅度和时间都是不确定的。因此，从投资安全的角度出发，分段阻击成为其理想的选择。其典型操作模式如图5-4所示。

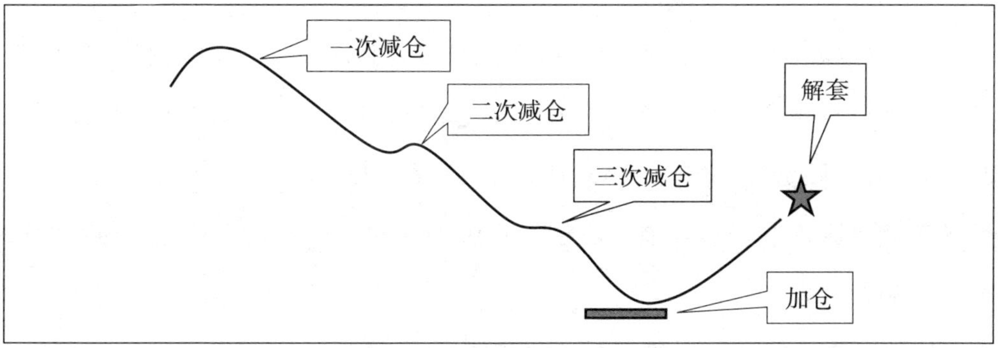

图5-4 分段阻击式减仓策略

策略解析：该策略试图通过多次减仓降低持仓亏损，而后再加仓来平摊持仓成本，此后若股价出现反弹，则可将持仓拉至成本线以上，从而实现解套。也就是说，减掉的仓位都是可以加回来的，只是回避了下跌幅度最大的一波。

在具体操作过程中，该策略又可以细分为以下三类子策略。

（1）递进式减仓与加仓策略。

递进式减仓与加仓策略，即随着股价跌幅的扩大，减仓幅度逐渐增加。

比如，在股价下跌10个百分点时减仓1万元；股价下跌20个百分点时，减仓2万元；股价下跌30个百分点时，减仓4万元等。若股价出现反弹，则随时将已经减掉的仓位加回来。当然，如此操作有一个弊端，即通常来说，股价下跌幅度越大，那么距离反弹的可能性越大，而一旦行情判断失误，减仓后股价立即反弹，可能让投资者踏空行情。

（2）递减式减仓与加仓策略。

递减式减仓与加仓策略，即随着股价下跌幅度的扩大，减仓幅度逐渐递减。比如，在股价下跌10个百分点时减仓4万元；股价下跌20个百分点时，减仓2万元；股价下跌30个百分点时，减仓1万元等。若股价出现反弹，则随时将已经减掉的仓位加回来。相对而言，该策略相比递进式减仓与加仓策略拥有一定的优势，但同样需要把握好股价触底反弹的机会。

（3）平均式减仓策略。

平均式减仓策略，即虽然股价下跌幅度不断扩大，但减仓幅度保持不变。比如，在股价下跌10个百分点时减仓2万元；股价下跌20个百分点时，减仓2万元；股价下跌30个百分点时，还是减仓2万元等。从本质上来说，使用该策略的原因在于投资者并不能确定股价何时会反弹，只是在不停地尝试合理的解套机会。

该策略的执行效果一般会介于前两种效果之间。

2. 一次性减仓策略

使用该策略的前提，是投资者对于减仓点的选择非常有信心。也就是说，在投资者的思维模式中，股价极有可能在跌破某一位置后出现大幅走低的态势，而且可能会有较大的跌幅，因此将该位置确定为主要的减仓位置，待股价企稳后再入场。其典型操作模式如图5-5所示。

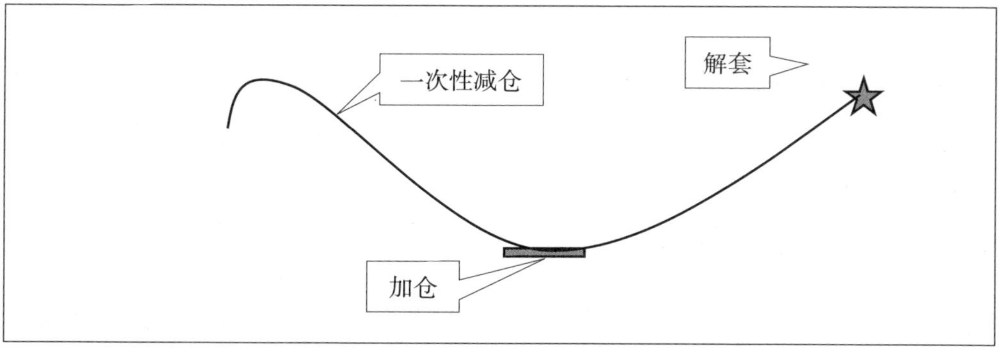

图5-5　一次性减仓策略

对于投资者来说，减仓是其面对股价短线下行的一个策略性选择，长期来看，想要解套肯定还需要加仓。但若股价没有按照预期的路线下跌，而是在投资者减仓后反弹向上，那么，投资者将距离解套更加遥远。

3. 滚动减仓与加仓策略

使用该策略的前提，是投资者也没有十分的把握一次性找准股价下跌和反弹的点位，同时预感到股价短线下行的概率稍大。也就是说，在投资者的思维模式中，股价存在下跌一波幅度后随时反弹甚至反转的可能，但也有持续振荡下行的可能。其典型操作模式如图5-6所示。

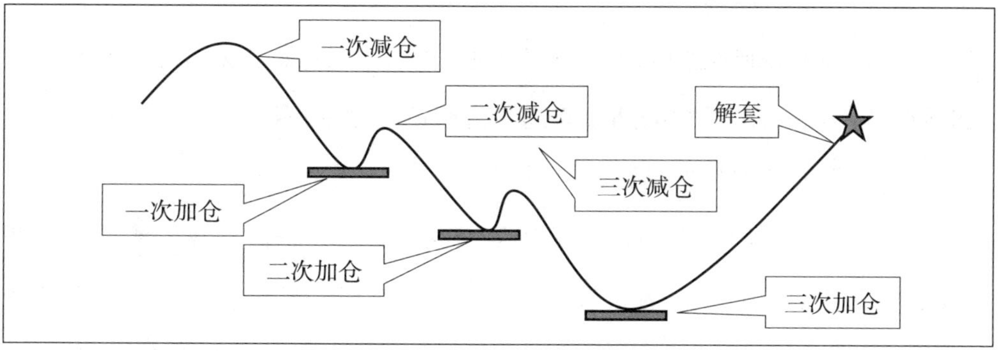

图5-6　滚动减仓与加仓策略

该策略对投资者临场控盘能力要求较高，需要投资者能够多次准确掌握股价振荡的相对低点与高点。从理论上来说，这种策略一旦成功，效果也是非常好的，投资者可以在股价振荡下行过程中，不断地通过减仓与加仓来降低持仓成本。

二、离场点与加仓规划

在实战过程中，很多被套牢者总是希望能够很快完成解套，而反向解套却是一种先行减仓再加仓的策略。从短期来看，减仓就意味着持仓成本的上升，是距离解套更远的打法。这种打法的实现，需要以准确判断股价运行趋势为前提，即准确地识别出股价的短线下行趋势，先及时减仓。

对于想要解套的投资来说，离场点位的选择以及后面的加仓点选择都是十分重要的。其实投资者完全可以将减仓点位按照卖出股票时选择离场点的方法来综合评估，千万不能因为有资金被套牢而总是产生倾向于股价上升的判断。从某种意义上来说，卖出股票后，若股价出现了一波下跌，那么，无论何时选择加仓买入股票都是合理的，但也应该以股价实现短期最大跌幅为目标，即股价出现止跌迹象时，再买回股票。这才是最为理想的选择。

通常来说，离场点位的选择包括以下几类。

第一，股价加速下行点位。

股价在高位横向盘整或小幅下跌一段时间后，突然出现加速下跌态势，此时就可以考虑卖出手中的部分筹码，待股价企稳后再接回来。

第二，股价跌破强支撑位。

股价在振荡回调过程中，先是在强力支撑位附近获得支撑，比如中长期均线、前期高点或低点位置、某一重要整数关口等，此后，股价跌破了这些强支撑位，则可考虑暂时卖出手中的部分股票。

下面来看一下每日互动的案例，如图5-7所示。

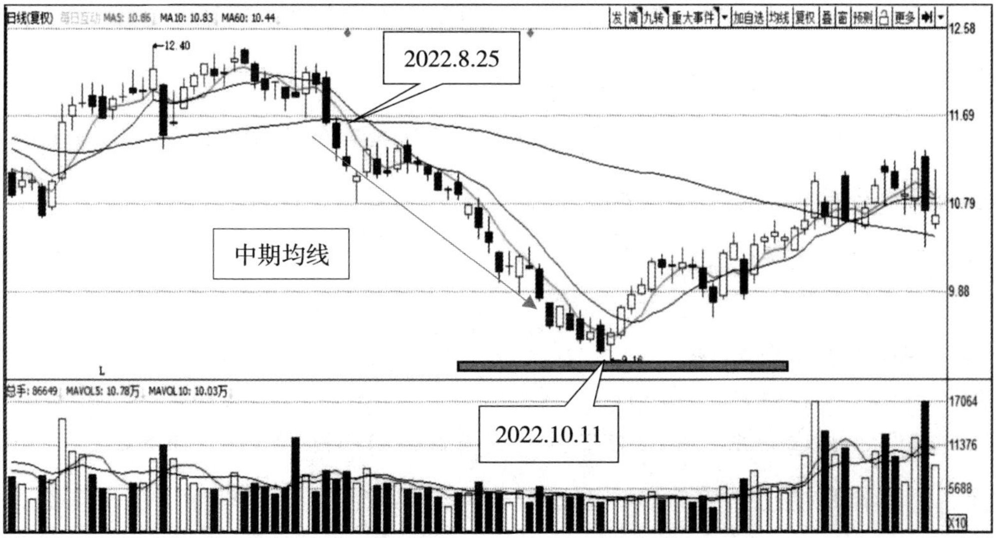

图5-7　每日互动（300766）日K线走势图

如图5-7所示，每日互动的股价自2022年8月创下新高后出现回落走势。此时若有投资者入场，则很快就会被套牢在高位。此后，该股股价出现了振荡走低走势。可能很多投资者心中还期望股价会重新回暖，甚至创出新高。

8月25日，该股股价在前日大幅下跌的基础上再度大幅走低，且跌破了60日均线这一重要的中期均线，意味着股价短期走坏的概率很高。对于套牢其中的投资者而言，暂时卖出手中的部分股票，待股价企稳再买回，不失为一个较佳的交易策略。

2022年10月11日，该股股价触及阶段底部后出现反弹走势，此时被套牢者就可以将先前减仓的股票重新买回。此时持仓成本已经出现了较大的下降，对于投资者快速解套会有很大的帮助。

当然，这里有两点需要注意。

其一，不同的股票具有强支撑力的中期均线可能不同。图5-7中的每日互动的经典中期均线为60日均线，可能其他股票具备该作用的均线为30日均线或120日均线。股价只要跌破了某一重要支撑位置，特别是出现放量大幅下跌形态，投资者都可考虑短暂的减仓操作。

其二，投资者不能在股价一触及中期均线或其他支撑位时，就认定该均线或其他支撑位对股价的支撑无效，立即入场减仓，而要看股价是否能够有效地击穿这一支撑位。

三、仓位与资金控制

相比于加仓平摊成本的解套方法，减仓解套可能并不被大多数散户所接受，但其却是最符合趋势投资理论的一种交易方法。被套牢后，股价多数都会呈下行趋势。从趋势交易理论来说，减仓或清仓都是较为理想的选择。因此，顺势减仓，然后在股价止跌企稳时加仓，就是较好的选择。不过，谁也不能百分百准确地预测行情的变化。当股价展露下跌趋势，投资者减仓操作后，股价也存在反向上攻的可能。由于此时投资者尚处于深度套牢状态，有可能会陷入被动状态。因此，在减仓时，也需要对减仓的比例进行合理的控制。

仓位与资金控制要点包括以下三点，如图5-8所示。

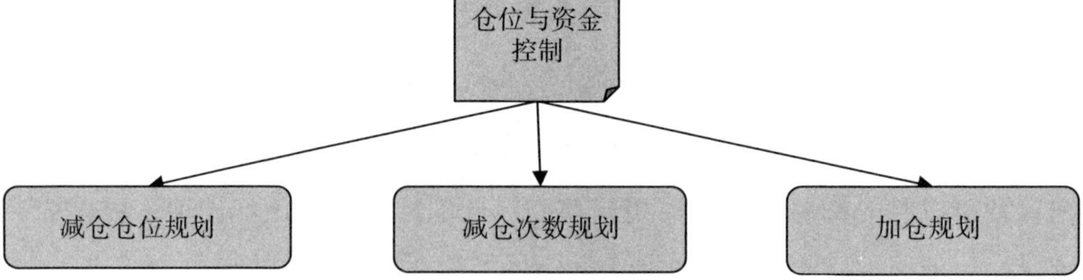

图5-8 仓位与资金控制

第一，减仓仓位规划。

我们的目标是解套，因此，在规划减仓仓位时，必须考虑一旦行情判断失误，股价反向上攻的可能。通常来说，减仓的仓位不能超过总仓位的一半，一般以三分之一为宜。当然，若市场走势非常凶险或者整个市场已经弥漫下跌的恐慌气氛时，可以提高减仓的仓位占比。

第二，减仓次数规划。

在减仓开始前，投资者要规划好需要减仓的次数，每次减仓所占的比重等。有些情况可能需要多次减仓，有些时候可能一次性减仓即可。不同的减仓次数，对应不同的减仓比重。这些都需要提前规划好。

第三，加仓规划。

减仓是为了后面的加仓。理论上来说，减仓后股价出现了下跌，再度加仓就是一次成功的操作。但为了实现操作利益最大化，还是在股价出现止跌迹象时重新加仓才是较佳的选择。另外，投资者也要关注市场环境或股价的走势情况，考虑是否需要注入额外的资金，以便加速完成解套。比如，先前减仓2万元的仓位后，在股价触底时，到底是加仓2万元还是超过2万元的仓位。这些都是需要提前规划的。

第三节　反向解套的实操技巧

以先减仓后加仓为主要思路的解套策略，在实战中可以细化为多种实战技法，每种实战技法又都有其特定的应用环境。

一、421反向解套法

421反向解套法，是根据股价在下跌过程中的走势情况，分批次离场减仓卖出股票，借以降低持仓损失，待股价触底时一次性加仓完成解套的一种操作策略。其基本操作路线大致如图5-9 所示。

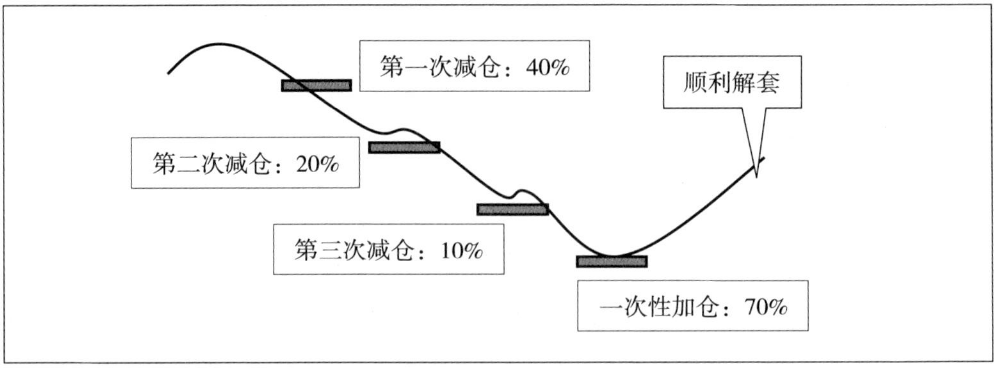

图5-9　理想的421减仓解套运行模式

该种解套方法的顺利实施也是需要具备一定的条件的。

第一，外部环境要求。

外部大盘环境的配合同样是减仓解套的前提条件。大盘没有上攻也是投资者敢于一次性减仓40%的基础。当然，考虑A股的特点，大盘指数在大部分时间内都处于横向振荡态势，减仓解套时，大盘至少不能处于上行趋势。

第二，股票要求。

对于个股的要求主要有两个方面：其一，股票本身质地不能太差。若股票本身属于垃圾股或濒临退市的股票，就失去了解套的价值。其二，开始减仓时，股价呈现明显的破位下跌迹象。

第三，仓位分配与控制。

从投资安全角度看，减仓解套也是一种高风险的交易行为，操作不好就会踏空行情。因此，在离场前必须对仓位进行合理的规划。在留足预备仓位的前提下，还要设计好每次离场的仓位占比。

421反向解套法对资金的规划：将所有仓位分成四部分，其中包括三个批次离场仓位（70%），一个批次基准仓位（30%）。

第四，离场减仓方法。

三个批次离场仓位的具体离场条件如下。

第一批次40%仓位离场条件：股价经过一波横向振荡或小幅下跌后，突然出现大幅下跌走势，以跌破中期均线为宜。

第二批次20%仓位离场条件：股价跌破前一批次下跌调整后形成的低点，且出现大幅下挫态势，存在明显的主力打压痕迹，股价K线形态非常恶劣。

第三批次10%仓位离场条件：股价跌破前两个批次下跌调整后形成的低点，再度下跌，此时就是最后一个批次的离场机会。

第四，当股价经历了三个阶段的下跌后，出现止跌企稳迹象，投资者可一次性将离场资金全部换成股票。

下面以老板电器为例进行讲解，如图5-10所示。

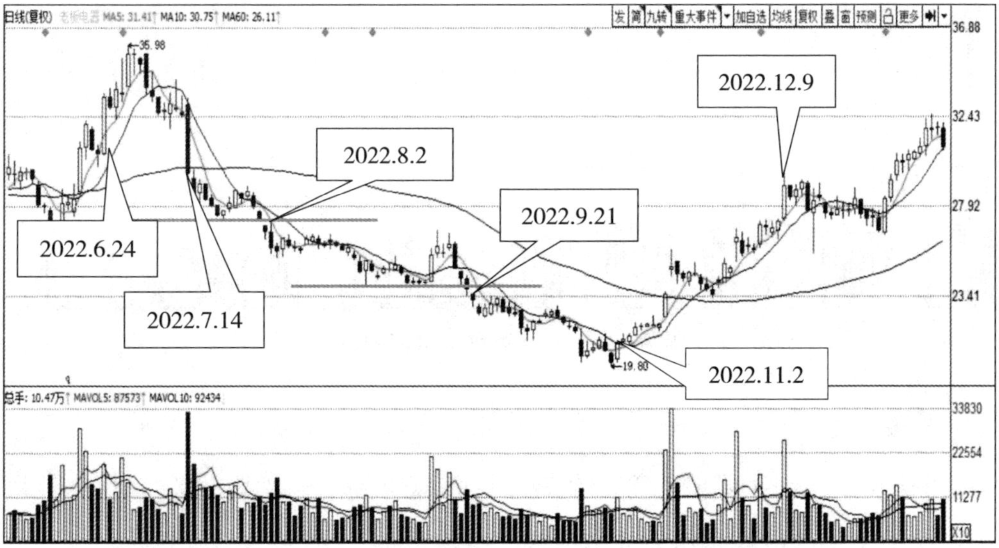

图5-10　老板电器（002508）日K线走势图

如图5-10 所示，老板电器作为A股市场上的超级绩优股，自2021年年中开始，启动了一波振荡下跌走势。在振荡下跌过程中，其实不断地有投资者试图入场抄底该股，但多数投资者都被套牢其中。

老板电器自2022年6月中旬开始出现了一波振荡上升走势，股价在32元左右，此时若有投资者入场，则很可能被套牢其中。假如投资者入场了资金10万元左右，以2022年6月24日为入场时间，价格为33.50元。

此后，该股股价上升一段时间后出现了下跌，特别是2022年7月14日，老板电器的股价向下击穿了60日均线。若此时投资者开始尝试反向解套，可将手中的3000股股票，按照4：2：1：3的比例分为四份。

第一步减仓行动，40%资金，如图5-11所示。

图5-11　上证指数日K线走势图

从图5-11中可以看出，大盘指数在2022年6月也经历了一波振荡上升，自7月初开始呈现了明显的下行态势。这就意味着，从大的方向上来看，7月之后整个市场下行的概率要远超上行的概率。

基于对大盘指数和老板电器本身质地的了解，2022年7月上旬应该可以看成较佳的第一次离场机会。投资者可在原来持仓3000股股票的基础上，减仓40%（按2022年7月14日30元的价格减仓1200股），合计持仓股票为1800股。

第二步减仓行动，20%资金。

自2022年7月14日减仓后，老板电器的股价经过一波下跌横向盘整一段时间后，再度开始下跌。到了8月2日，该股股价更是大幅走低，跌穿了之前反弹的低点位置，这说明该股存在进一步破位下跌的可能。投资者可在当日临近收盘时再减仓20%的仓位，即600股（此时老板电器的股价已经从30元下跌至26.50元了），持仓股票已经仅剩1200股了。

第三步减仓行动，10%资金。

在投资者第二步减仓后，老板电器的股价横向盘整了几个交易日后再度下行，股价已经远远低于之前两次减仓后所创下的低点了。

9月21日，该股股价再度出现破位下跌迹象。此时与大盘走势相一致，大盘在该阶段也出现了单边下跌态势。不过，鉴于此时股价下跌幅度已经很大了，而且老板电器作为一只超级绩优股，并不会永无止境地跌下去，投资者可在当日再度减仓10%仓位。此时老板电器的股价已经从26.50元下跌至23元了，相比于最初的33.30元买入价，下跌了20%。

此后，老板电器的股价经过了一波下跌后，在11月初出现了反弹走势。11月2日，该股股价向上突破了多条均线，股价最高点触及21.12元。此时，投资者可在当日一次性将减掉的仓位加回来（之前累计减掉70%仓位，解放资金58800元）。

当然，投资者也可以在补回减仓资金时，额外增加入场的资金量，这样更可加快解套的速度。在没有额外增加资金的情况下，投资者需要等到2022年12月9日，股价突破27.17元的价格时，才能实现解套。

表 5-1　421解套法实操数据表

交易时间	股价	买入金额	买入数量	持仓成本	持仓数量	持仓金额	持仓盈亏
2022.6.24	33.50 元	100500 元	3000 股	33.50 元	3000 股	100500 元	——
2022.7.14	30 元	–36000 元	–1200 股	35.84 元	1800 股	54000 元	–10500 元

（续表）

交易时间	股价	买入金额	买入数量	持仓成本	持仓数量	持仓金额	持仓盈亏
2022.8.2	26.50 元	–15900 元	–600 股	40.50 元	1200 股	31800 元	–16800 元
2022.9.21	23 元	–6900 元	–300 股	46.34 元	900 股	20700 元	–6300 元
2022.11.2	21 元	58800 元	2800 股	27.17 元	3700 股	77700 元	–22800 元

注：卖出金额与股票数量、亏损金额均用“–”表示，不含交易费用。

二、一次性减仓解套法

一次性减仓解套法，是指投资者在被套牢后，在确认股价进入下跌趋势后，将手中的仓位一次性减仓卖出，待股价企稳时再一次性加仓，待股价反弹时完成解套的一种操作策略。该解套的操作模式如图5–12所示。

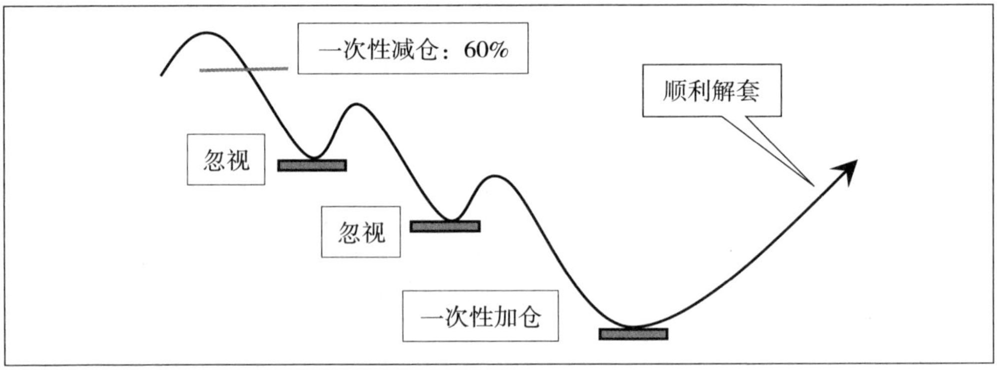

图5–12　理想的一次性减仓解套运行模式

当然，该种解套方法能否顺利达成目标，与投资者选择的离场与加仓时机密切相关。相对而言，这也是一种风险极大的解套策略，投资者一旦判断失误，将会距离解套更远。

该种解套方法的顺利实施也是需要具备一定的条件的。

第一，外部环境要求。

从某种意义上来说，一次性减仓颇有些毕其功于一役的感觉，因而对外部环境的要求比较高。通常来说，只有大盘环境向坏或大盘已经处于下行趋势中时，才可以考虑一次性减仓策略。

第二，股票要求。

该解套方案对个股的要求主要有两个方面：其一，股票本身质地要好。绩优股的股价无论如何下跌，都可能会回归到与自身价值相符的状况，而垃圾股则可能会走出持续下跌的行情。其二，股价经过一波横向盘整或短暂拉升后，存在回调的需要。

第三，仓位分配与控制。

从投资安全角度看，任何选择都不可能百分之百准确。因此，选择通过一次性减仓解套的投资者仍需控制好仓位，用于一次性减仓的比重不能超过该股总仓位的60%。

第四，离场减仓方法。

在股价经过横向盘整或突然发力向下跌破了重要支撑位，且已经显露出将要快速下行的态势时，可考虑进行减仓操作。

第五，加仓与回补。

当投资者所依赖的离场减仓位置被有效突破，就说明选点失败，投资者就应立即反向将卖出的股票赎回来，以免踏空后面的行情。同时，若减仓后，股价出现了一波下跌走势，当股价重新开始企稳反弹时，投资者可结合外部环境，分析股价是否已经彻底趋势逆转了。一旦股价走势转好，投资者就可以将减掉的仓位补回（当然，主要是等量资金回补，甚至可以根据实际情况，适当增加入场资金，以实现快速解套）。

下面来看一下泸州老窖的案例，如图5-13所示。

泸州老窖作为A股市场上的超级绩优股，股价在2021年年中一度超过300元。此后，泸州老窖的股价正式开启了一波振荡下跌走势。在振荡下跌过程中，不断地有投资者试图入场抄底该股，但多数投资者都被套牢其中。

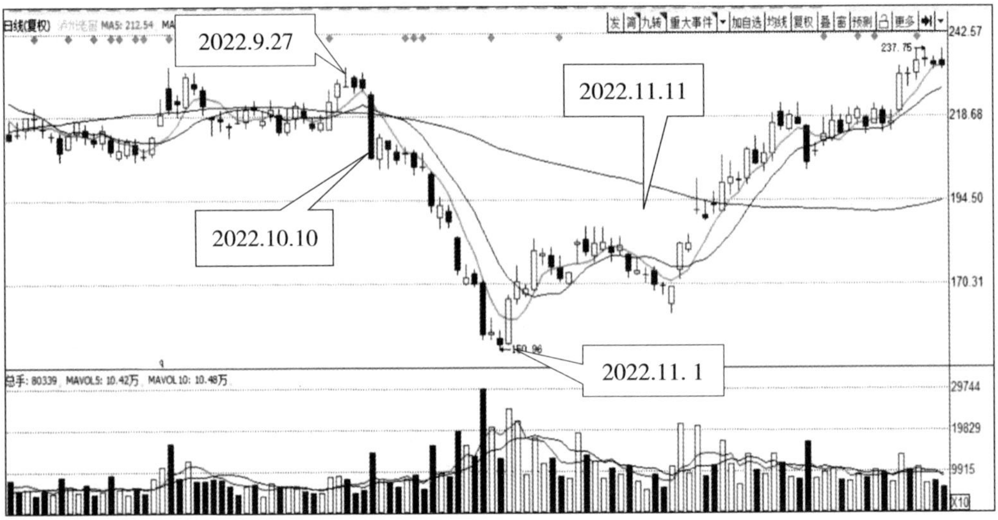

图5-13　泸州老窖（000568）日K线走势图

泸州老窖自2022年10月中旬开始了新一波的下跌，股价在200多元。此时若有投资者入场，则很可能被套牢其中。假如投资者入手了1000股泸州老窖（230元/股，合计23万元），此后该股股价又经历了一波大幅杀跌走势。想要一次性减仓的投资者，需要等到股价大幅杀跌企稳后，且大盘出现反弹或反转迹象时才能补回仓位。

再来看一下大盘指数的走势情况，如图5-14所示。

从图5-14中可以看出，大盘指数在2022年9月也经历了一波大幅下跌。到10月中旬，大盘指数已经明显企稳，至10月底甚至呈现了明显的反攻迹象。对于想要在10月初减仓且在10月底通过加仓解套的投资者而言，此时无疑是一个不错的机会。

基于对大盘指数和泸州老窖本身质地的了解，2022年10月初大盘下行，且个股跌破中期均线时（10月10日），可以看成较佳的一次性离场机会。

10月10日，投资者可将原来买入的1000股泸州老窖股票卖出600股，一次性离场减仓129000元（共计600股，每股215元），合计持仓金额为86000元（共计400股）。

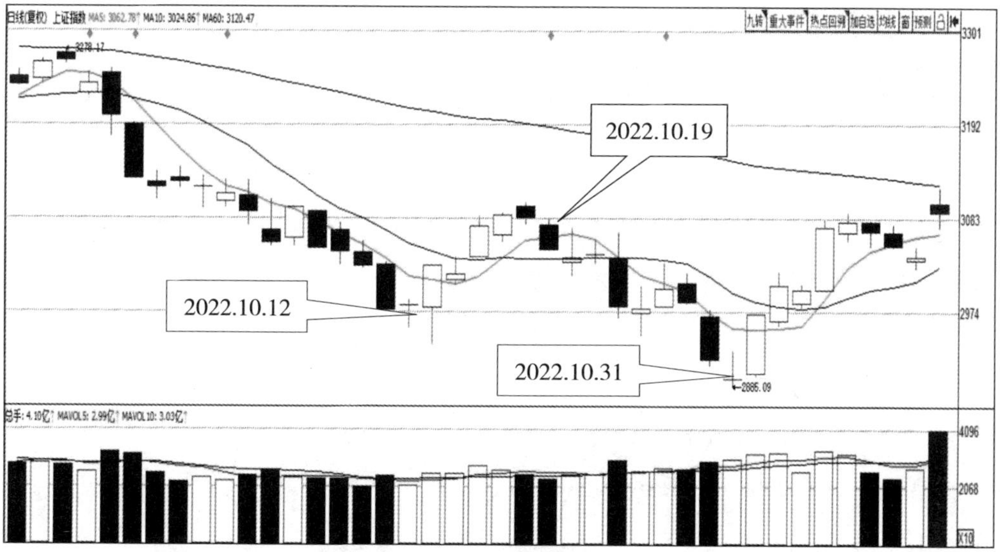

图5-14　上证指数日K线走势图

11月1日，该股股价在前一交易日触底企稳的基础上大幅反攻，向上突破了短期均线，投资者可在当日补回减仓的股票（用减仓获得的资金买入800股，每股160元，共计128000元）。

其具体持仓与成本数据，如表5-2所示。

表 5-2　一次性减仓解套法实操数据表

交易时间	股价	买入金额	买入数量	持仓成本	持仓数量	持仓金额	持仓盈亏
2022.9.27	230 元	230000 元	1000 股	230 元	1000 股	230000 元	——
2022.10.10	215 元	-129000 元	-600 股	252.50 元	400 股	86000 元	-15000 元
2022.11.1	160 元	128000 元	800 股	190.84 元	1200 股	192000 元	-6400 元

注：卖出金额与股票数量、亏损金额均用“-”表示，不含交易费用。

从表5-2中可以看出，按照一次性减仓后再加仓的解套方法，只要股价反弹能够达到190.84元左右，就可以顺利实现解套。那么，按此解套法操作的投资者将在2022年11月14日（最高价191元）顺利实现解套。

三、匀速减仓解套法

匀速减仓解套法与421减仓解套法相似，也是一种分批次减仓解套方法，是根据股价在下行趋势中的走势情况，以相同金额分批次入场减仓卖出股票，借以降低持仓损失，待股价企稳时一次性回补仓位，待股价反弹时完成解套的一种操作策略。其基本操作模式如下。

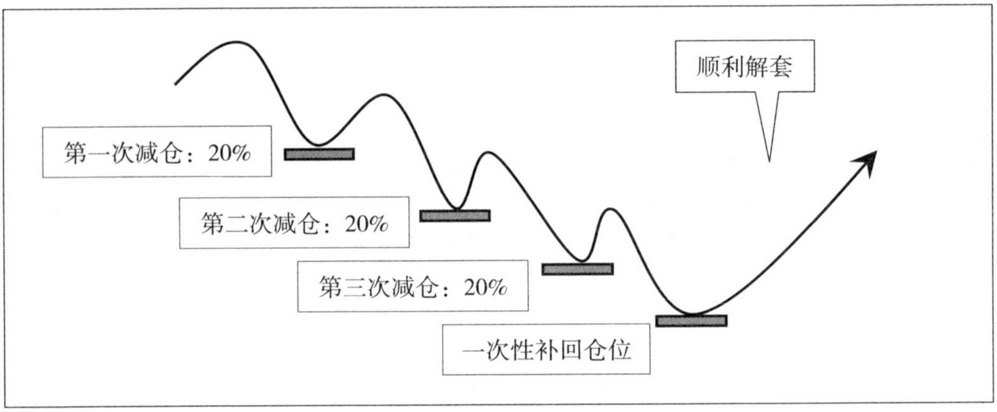

图5-15 理想的匀速减仓解套运行模式

该种解套方法的顺利实施所需条件与421解套法基本相同，也包括如下几点。

第一，外部环境要求。

外部大盘走弱是减仓解套的前提条件。所有以减仓为主要策略的解套方法，都必须依赖大盘环境短暂的走弱。当然，由于A股的特点，大盘指数在大部分时间内都处于横向振荡态势，也就是说，离场减仓解套时，至少大盘不能处于上行趋势。

第二，股票要求。

该解套方案对个股的要求主要有两个方面：其一，股票本身质地要好。绩优股的股价无论如何下跌，都可能回归到与自身价值相符的状况，而垃圾股则可能会走出持续下跌的行情。其二，股价经过一波横向盘整或短暂拉升后，存在回调的需要。

第三，仓位分配与控制。

从投资安全角度看，任何选择都不可能百分之百准确，因此，选择通过匀速减仓解套的投资者，仍需控制好仓位。用于累计减仓的比重不能超过该股总仓位的70%，最好不超过60%。

第四，离场减仓方法。

在股价经过横向盘整或突然发力向下跌破了重要支撑位，且已经显露出将要快速下行的态势时，可考虑进行减仓操作。

第一批次20%资金离场条件：股价经过一波横盘或上升后出现明显的回调迹象。通常股价会出现跌破中短期均线的情况。

第二批次20%资金离场条件：股价经历了下跌到反弹后，再度出现回落或加速下跌迹象，可考虑第二次减仓。

第三批次20%资金离场条件：股价二次经历了下跌到反弹后，再度出现回落或加速下跌迹象，可考虑第三次减仓。

第五，加仓与回补。

当投资者所依赖的离场减仓位置被有效突破，就说明选点失败，投资者可立即反向将卖出的股票买回来，以免踏空后面的行情。同时，若减仓后股价出现了一波下跌走势，当股价重新开始企稳反弹时，投资者可结合外部环境分析股价是否已经彻底趋势逆转了。一旦股价走势转好，投资者就可以将减掉的仓位补回（当然，可以是等量资金回补，甚至可以根据实际情况，适当增加入场资金，以实现快速解套）。

下面以东方雨虹为例进行介绍，如图5-16所示。

东方雨虹作为A股市场上的绩优股，一度被认为是防水材料领域中的“茅台”。不过，最近几年因为受基建地产行业下行的影响，盈利能力有所下降，股价也出现了大幅下跌态势。但是作为防水材料领域中的龙头股票，其本身仍具有很强的盈利能力，在基建领域也具有很强的竞争力。

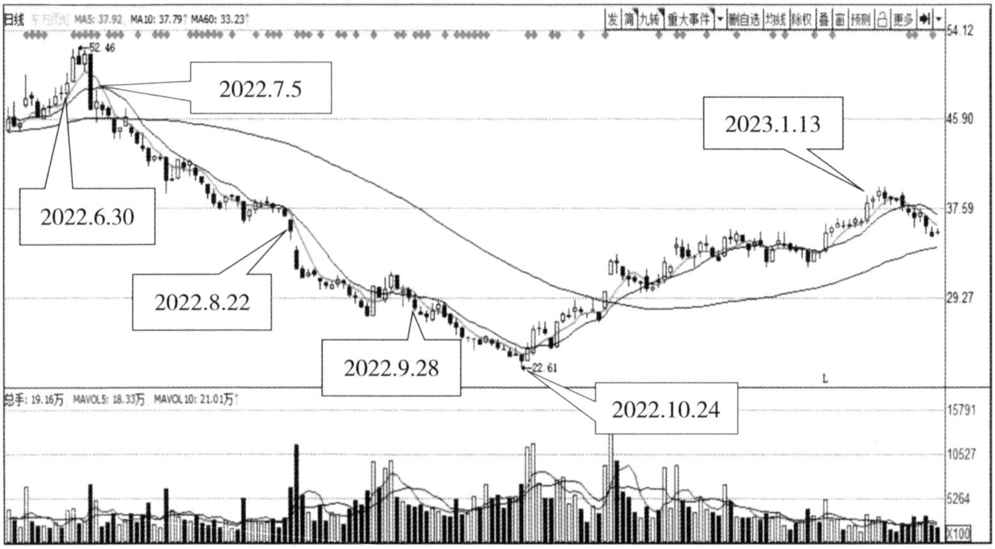

图5-16 东方雨虹（002271）日K线走势图

东方雨虹自2021年12月中旬开始了新一波的下跌，到2022年年中时段，股价维持在50元左右。此时若有投资者入场，则很可能被套牢其中。假如投资者入场了资金10万元左右，以2022年6月30日为入场时间，价格为50元。

此后，该股股价上升一段时间后，反向出现了下跌。特别是2022年7月5日，东方雨虹的股价向下跌穿了10日均线。若此时投资者开始尝试反向解套，可将手中还有的2000股股票按照2：2：2：4的比例分为四份，并根据市场情况进行减仓，一般至少需要保留40%的仓位。

第一步减仓行动，20%资金，如图5-17所示。

从图5-17中可以看出，大盘指数在2022年6月也经历了一波振荡上升，自7月初开始呈现明显的下行态势。这就意味着，从大的方向上来看，7月之后整个市场下行的概率要远超上行的概率。

图5-17 上证指数日K线走势图

基于对大盘指数和东方雨虹本身质地的了解，2022年7月上旬应该可以看成较佳的第一次离场机会。投资者可在原来持仓2000股股票的基础上，减仓20%（按2022年7月5日48元的价格减仓400股），合计持仓股票为1600股。

第二步减仓行动，20%资金。

自2022年7月5日减仓后，东方雨虹的股价经过一波下跌横向盘整一段时间后，再度开始下跌。到8月22日，该股股价更是大幅走低，下跌到之前反弹的低点位置，这说明该股存在进一步破位下跌的可能。投资者可在当日临近收盘时再减仓20%的仓位，即400股（此时东方雨虹的股价已经从48元下跌至35元了），持仓股票已经仅剩1200股了。

第三步减仓行动，20%资金。

在投资者第二步减仓后，东方雨虹的股价横向盘整了几个交易日后再度下行，股价已经远远低于之前两次减仓后所创下的低点了。

9月28日，该股股价再度出现破位下跌迹象。此时与大盘走势相一致，大盘在该阶段也出现了单边下跌态势。不过，鉴于此时股价下跌幅度已经很大了，而且东方雨虹作为一只超级绩优股，并不会永无止境地跌下去。投资者可在当日再度减仓20%仓位。此时东方雨虹的股价已经从35元下跌至28元了，相比于最初的50元买入价，跌幅超过40%。

此后，东方雨虹的股价经过了一波下跌后，自10月底出现了反弹走势。10月24日，该股股价触底企稳。次日，该股股价正式启动反弹，并向上突破了短期均线。此时，投资者可在当日一次性将减掉的仓位加回来（之前累计减掉60%的仓位，解放资金44400元）。

当然，投资者也可以在补回减仓资金时，额外增加入场的资金量，这样更可加快解套的速度。在没有额外增加资金的情况下，投资者需要等到2023年1月13日，股价突破38.35元的价格时，才能实现解套。

表 5-3　匀速减仓解套法实操数据表

交易时间	股价	买入金额	买入数量	持仓成本	持仓数量	持仓金额	持仓盈亏
2022.6.30	50 元	100000 元	2000 股	50 元	2000 股	100000 元	——
2022.7.5	48 元	–19200 元	–400 股	50.50 元	1600 股	768000 元	–4000 元
2022.8.22	35 元	–14000 元	–400 股	55.67 元	1200 股	42000 元	–24800 元
2022.9.28	28 元	–11200 元	–400 股	69.50 元	800 股	22400 元	–33200 元
2022.10.25	24.50 元	44100 元	1800 股	38.35 元	2600 股	63700 元	–36000 元

注：卖出金额与股票数量、亏损金额均用“–”表示，不含交易费用。

四、滚动减仓解套法

滚动减仓解套法，是通过将减仓与高抛低吸结合，在股价下行途中不断降低持仓成本，待股价反弹时完成解套的一种操作策略。整体思路与滚动加仓相似，只是在操作手法上，前期倾向于降低持仓仓位，而非增加仓位平摊成本。其基本运行模式如图5–18所示。

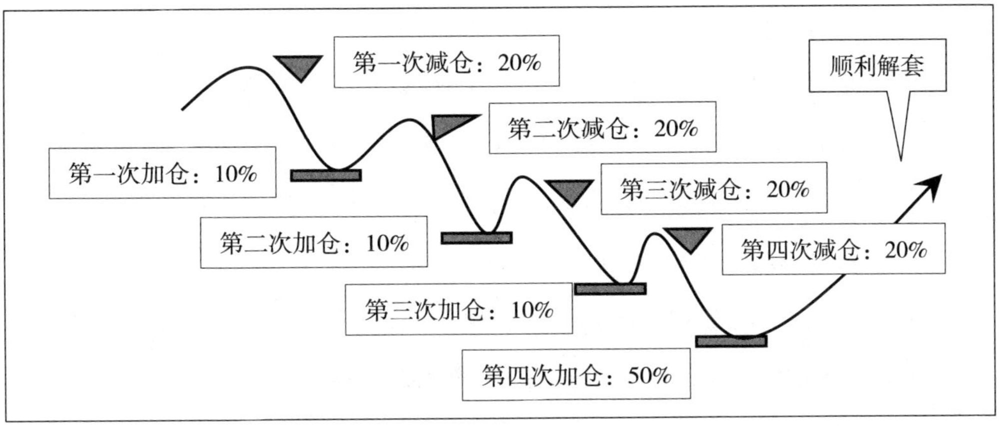

图5-18 理想的滚动减仓解套运行模式

该种解套方法顺利实施所需的条件与前面几种解套方略基本相同，也包括如下几点。

第一，外部环境要求。

外部大盘环境走弱是减仓解套的前提条件。所有以减仓为主要策略的解套方法，都必须依赖大盘环境短暂的走弱。当然，由于A股的特点，大盘指数在大部分时间内都处于横向振荡态势，也就是说，离场减仓解套时，大盘至少不能处于上行趋势。

第二，股票要求。

该解套方案对个股的要求主要有两个方面：其一，股票本身质地要好。绩优股的股价无论如何下跌，都可能会回归到与自身价值相符的状况，而垃圾股则可能会走出持续下跌的行情。其二，股价经过一波横向盘整或短暂拉升后，存在回调的需要。

第三，仓位分配与控制。

从投资安全角度看，任何选择都不可能百分之百准确。因此，选择通过滚动减仓解套的投资者仍需控制好仓位。用于累计减仓的比重不能超过该股总仓位的70%，最好不超过60%。

第四，离场减仓方法。

在股价经过横向盘整或突然发力向下跌破了重要支撑位，且已经显露出将要快速下行的态势时，可考虑进行减仓操作。

第一批次20%资金离场条件：股价经过一波横盘或上升后出现明显回调迹象。通常股价会出现跌破中短期均线的情况。

第一批次10%资金回补条件：股价经过一波下跌后出现明显止跌企稳迹象。通常股价会在中期均线附近获得支持而出现企稳迹象。

第二批次20%资金离场条件：股价经历了下跌到反弹后，再度出现回落或加速下跌迹象，可考虑第二次减仓。

第二批次10%资金回补条件：股价经过新一波下跌后再度出现明显止跌企稳迹象。通常股价会在中期均线附近获得支撑而出现企稳迹象。

第三批次20%资金离场条件：股价二次经历了下跌到反弹后，再度出现回落或加速下跌迹象，可考虑第三次减仓。

第三批次10%资金回补条件：股价经过前两波下跌后再度出现明显止跌企稳迹象。通常股价会在中期均线附近获得支撑而出现企稳迹象。

第四批次20%资金离场条件：股价三次经历了下跌到反弹后，再度出现回落或加速下跌迹象，可考虑第四次减仓。

第四批次50%资金回补条件：股价经过前三波下跌后再度出现明显止跌企稳迹象。通常来说，一些股票能够连续发动三波较大幅度的下跌后，出现趋势反转的概率就很大。当然，三次减仓与加仓之间要有相当的距离，不能间隔太近。

原则上，当股价重新开始企稳反弹时，投资者可结合外部环境分析股价是否已经彻底趋势逆转了。一旦股价走势转好，投资者就可以将减掉的仓位补回（当然，可以是等量资金回补，甚至可以根据实际情况，适当增加入场资金，以实现快速解套）。

下面以招商银行为例进行讲解，如图5-19所示。

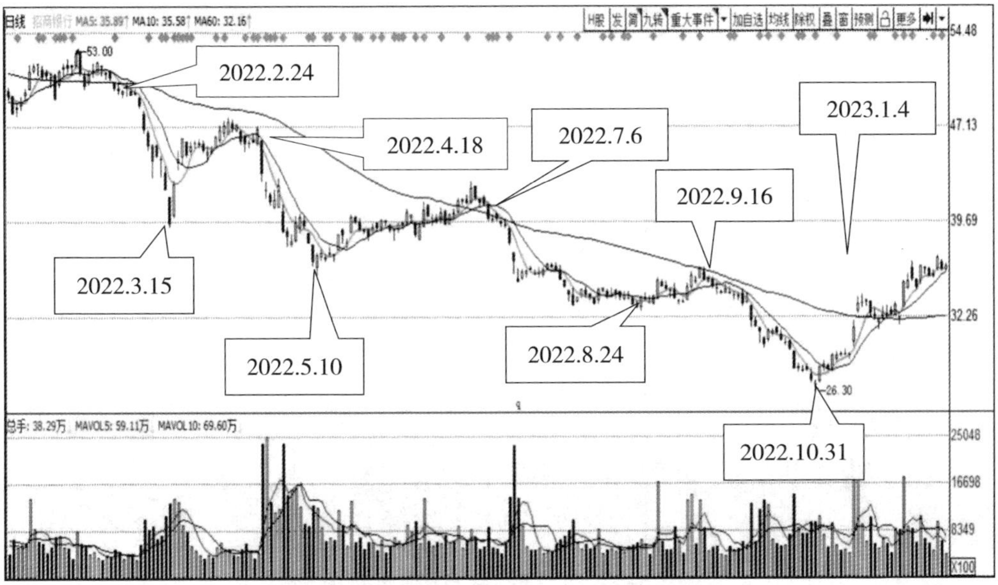

图5-19　招商银行（600036）日K线走势图

如图5-19所示，招商银行作为A股市场上的优质银行股，自上市以来业绩一直非常不错，属于绩优股。不过，受外围环境不佳的影响，自2022年2月开始，招商银行的股价也出现了振荡下跌走势。但是作为银行板块中的绩优股，其本身仍具有很强的盈利能力。

招商银行在整个2021年都呈现了高位横向振荡的走势。到2022年2月初时段，该股股价维持在50元左右。此时若有投资者入场，则很可能被套牢其中。假如投资者入场了资金10万元左右，以2022年2月8日为入场时间，价格为52元。

此后，该股股价上升一段时间后，反向出现了下跌。特别是2022年2月24日，招商银行的股价向下跌穿了60日均线。若此时投资者开始尝试反向解套，可将手中还有的2000股股票，按照滚动减仓解套策略逐步开始解套操作。

第一步减仓行动，20%资金，如图5-20所示。

图5-20　上证指数日K线走势图

从图5-20中可以看出，大盘指数自2021年12月中旬到2022年10月底的将近一年的时间里，整体呈现振荡下跌态势。这就使得手中持有股票仓位的投资者，大部分出现了亏损或被套牢的情况。整个大盘的情形一直到2022年10月底才彻底改观。

基于对大盘指数和招商银行本身质地的了解，2022年2月上旬应该可以看成较佳的第一次离场机会。投资者可在原来持仓2000股股票的基础上，减仓20%（按2022年2月24日50元价格减仓400股），合计持仓股票为1600股。

其后，该股股价经过一波大幅下跌，股价严重偏离均线，说明股价存在超跌情况，反弹一触即发。投资者可在3月15日股价超跌反弹当日，小幅补回10%仓位，即200股股票（按2022年3月15日40元价格加仓200股），合计持仓股票为1800股。

第二步减仓行动，20%资金。

自2022年3月15日加仓后，招商银行的股价经过了一波强势反弹走势。不过，当股价临近60日均线时，再度开始下跌。到4月18日，该股股价更是大幅走低，说明该股存在进一步下跌的可能。投资者可在当日再减仓20%的仓位，即400股（此时招商银行的股价已经从40元反弹至45元了），持仓股票已经仅剩1400股了。

其后，该股股价经过一波大幅下跌，股价再度严重偏离均线，说明股价又一次存在超跌的情况，反弹一触即发。投资者可在5月10日股价超跌反弹当日，小幅补回10%仓位，即200股股票（按2022年5月10日36元价格加仓200股），合计持仓股票为1600股。

第三步减仓行动，20%资金。

在投资者第二步减仓后，招商银行的股价振荡上升了几个交易日后又一次临近60日中期均线（一度向上突破了60日均线）。该股股价又一次遇阻下跌。到了7月6日，股价更是大幅走低，跌破60日均线，这说明该股存在进一步下跌的可能。投资者可在当日再减仓20%的仓位，即400股（此时招商银行的股价已经从36元反弹至40元了），持仓股票已经仅剩1200股了。

其后，该股股价经过一波大幅下跌后出现了横向盘整走势。考虑股价存在企稳的可能，投资者可在8月24日再小幅补回10%仓位，即200股股票（按2022年8月24日33元价格加仓200股），合计持仓股票为1400股。

第四步减仓行动，20%资金。

在投资者第三步减仓后，招商银行的股价横向振荡了几个交易日后三度临近60日中期均线（由此可见，该均线对股价的阻力作用）。9月16日，该股股价又一次遇阻下跌，说明该股存在进一步下跌的可能。投资者可在当日再减仓20%的仓位，即400股（此时招商银行的股价已经从33元反弹至35.50元了），持仓股票已经仅剩1000股了。

此后，招商银行的股价经过一波下跌后，自10月底出现了反弹走势。10

月31日，该股股价触底企稳。此时，投资者可在当日一次性将减掉的仓位加回来。之前累计减掉50%仓位，解放资金46400元，按10月31日26.50元的价格计算，可补回1700股股票。

当然，投资者也可以在补回减仓资金时，额外增加入场的资金量，这样更可加快解套的速度。在没有额外增加资金的情况下，投资者需要等到2023年1月4日，股价突破38.02元的价格时，才能实现解套。

表 5-4　滚动减仓解套法实操数据表

交易时间	股价	买入金额	买入数量	持仓成本	持仓数量	持仓金额	持仓盈亏
2022.2.8	52 元	104000 元	2000 股	52 元	2000 股	104000 元	——
2022.2.24	50 元	–20000 元	–400 股	52.50 元	1600 股	80000 元	–4000 元
2022.3.15	40 元	8000 元	200 股	51.12 元	1800 股	72000 元	–20000 元
2022.4.18	45 元	–18000 元	–400 股	52.86 元	1400 股	63000 元	–11000 元
2022.5.10	36 元	7200 元	200 股	50.75 元	1600 股	57600 元	–23600 元
2022.7.6	40 元	–16000 元	–400 股	54.34 元	1200 股	48000 元	–17200 元
2022.8.24	33 元	6600 元	200 股	51.29 元	1400 股	46200 元	–25600 元
2022.9.16	35.50 元	–14200 元	–400 股	57.60 元	1000 股	35500 元	–22100 元
2022.10.31	26.50 元	45050 元	1700 股	38.02 元	2700 股	71550 元	–33800 元

注：卖出金额与股票数量、亏损金额均用“–”表示，不含交易费用。

相比于匀速减仓解套法，滚动减仓解套法的资金利用效率更高，但操作难度也更大。

第六章

波段解套战法

无论是顺趋势解套还是反向解套，所依赖的都是股价运行呈现出明显的单边趋势运动的特征。而在有些情况下，特别是A股市场上，很多股票在多数时间内都会呈现明显的横向振荡运行。当投资者高位入场被套牢后，股价若进入横向振荡区域，那么，短时间内想要自动解套是非常不现实的，因此，投资者需要根据股价运行态势，采取相应的解套战法，以实现快速解套的目标。

第一节　波段解套的操作基础

波段解套，顾名思义，是建立在预判股价在未来的一段时间内将维持横向振荡走势，而采取的解套操作。

波段解套策略的实施，需要具备一定的基础条件，包括但不限于以下几种，如图6-1所示。

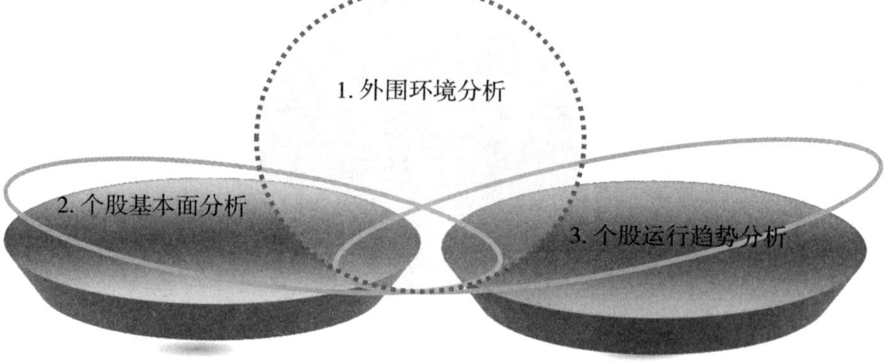

图6-1　波段解套操作基础条件

一、外围环境分析

相对而言，波段解套对外围环境的要求并不算高，只要整个市场不出现单边上涨或单边下跌的行情，就可以应用该策略。鉴于A股市场的实际情况，在过去十多年里一直维持了横向振荡的态势。可以这样说，波段解套常常成为市场上最有效的一种解套策略。

下面来看一下上证指数的日K线走势情况，如图6-2所示。

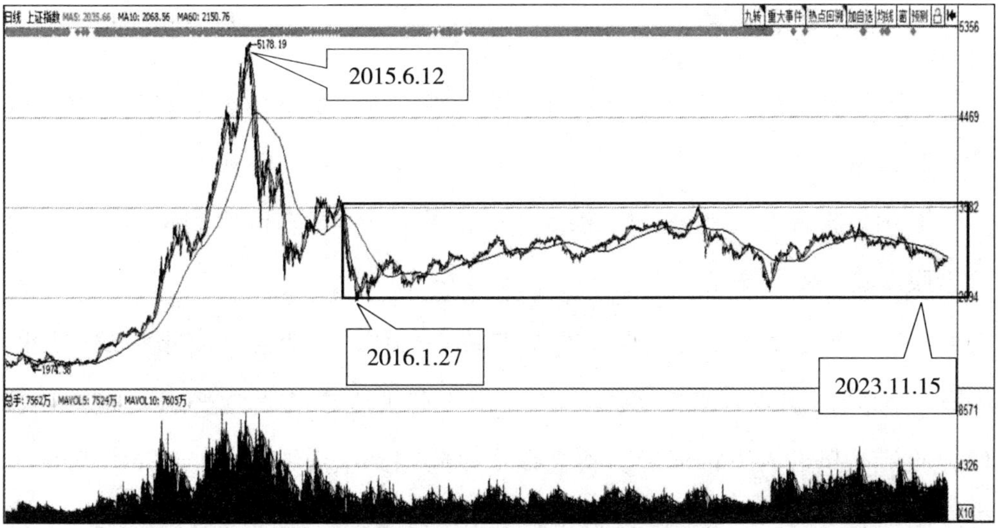

图6-2　上证指数日K线走势图

从图6-2中可以看出，上证指数在2015年6月12日创出近年来的最高点位5178.79点后，经历了一波大幅下跌走势。

自2016年1月底止跌企稳后，整个大盘指数一直呈现明显的横向振荡运行态势，整体点位维持在2400点到3600点之间。也就是说，尽管这些年来，我国经济不断地发展，但整个股市几乎处于停滞状态。不过，从另一方面来看，采取波段交易似乎是更为合理的一种选择，毕竟大环境并不支持长期的单边上升。

在这种大盘环境影响下，投资者被套牢后，根据股价的波动，高抛低吸就是相对较为明智的选择。与此同时，大盘环境需满足以下两项基本要求。

第一，大盘显现出明显的横向振荡趋势，大盘指数无论是上升还是下跌都不会持续太长的时间，整体上保持了横向运行态势。

第二，投资者在交易过程中，加仓时，必须要求大盘处于小波段的横盘或上升趋势；减仓后进行加仓时，大盘应该没有出现明显的冲高回落迹象。也就是说，个股的高抛低吸操作不能与大盘环境相悖。

二、个股基本面分析

波段解套同样要求个股基本面不能太差。对于个股基本面的要求通常有两个方面。

第一，值得投资者进行解套操作的股票，肯定是有价值的股票，不能是垃圾股或者濒临退市的股票。

第二，个股的股价不能严重偏离其内在价值。这就意味着被短线爆炒的股票不能列为波段解套的备选标的。由于这类股票的股价严重偏离内在价值，股价一旦进入下行通道，将会很难再回归到以前的水平，因而，即使采取反向解套策略，也很难实现真正意义上的解套。

三、个股运行趋势分析

波段解套对股票本身具有的股性同样有一定的要求。从本质上来看，波段解套必然是通过高抛低吸完成解套操作的。因此，能够运用波段解套操作的个股，必须是股性活跃、波动幅度较大的股票。一些低价大盘股等波动幅度较小的股票很难进行这类解套操作，也就意味着这类股票并不满足要求。

从个股运行趋势来看，在某一区域内（如横向矩形区域或向上通道区域）宽幅振荡的股票，都是应用波段解套技法的较佳选择。

下面先来看一下龙高股份的股价走势情况，如图6-3所示。

图6-3　龙高股份（605086）日K线走势图

如图6-3所示，龙高股份的股价在2022年1月底冲高回落，很多追涨的投资者都容易被套牢在高位。此后，该股股价经历了一波快速杀跌，到2022年4月27日，股价三个月的跌幅已经超过了40%。此后，该股股价在长达一年的时间里，一直运行在一个上升通道内部。尽管股价没有再突破2022年1月底所形成的高点，但投资者若合理应用波段解套策略，也是可以顺利完成解套出逃的。

第二节　波段解套的控制要点

正确识别股价运行趋势，是进行波段解套操作的基础。很多时候，当股价经过一波幅度较大的下跌后，出现长时间的横向振荡走势。此时，股价短时间内很难回到原来的高点，这就使得投资者想要持仓躺平坐等解套的策略很难发挥作用。而且，随着时间的增加，投资者的机会成本也在增加。因此，通过合理的策略，实现提前解套，是投资者更为明智的选择。

一、交易技术与策略

选择波段解套策略的前提，肯定是确认股价能够在一个宽幅区域内振荡运行，不过，对股价未来走势预估的模式不同、投资者的交易心态不同，具体的执行策略也不尽相同。

1. 均衡操作策略

使用该策略的前提，是投资者对股价未来走势保持平衡观点，即股价将在未来较长的市场内维持横线宽幅运行。也就是说，在投资者的思维模式中，股价虽然会有高低波动，但整体趋势不会出现特别大的变化，股价上涨至某一高点就可能出现回调；反之，当股价回落至某一低位时，又会遇支撑而重新上攻。因此，综合考虑股价下跌以及踏空的风险，选择了相对较为平衡的高抛低吸策略，如图6-4所示。

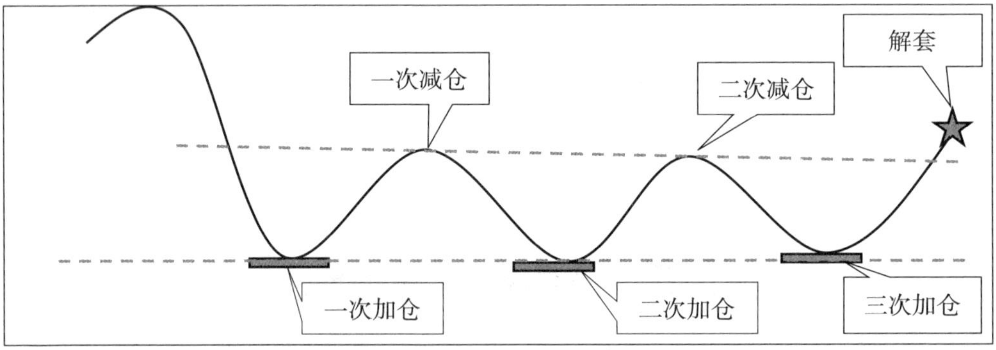

图6-4　理想的均衡操作策略

策略解析：该策略试图通过多次的高抛低吸来降低持仓成本，此后若股价出现反弹，则可将持仓拉至成本线以上，从而实现解套。

在具体操作过程中，该策略又可以细分为以下两类子策略。

（1）持股量均衡加仓策略。

即随着股价的不断振荡，投资者在低位买入的股票数量与高位抛出的股票数量相同，且占比在总仓位数的三分之一左右。比如，投资者持有某只股票1000股，被套牢后，可在低位再加仓300股左右，而后，股价反弹至高点出现回落迹象时，再减仓300股；如此反复，直至完成解套。这样，即使投资者在高位卖飞了，手中也存有1000股股票，也能实现加速解套的目标。

（2）资金量均衡加仓策略。

即随着股价的不断振荡，投资者在低位买入股票的金额与高位抛出的金额相等，且占比在总仓位数的三分之一左右。与持仓量均衡策略的本质相差不大，但用金额替代股票数量之后，低位加仓的股票数量势必会高于高位减仓的股票数量。从整体上来看，随着股价振荡的持续，投资者手中的股票数量会逐渐增加。

比如，投资者持有某只股票1000股，价值1万元，被套牢后，可在低位再加仓3000元的股票，而后股价反弹至高点出现回落迹象时，再减仓价值3000元左右的股票；如此反复，直至完成解套。这样，由于投资者手中的股票持续增加，更容易实现加速解套的目标。

2. 变速加减仓策略

使用该策略的前提，是投资者尽管认为股价横向振荡的概率很大，但也不排除股价之后会上升或下跌，因而，在减仓或加仓时，适当地减少或增加了一部分仓位，以期实现加速解套的目标。

对于投资者来说，预期股价走向是决定变速加减仓的基础。

变速加仓共分为两种基础形式。

（1）基于上升概率较大的变速加减仓模式。

尽管股价处于横向振荡态势，但其整个振荡的通道却呈现出明显的向上倾斜态势，此时投资者不得不考虑股价突然出现加速上行的可能，因而，投资者在减仓时不得不考虑股价突然性的启动拉升。其典型操作模式如图6-5所示。

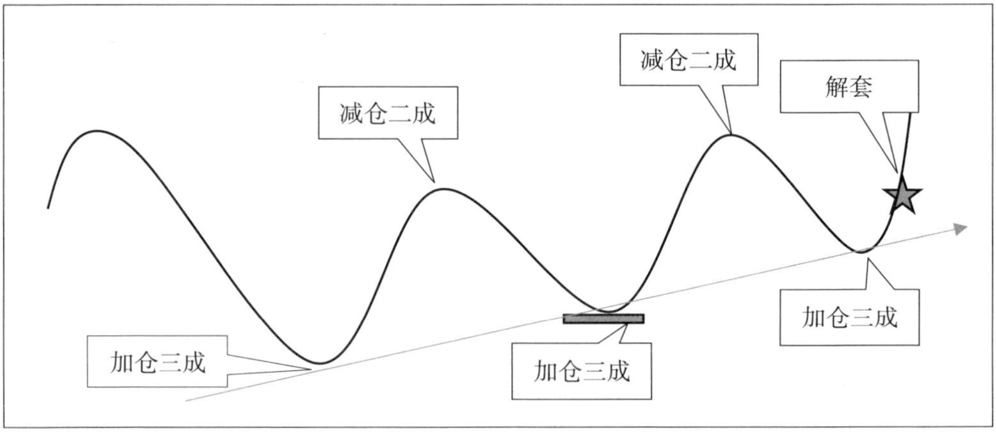

图6-5　变速加减仓策略

从图6-5中可以看出，股价回调的高点与遇支撑的低点同步逐渐走高，往往会给人一种股价开始向好的感觉。因此，为了预防可能的踏空，投资者可考虑在保持底部加仓量不变的情况下，减少高位减仓量。这就会让手中的持仓股票量增加，待股价真的出现大幅上攻时，可以快速完成解套，甚至产生盈利。

当然，如此操作还需要制订额外的止损条款，即当股价并未上攻，反而向下跌破了通道的下边线时，可考虑大幅减仓，以降低损失。

（2）基于下行概率较大的变速加减仓模式。

尽管股价处于横向振荡态势，但其整个振荡通道却呈现出明显的向下倾斜态势，此时投资者不得不考虑股价突然出现加速下行的可能，因而，投资者在加仓时不得不考虑股价突然性的启动下跌。其典型操作模式如图6-6所示。

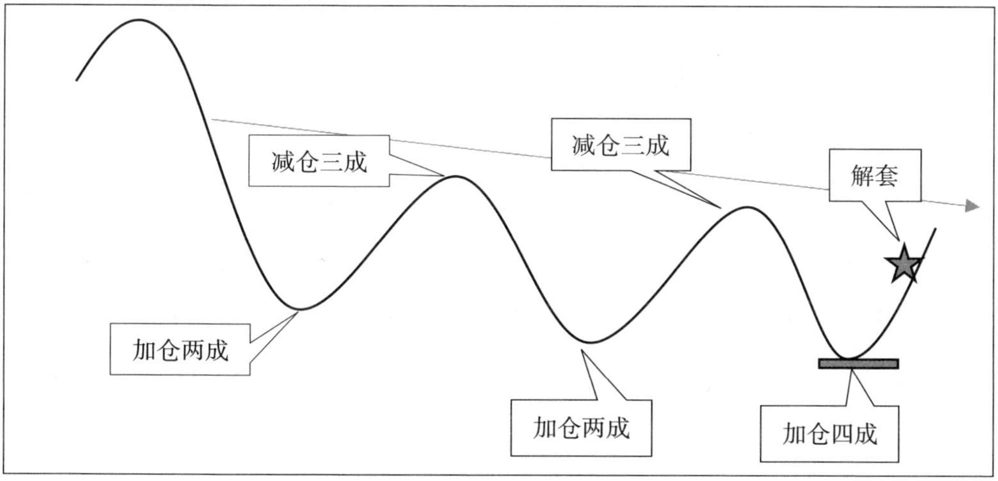

图6-6　变速加减仓策略

从图6-6中可以看出，股价回调的高点与遇支撑的低点同步逐渐走低，往往会给人一种股价开始向坏的感觉。因此，为了预防股价突破下挫，投资者可考虑在保持波段高点减仓量不变的情况下，减少低位加仓量。这就会让手中的持仓股票量减少，待股价出现一波大幅下跌并企稳后，可将减掉的仓位一次性加足，以实现快速解套。

当然，如此操作还需要制订额外的防止踏空条款，即当股价并未下跌，而是反向突破了振荡区域的上边线时，投资者可根据自身仓位距离解套位置的远近，考虑是否需要增加额外的仓位。

二、入场点位控制

波段解套战法比较适用于股价走势确实出现横向宽幅振荡的股票，并非所有股票都可以如此操作。不过，即使投资者事先不能判断股价是否会在一定区域内振荡，也可以在股价低位获得支撑时入场加仓；并在股价反弹一段时间，高位遇阻回落时减仓。因此，与其他几种解套策略相似，加仓点位仍是最需要关注的，这是投资者新一波的入场位置。其实，投资者完全可以将加仓点位按照新入场交易股票时选择入场点的方法来综合评估，千万不能因为有资金被套牢而随便将资金兑换成股票。

第一，跌幅较大，且出现止跌迹象。

这里的跌幅较大，指的是股价距离投资者的持仓成本线以下较远的位置，且股价已经开始出现明显的止跌企稳迹象。对于很多想要应用波段解套法的投资者来说，此时就是一个不错的加仓机会。至于未来股价是否能够在高位回落，其实并不重要，只要确认未来的一段时间内股价反弹的概率很大即可。

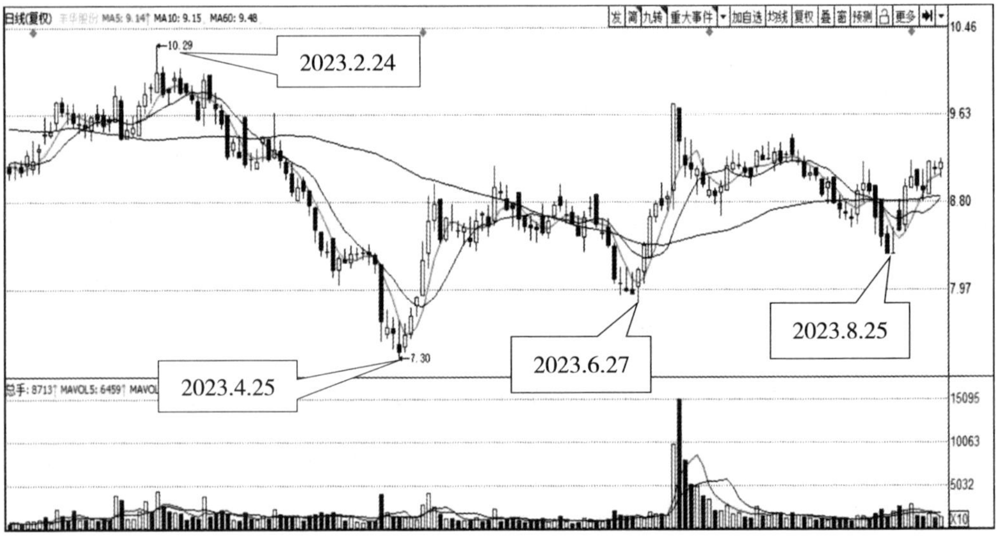

图6-7 丰华股份（600615）日K线走势图

如图6-7所示，丰华股份的股价在2023年2月24日创下短期高点后出现大幅下跌走势，在此期间入局的投资者很容易被套牢在高位。该股股价经过一波短线快速杀跌，到了4月25日，股价跌幅逼近30%，并出现明显的止跌企稳迹象（特别是股价在三个交易日前出现了放量下跌大阴线，做空动能得到极大的释放）。

此后，该股股价呈现了波浪式上升走势。为了快速解套，投资者可以尝试波段解套策略，以期实现快速解套。

第二，股价遇到强支撑位。

股价在下跌过程中，因触及强力支撑位，比如中长期均线、前期高点或低点位置、某一重要整数关口等，股价开始企稳反弹，此时投资者可考虑加大入场仓位。

下面来看一下金迪克的案例，如图6-8所示。

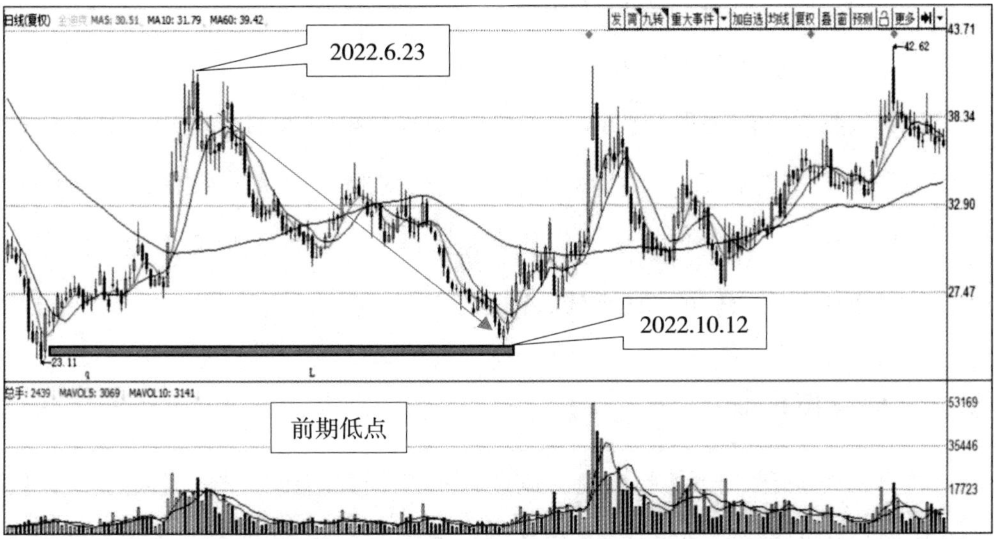

图6-8　金迪克（688670）日K线走势图

如图6-8所示，金迪克的股价自2022年6月23日创下短期高点后出现回落走势。此时若有投资者入场，很快就会被套牢在高位。此后，该股股价出现了振荡下跌走势。该股的整个下跌过程呈现了振荡下跌态势，但每个交易日的跌幅都不是太大，总是能给人一种股价随时反弹的感觉。于是很多投资者都倾向于提早进行加仓，以平摊成本。然而随着股价的不断下跌，加仓入场的资金又不断地被套牢了。

直至10月12日，该股股价下跌至前期低点附近时，才获得足够的支撑，开始出现真正意义上的反弹走势。

这里有三点需要注意。

其一，不同的股票具有强支撑力的点位可能不同。图6–8中金迪克的支撑位就是前期低点位置，有些股票的强支撑位可能是前期高点或者中长期均线位等。

其二，投资者不能在股价一触及前期低点位或其他支撑位时，就认定该均线或其他支撑位对股价产生了支撑，立即入场加仓，而要看股价是否能够成功在支撑位附近获得足够的支撑。

第三，市场发出强力转势信号。

很多人将A股市场形容为政策市，很多次规模较大的行情都与政府发布的相关政策有关。因此，当国家的一些能够对整个市场产生较大影响的政策、规划发布后，整个市场已经发出转势信号时，个股股价必然也会随之上扬。此时往往也是较佳的加仓时机。

三、离场点位控制

对于完成加仓的投资者来说，离场点的控制要简单一些。原则上，只要加仓后股价出现反弹，并且能够弥补交易费用，就可以减仓。当然，考虑最终的目标是解套，因而还是要尽可能地实现利润最大化。通常来说，作为波段解套的离场点位包括以下几个。

第一，股价运行至通道上边线附近时，就会遇到强大阻力而出现回落走势，该位置是波段解套理论上最佳的离场点位。当然，在实战过程中，由于市场环境不同、个股股性不同，股价可能会在高于或低于该位置时出现回落走势，这是投资者需要提前做好准备的。

下面来看一下华东重机的案例，如图6–9所示。

华东重机的股价自2022年10月中旬创下短期高点后出现回落走势。此时若有投资者入场，则很快就会被套牢在高位。此后，该股的整个下跌过程呈现了振荡下跌态势，但每个交易日的跌幅都不是太大，总是给人一种股价随时反弹的感觉。于是很多投资者都倾向于提早进行加仓，以平摊成本。然而，随着股价的不断下跌，入场加仓的资金又不断地被套牢了。

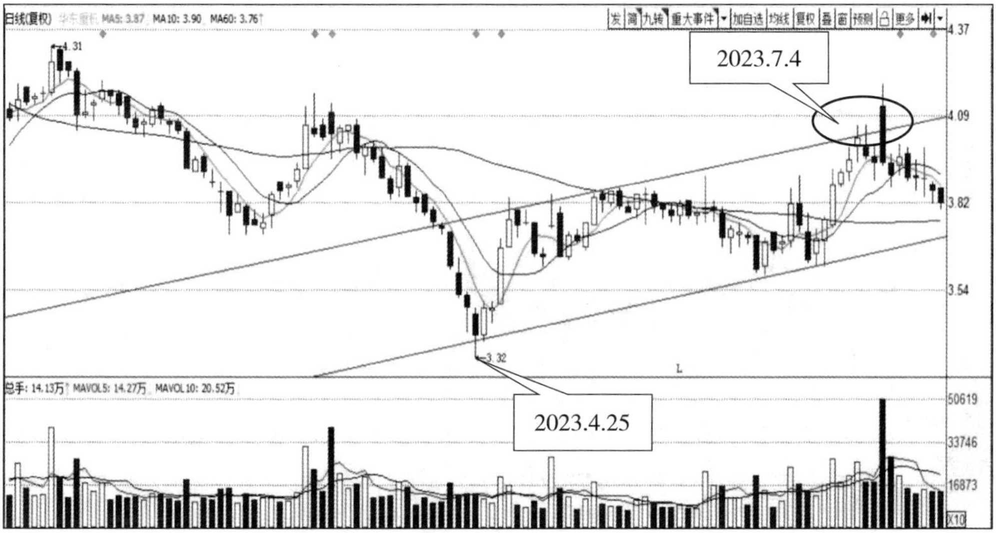

图6-9　华东重机（002685）日K线走势图

到2023年4月25日，该股股价开始触底反弹。此后，股价走出振荡上升走势，并形成了一个向上倾斜的上升通道。2023年7月4日，该股股价经过一波反弹后来到通道上沿附近，因在该位置受到了强大的阻力而重新开始回调。

对于致力于解套的投资者而言，此时就是一个较佳的减仓离场位置。

第二，股价运行至中期均线附近时。通常来说，中期均线是反弹过程中的股价需要面对的最大的一个阻力。很多股价的反弹，都因受中期均线的强大阻力而失败。

下面来看一下创益通的案例，如图6–10所示。

创益通的股价自2023年7月中旬创下短期高点后出现回落走势。此时若有投资者入场，很快就会被套牢在高位。此后，该股股价出现了横向振荡走势。进入7月底后，股价出现触底反弹走势，不过在8月7日和9月7日，股价连续两次反弹至60日均线附近，均因受该均线的阻力而重新下跌，由此可见中期均线对股价的阻力作用。

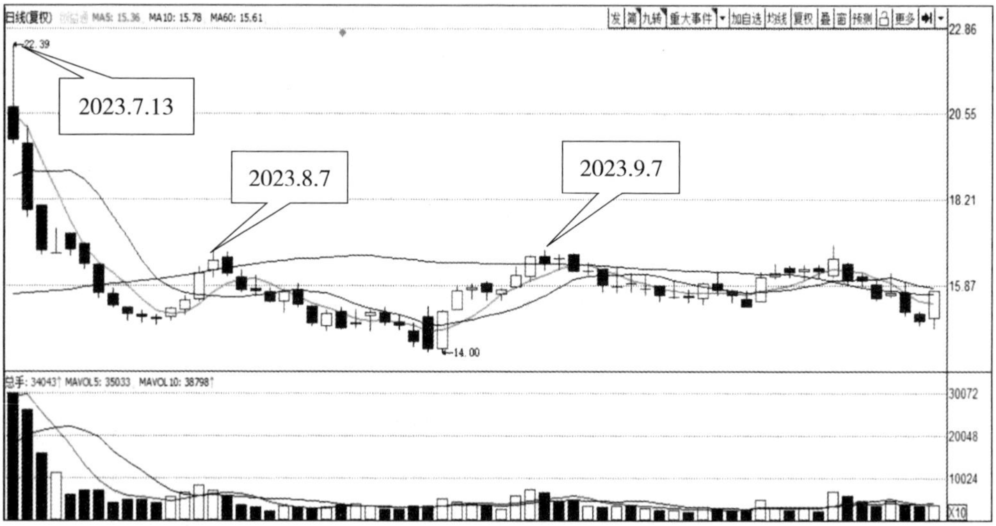

图6-10　创益通（300991）日K线走势图

四、仓位与资金控制

波段解套初始阶段类似于加仓解套战法，也需要对加仓仓位和手中的资金进行合理规划，避免投入过大的资金量而被深套。因此，仓位控制的重点主要在加仓端。

仓位与资金控制要点包括如下三点，如图6-11所示。

第一，合理规划加仓金额。

没有人能够准确地找到最佳的加仓点位。波段解套加仓也是要多次入场完成的，因此，在启动入场加仓前，需要对手中的资金进行合理规划，不能一次性投入过多的资金，以防加仓失败，造成过大的损失。

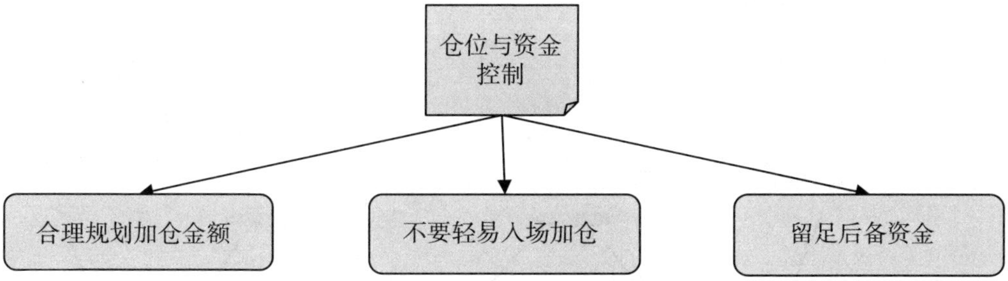

图6-11　仓位与资金控制

第二，不要轻易入场加仓。

被套牢者手中肯定握有较高的仓位，从理论上来说，并不存在踏空的可能，因此，也无须急着入场加仓平摊成本。反之，若过早入场加仓，很容易就会将手中的资金消耗掉，并且陷入越套越深的窘境。

第三，留足后备资金。

无论看到多么好的机会，都不能将手中的子弹打光，一定要留有充足的"预备队"。只有这样，才能在股市中做到"游刃有余"。

第三节　波段解套的实操技巧

以波段交易为主要思路的解套策略，在实战中可以细化为多种实战技法，每种实战技法又都有其特定的应用环境。

一、均衡高抛低吸解套战法

均衡高抛低吸解套法，本质上就是一种高抛低吸战法，是根据股价在下行途中的走势情况，以相同比例低位买入股票，再高位卖出股票，借以降低持仓损失，直至股价反弹时完成解套的一种操作策略。其基本操作模式如图6-12所示。

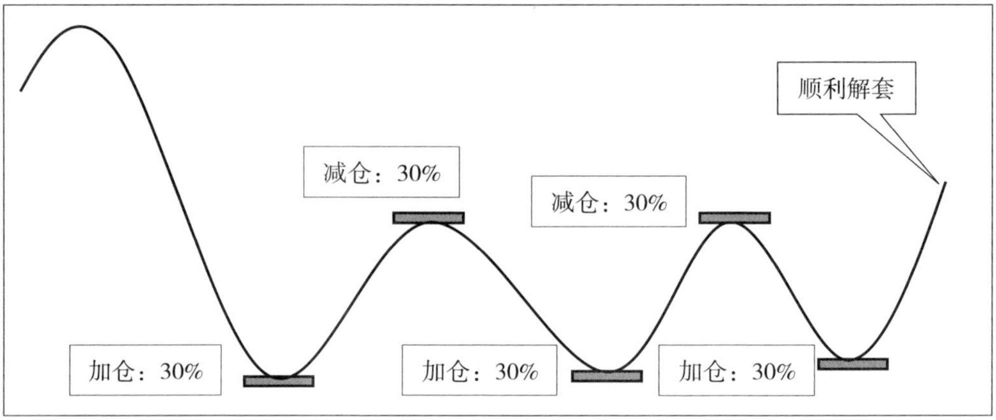

图6-12　理想的均衡高抛低吸解套运行模式

当然，该种解套方法的顺利实施也是需要具备一定条件的。

第一，外部环境要求。

外部大盘环境的配合是均衡高抛低吸解套的前提条件。当股价下跌至低位并开启横向振荡走势时，大盘最好也能处于止跌企稳状态。若此时大盘能够出现振荡上升走势，则更有利于该解套策略的实施。

第二，股票要求。

对于个股的要求主要有两个方面：其一，股票本身质地不能太差。若股票本身属于垃圾股或濒临退市的股票，就失去了解套的价值。其二，开始加仓时，股价必须已经显现出某些典型的止跌企稳态势。

第三，仓位分配与控制。

从投资安全角度看，高抛低吸解套法也是一种高风险的交易行为，操作不好就会深度套牢，因此，入场前必须对仓位进行合理规划。在留足预备仓位的前提下，还要设计好每次加仓的仓位。

均衡高抛低吸解套法对资金的规划：原则上，采用该策略的投资者只需准备被套牢仓位30%的资金即可，当然，也可以准备第二份30%的资金用作备用资金。

第四，加仓与减仓方法。

均衡高抛低吸策略可多次使用，只要市场给了应用的机会和条件，就可以实施。具体入场条件如下。

加仓30%仓位入场条件：股价经过一波大幅下跌后，出现了明显的止跌反弹态势，可将30%资金兑换成股票入场。

减仓30%仓位离场条件：股价自低位反弹后，出现了明显的上升遇阻态势，可将先前买入的股票全部卖出离场。

此后若股价再度回调至低点，可以重复以上操作，直至完成解套。

下面以北方股份为例进行讲解，如图6-13所示。

北方股份作为A股市场上的专用矿用车研发与生产企业，业绩一直非常不错，而且其整个盘子不大，股价波动较为剧烈。自2020年年中开始，该股股价一直呈现宽幅横向振荡态势。

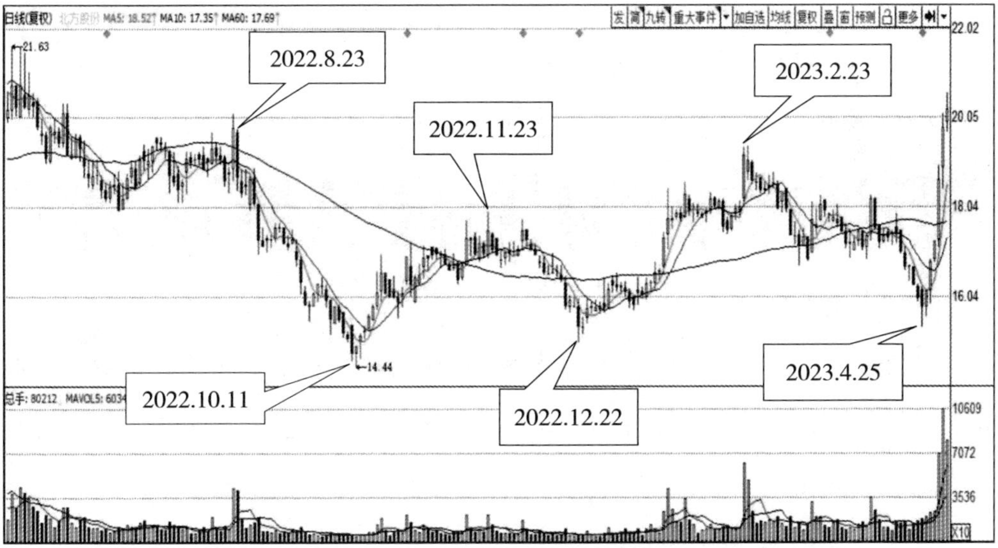

图6-13　北方股份（600262）日K线走势图

北方股份在2022年到2023年期间都呈现了横向振荡的走势，期间该股股价也出现了几次向上突破的迹象，很多据此入场的投资者就很容易被套在高位。比如，2022年8月23日，该股股价大幅突破横盘区域，放量上攻。很多投资者在当天入场了，但很快股价就转入了下行趋势，当日买入者被套其中。

以2022年8月23日为入场时间，假如价格为20元（入场股票为1000股），此后该股股价下跌了一段时间，于2022年10月11日出现止跌企稳迹象。此时，投资者可参照大盘动向，积极进行均衡高抛低吸操作。

第一步加仓行动，30%仓位，如图6-14所示。

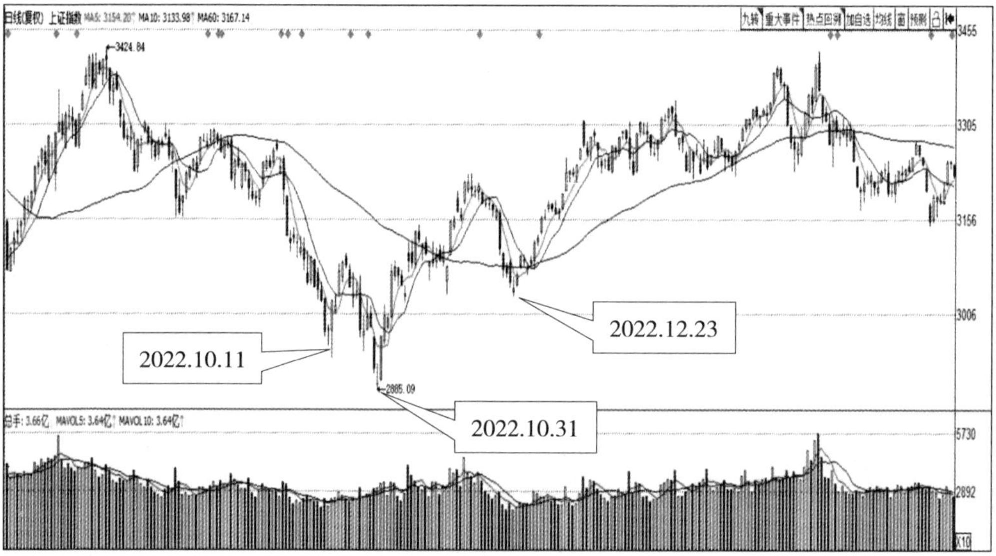

图6-14　上证指数日K线走势图

从图6-14中可以看出，大盘指数自2022年7月初开始出现振荡下跌走势，在2022年10月11日、10月31日和12月23日，分别形成了三个阶段低点。而且从整体上来看，上证指数自2022年10月底开始了振荡上升走势，比较有利于个股的高抛低吸操作。

基于对大盘指数和北方股份本身质地的了解，2022年10月中旬应该可以看成较佳的第一次入场机会。投资者可在原来持仓1000股股票的基础上，加仓30%（按2022年10月11日14.50元的价格加仓300股），合计持仓股票为

1300股。

第二步减仓行动，30%仓位。

自2022年10月11日加仓后，北方股份的股价经过一波强势反弹走势，11月23日，该股股价出现了明显的冲高回落态势，在K线图上留下了一根长上影线的K线，说明股价短线有回落的风险。投资者可在当日卖出先前加仓的股票，即300股（此时北方股份的股价已经从14.50元反弹至17.50元了），持仓股票已经仅剩1000股了（此时，投资者持仓成本上升至19.10元）。

第三步加仓行动，30%仓位。

投资者卖出北方股份的股票后，该股股价再度出现了一波回调走势。到2022年12月22日，股价已经回调到了15元左右的位置。此时投资者可考虑再度加仓300股，合计持仓1300股（此时，投资者的持仓成本下降至18.16元）。

第四步减仓行动，30%资金。

理论上，投资者还可以继续在高位进行减仓操作。比如，2023年2月23日，该股股价触及19元左右的高位时减仓300股。不过，当股价上升至19元左右的位置时，投资者事实上已经完成了解套任务。

当然，此后投资者的操作就比较灵活了，可考虑继续重复此前的操作，以降低持仓成本，增加盈利，也可以全部出清了结。

表 6-1 均衡高抛低吸解套法实操数据表

交易时间	股价	买入金额	买入数量	持仓成本	持仓数量	持仓金额	持仓盈亏
2022.8.23	20 元	20000 元	1000 股	20 元	1000 股	20000 元	——
2022.10.11	14.50 元	4350 元	300 股	18.74 元	1300 股	18850 元	–5500 元
2022.11.23	17.50 元	–5250 元	–300 股	19.10 元	1000 股	17500 元	–1600 元

（续表）

交易时间	股价	买入金额	买入数量	持仓成本	持仓数量	持仓金额	持仓盈亏
2022.12.22	15 元	4500 元	300 股	18.16 元	1300 股	19500 元	–4100 元
2023.2.23	19 元			18.16 元	1300 股	24700 元	1100 元

注：卖出金额与股票数量、亏损金额均用“–”表示，不含交易费用。

二、上行变速高抛低吸解套战法

上行变速高抛低吸解套法也是一种高抛低吸战法。由于股价在低位振荡过程中开始呈现出明显的上倾态势，投资者为了加速完成解套，采取一种差别化加减仓的解套策略。也就是说，上行变速高抛低吸解套策略，是建立在投资者预期未来股价上升概率较大的基础上，而采取的一种解套策略。其基本加仓模式如下。

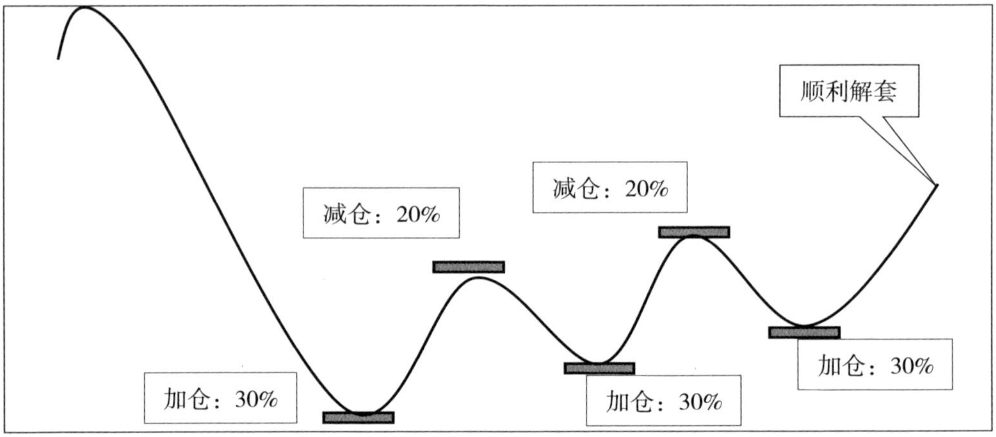

图6–15　上行变速高抛低吸解套运行模式

当然，该种解套方法的顺利实施也是需要具备一定条件的。

第一，外部环境要求。

外部大盘环境的配合是上行变速高抛低吸解套的前提条件。当股价下跌至低位并开启横向振荡（带有上倾性）走势时，大盘最好也能处于止跌企稳状态。若此时大盘能够出现振荡上升走势，更有利于该解套策略的实施。

第二，股票要求。

对于个股的要求主要有两个方面：其一，股票本身质地不能太差。若股票本身属于垃圾股或濒临退市的股票，就失去了解套的价值。其二，开始加仓时，股价必须已经显现出某些典型的止跌企稳态势。

第三，仓位分配与控制。

从本质上来看，上行变速高抛低吸解套法带有明显的加仓平摊成本色彩，是一种高风险的交易行为，操作不好就会深度套牢。因此，在入场前必须对仓位进行合理规划。在留足预备仓位的前提下，还要设计好每次加仓的点位。

上行变速高抛低吸解套法对资金的规划如下。

原则上，由于该策略加仓与减仓的数量并不对等，因此，投资者除了准备第一次加仓的30%资金外，还需要准备额外的增仓资金，至少也需要30%左右的资金，还要考虑预留备用资金30%。当然，考虑减仓与加仓之间存在一定的价差，即使卖出与买入相同数量的股票，资金量也不相同，投资者准备的资金可以略低于上述标准。

第四，加仓与减仓方法。

上行变速高抛低吸解套法可多次使用，只要市场给了应用的机会和条件，就可以实施。具体入场条件如下。

加仓30%仓位入场条件：股价经过一波大幅下跌后，出现了明显的止跌反弹态势，可将30%资金兑换成股票入场。

减仓20%仓位离场条件：股价自低位反弹后，出现了明显的上升遇阻态势，可将先前买入的股票部分卖出离场。

此后，若股价再度回调至低点，还可以重复以上操作，直至完成解套。

下面以伟时电子为例进行讲解，如图6-16所示。

伟时电子作为A股市场上光学光电子领域内的车载背光显示模组生产企业，业绩一直非常不错，而且其整个盘子不大，股价波动较为剧烈。同时，该企业还是市场资金追捧的热点概念华为汽车概念股。自2023年年中开始，该股股价一直呈现宽幅横向振荡态势。

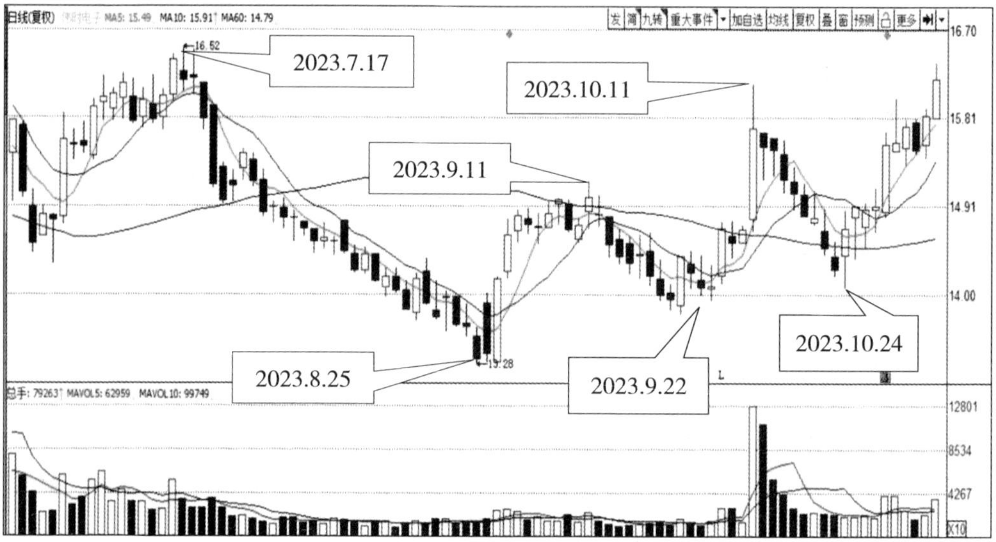

图6-16　伟时电子（605218）日K线走势图

伟时电子在2023年年中时段呈现了横向振荡走势，期间，该股股价也出现了几次向上突破的迹象，很多据此入场的投资者很容易就被套在了高位。2023年7月17日，该股股价大幅突破横盘区域，放量上攻。很多投资者在当天入场了，但很快股价就转入了下行趋势，当日买入者被套其中。以2023年7月17日为入场时间，价格为16.40元（入场股票为10000股）。

此后，该股股价下跌了一段时间后，于2023年8月25日出现止跌企稳迹象。此时，投资者可参照大盘动向，积极进行上行变速高抛低吸操作。

第一步加仓行动，30%仓位，如图6-17所示。

从图6-17中可以看出，大盘指数自2023年5月初开始出现了振荡下跌走势，不过，从整体上看跌幅不是很大，而且期间也曾出现了数次反弹走势。

也就是说，大盘的这种环境尽管不利于长线持仓，但高抛低吸还是可以考虑的。

图6-17 上证指数日K线走势图

基于对大盘指数和伟时电子本身质地的了解，2023年8月下旬应该可以看成较佳的第一次入场机会。投资者可在原来持仓10000股股票的基础上，加仓30%（按2023年8月25日13.40元的价格加仓3000股），合计持仓股票为13000股。

第二步减仓行动，20%仓位。

自2023年8月25日加仓后，伟时电子的股价经过一波强势反弹走势。9月11日，该股股价出现了明显的冲高回落态势，在K线图上留下了一根长上影线的K线，说明股价短线有回落的风险。不过，鉴于整个市场对华为汽车概念都比较追捧，因而，在减仓时可以考虑适度减量减仓，即减掉20%仓位2000股（此时伟时电子的股价已经从13.40元反弹至14.80元了）。持仓股票已经仅剩10000股了（此时投资者持仓成本上升至15.88元）。

第三步加仓行动，30%仓位。

投资者卖出伟时电子后，该股股价再度出现了一波回调走势。到2023年9月22日，股价已经回调到了13.80元左右的位置。此时，投资者可考虑再度加仓3000股，合计持仓14000股（此时投资者的持仓成本下降至15.43元）。

第四步减仓行动，20%资金。

自2023年9月22日加仓后，伟时电子的股价经过一波强势反弹走势，在2023年10月11日，股价触及16元左右。理论上，投资者还可以继续在高位进行减仓操作，比如在2023年9月22日，股价触及16元左右的高位时减仓2000股。不过，当股价上升至16元左右的位置时，投资者事实上已经完成了解套任务。

此后投资者的操作就比较灵活了，可以考虑继续重复此前的操作，以降低持仓成本，增加盈利，也可以全部出清了结。

表 6-2　上行变速高抛低吸解套法实操数据表

交易时间	股价	买入金额	买入数量	持仓成本	持仓数量	持仓金额	持仓盈亏
2023.7.17	16.40 元	164000 元	10000 股	16.40 元	10000 股	164000 元	——
2023.8.25	13.40 元	40200 元	3000 股	15.71 元	13000 股	174200 元	−30000 元
2023.11.23	14.80 元	−29600 元	−2000 股	15.88 元	11000 股	162800 元	−11800 元
2023.9.22	13.80 元	41400 元	3000 股	15.43 元	14000 股	193200 元	−22800 元
2023.10.11	16 元				14000 股	224000 元	8000 元

注：卖出金额与股票数量、亏损金额均用“−”表示，不含交易费用。

三、下行变速高抛低吸解套战法

相对于上行变速高抛低吸解套法，下行变速高抛低吸解套的难度更大，风险更高。由于股价在低位振荡过程中开始呈现出明显的下倾态势，投资者为了保护资金，采取一种差别化加减仓的解套策略。也就是说，下行变速高抛低吸解套策略，是建立在投资者预期短期内股价下跌概率较大的基础上，而采取的一种解套策略。其基本加仓模式如下。

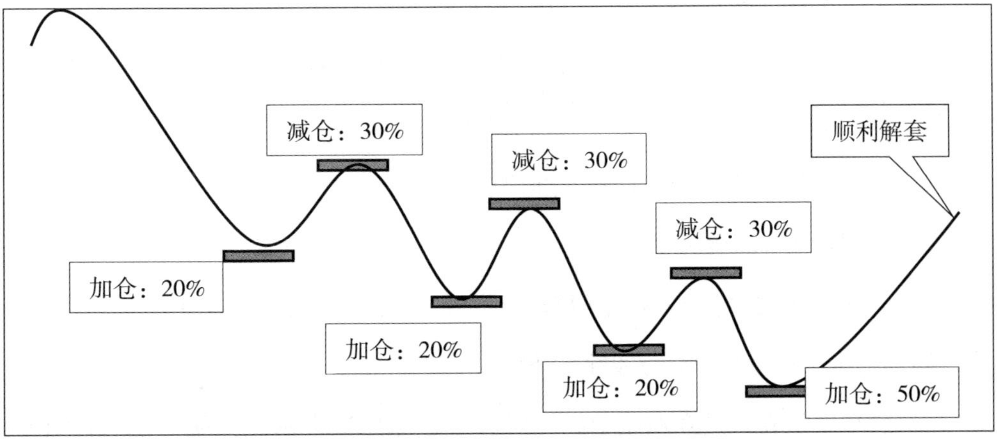

图6-18　下行变速高抛低吸解套运行模式

当然，该种解套方法的顺利实施也是需要具备一定条件的。

第一，外部环境要求。

相对而言，该策略对外部环境的要求并没有上行变速高抛低吸要求的严苛。当股价下跌至低位并开启横向振荡（带有下倾性）走势时，大盘只要没有出现单边下跌走势，就可以尝试进行该策略的解套操作。

第二，股票要求。

对于个股的要求主要有两个方面：其一，股票本身质地不能太差。若股票本身属于垃圾股或濒临退市的股票，就失去了解套的价值。其二，开始加仓时，股价必须已经显现出某些典型的止跌企稳态势。

第三，仓位分配与控制。

从本质上来看，下行变速高抛低吸解套法带有明显的减仓减少亏损色彩，是一种高风险的交易行为。该策略在两个方向上都有判断失败的风险：其一，加仓后，若股价加速下行，会让投资者深度套牢；其二，减仓后，若股价加速上升，可能让投资者踏空。因此，在入场前，必须对仓位进行合理规划。

下行变速高抛低吸解套法对资金仓位的规划如下。

原则上，由于该策略加仓与减仓的数量并不对等，因此，投资者除了准备第一次加仓的20%资金外，还需要考虑预留备用资金30%。当然，考虑减仓与加仓之间存在一定的价差，即使卖出与买入相同数量的股票，资金量也不相同，投资者准备的资金可以略低于上述标准。

第四，加仓与减仓方法。

下行变速高抛低吸解套法可多次使用，只要市场给了应用的机会和条件，就可以实施。具体入场条件如下。

加仓20%仓位入场条件：股价经过一波大幅下跌后，出现了明显的止跌反弹态势，可将20%资金兑换成股票入场。

减仓30%仓位离场条件：股价自低位反弹后，出现了明显的上升遇阻态势，可将先前买入的股票部分卖出离场。

此后，若股价再度回调至低点，还可以重复以上操作，直至完成解套或股价出现历史性大底，投资者可考虑一次性将减掉的仓位全部加回来，然后坐等解套。

下面以苏宁环球为例进行讲解，如图6-19所示。

苏宁环球的股价在2023年上半年呈现了振荡下行的走势。股价振荡期间，在下行途中也出现了几次向上反弹的迹象。

2023年年初时段，该股股价经过一波振荡呈现突破迹象，投资者此时入场，很容易被套牢在高位。2023年2月21日，该股股价跳空高开后大幅突破横盘区域，放量上攻，但收盘却走低，收出一根假阴线。很多投资者在当天入场了，但股价很快就转入了下行趋势，当日买入者被套其中。以2023年2月21日为入场时间，假如价格为3.25元（入场股票为10000股）。

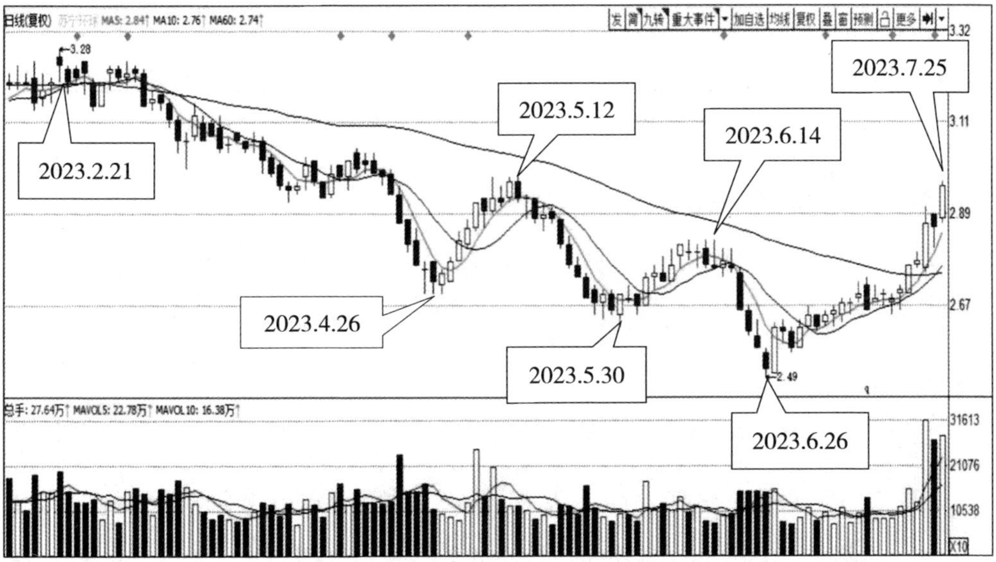

图6-19　苏宁环球（000718）日K线走势图

此后，该股股价下跌了一段时间后，于2023年4月26日出现止跌企稳迹象。此时，投资者可参照大盘动向，积极进行下行阶段的高抛低吸操作。

第一步加仓行动，20%仓位，如图6-20所示。

图6-20　上证指数日K线走势图

从图6–20中可以看出，大盘指数自2023年上半年开始出现了横向振荡走势，但略有下行，期间也曾出现了数次反弹走势。也就是说，大盘的这种环境尽管不利于长线持仓，但高抛低吸还是可以考虑的。

基于对大盘指数和苏宁环球本身质地的了解，2023年4月下旬应该可以看成较佳的第一次入场机会。投资者可在原来持仓10000股股票的基础上，加仓20%（按2023年4月26日2.70元的价格加仓2000股），合计持仓股票为12000股。

第二步减仓行动，30%仓位。

自2023年4月26日加仓后，苏宁环球的股价经过一波强势反弹走势，5月12日，该股股价出现了明显的冲高回落态势，在K线图上留下了一根高开低走的阴线，说明股价短线有回落的风险。因而，在减仓时可以考虑适度加量减仓，即减掉30%仓位3000股（此时苏宁环球的股价已经从2.70元反弹至2.95元），持仓股票已经仅剩9000股了（此时投资者持仓成本上升至3.23元）。

第三步加仓行动，20%仓位。

投资者卖出苏宁环球后，该股股价再度出现了一波回调走势。到2023年5月30日，该股股价已经回调到了2.65元左右的位置。此时投资者可考虑再度加仓2000股，合计持仓11000股（此时，投资者的持仓成本下降至3.13元）。

第四步减仓行动，30%仓位。

自2023年5月30日加仓后，苏宁环球的股价经过一波强势反弹走势。2023年6月14日，该股股价触及2.80元左右，明显出现上升遇阻的情况，投资者可考虑减仓3000股（此时苏宁环球的股价已经从2.65元反弹至2.80元），持仓股票已经仅剩8000股了（此时投资者持仓成本上升至3.25元）。

第五步加仓行动，50%仓位。

投资者卖出苏宁环球后，该股股价再度出现一波回调走势。到2023年6月26日，股价已经回调到了2.50元左右的位置。此时，由于房地产行业出现政策面利好，很多房地产相关股票开始出现大幅反攻走势。投资者可考虑最大幅度加仓50%仓位，即5000股，合计持仓13000股（此时投资者的持仓成本下降至2.96元）。

当然，若此时市场仍不见大的反转信号，投资者仍可考虑加仓2000股，再减仓3000股的操作，直至大级别反弹行情的来临（不过，手中的仓位也不能低于30%，以免踏空行情）。

此后，该股股价随着地产行情的启动掀起了一波上升行情。到2023年7月25日，该股股价最高点已经触及了2.96元，这意味着此时投资者可以实现解套了。

表 6-3　下行变速高抛低吸解套法实操数据表

交易时间	股价	买入金额	买入数量	持仓成本	持仓数量	持仓金额	持仓盈亏
2023.2.21	3.25 元	32500 元	10000 股	3.25 元	10000 股	32500 元	——
2023.4.26	2.70 元	5400 元	2000 股	3.16 元	12000 股	32400 元	–5500 元
2023.5.12	2.95 元	–8850 元	–3000 股	3.23 元	9000 股	26550 元	–2500 元
2023.5.30	2.65 元	5300 元	2000 股	3.13 元	11000 股	29150 元	–5200 元
2023.6.14	2.80 元	–8400 元	–3000 股	3.25 元	8000 股	22400 元	–3550 元
2023.6.26	2.50 元	12500 元	5000 股	2.96 元	13000 股	32500 元	–5950 元

注：卖出金额与股票数量、亏损金额均用“–”表示，不含交易费用。

第七章

日拱一卒，滚动解套战法

解套，也可以理解为股票的持仓成本低于交易价格的情况。除了坐等股价上升外，投资者还可以通过持续的交易活动来降低持仓成本，借以完成解套。对于很多喜欢交易的投资者来说，只要能够降低持仓成本，哪怕只是降低了一点点，也是离解套又近了一小步。从这个层面来说，基于日内交易设计的解套策略，也可以成为被套牢者的一种选择。

第一节　日内滚动解套的操作思路

日内滚动解套，本质上就是基于日内交易技术（T+0）设计的解套策略。由于A股市场执行T+1交易规则（即当日买入的股票，当日不可卖出；当日卖出股票获得的资金，当日可再次买入股票）的限制，投资者要想进行T+0交易，必须进行一定的规划和安排。

T+0交易的基本模式主要包括两种：即顺向T+0和逆向T+0。

一、顺向T+0操作技术

顺向T+0交易是指投资者持有一定数量的某只股票后，在某一天的交易时段内，认为该股将上涨，那么，他就可以买入同一只股票，待其上涨到一定高度后，将原来持有的同一品种股票全部卖出，从而在一个交易日内实现低买高卖，并借此获取差价利润。

下面用一个例子来说明整个顺向T+0交易的过程。一位投资者手中持有1000股股票（股票价格为11元）和1万元的现金。在某一交易日，股价下跌到10元位置，此时这位投资者认为该股当天有可能会出现一波上涨行情，于是便用手中的资金以10元价格买入1000股该股的股票（手续费、佣金忽略不计）。收盘前，该股重新上涨到11元位置，投资者就可以将以前买入的1000股股票抛出，而将当日买入的1000股股票留在手中。这就相当于该投资者于当天花10元买入了1000股股票，又在当天以11元的价格将1000股股票卖出了，自己手中的1000股股票没变，而资金却多出了1000元。这就是一次成功的顺向T+0交易。

顺向T+0交易要求投资者手中必须持有部分现金，否则难以实现顺利交易。如果投资者满仓被套，则无法进行T+0交易。

1. 顺向T+0操作的前提条件

第一，大盘有振荡向上趋势。

投资者要进行顺向T+0交易，必须保证大盘当日的趋势能够振荡向上。这里对大盘有两个要求：一是必须方向向上，如果方向向下，将带动个股下跌，也就无法完成T+0交易；二是必须有充足的振荡空间，大盘振荡必将带动个股出现振荡，从而有利于交易的完成。

第二，个股有向上突破的态势。

投资者不能看到个股下跌就认为该股一定会重新上涨，只有上涨趋势已经明显了，投资者才能开始行动。

第三，严守操盘纪律。

投资者要进行的是T+0交易，因而一定要保证当天买入的股票当天卖出，不能留到下一个交易日。

2. 顺向T+0交易方法

顺向T+0交易需要投资者手中持有股票和现金，在入场交易前需要制订详细的交易计划。

第一，买入方法。

为了最大程度地避免因判断失败给自己造成的损失，建议投资者将准备投放的现金分成两部分。当分时线或1分钟K线向上突破均价线时，执行第一次买入；当分时线或1分钟K线向上突破某一重要阻力位，如前一交易日收盘价、当日开盘价、前期高点等，可考虑执行第二次买入操作。

第二，卖出方法。

为了获取更多的利润，投资者也可以将原先持有的股票分为两部分。当分时线或1分钟K线呈现典型顶部特征时（如出现经典顶部形态、量价顶背离等），可执行第一次卖出操作；当分时线或1分钟K线跌破某一重要支撑位（如某条均线），可执行第二次卖出操作；股价跌破买入之前的最低价时，必须将手中剩余的可卖股票卖出。

为了让投资者熟悉T+0操作技法，本节选用的主时间框架为分时线，当然，也可以用1分钟K线替换分时线，然后将均线替换成均价线，这样并不影响对股价走势的判断。

下面以金禾实业的为例，来讲解顺向T+0交易计划的执行。

（1）大盘环境。

投资者进行顺向T+0操作前，也需要对大盘环境有所了解。一般来说，只要大盘没有明确的向下趋势，个股都可能完成顺向T+0交易。

下面来看一下上证指数日K线走势图，如图7-1所示。

再来看一下上证指数在6月7日的分时走势情况，如图7-2所示。

上证指数在2021年6月7日早盘开盘之后出现了一波上涨走势，其后指数出现了明显的下跌走势；午盘后指数出现了反弹，不过在反弹至前日最高价附近时，又再度下跌。整体上来看，大盘指数维持了振荡走势。

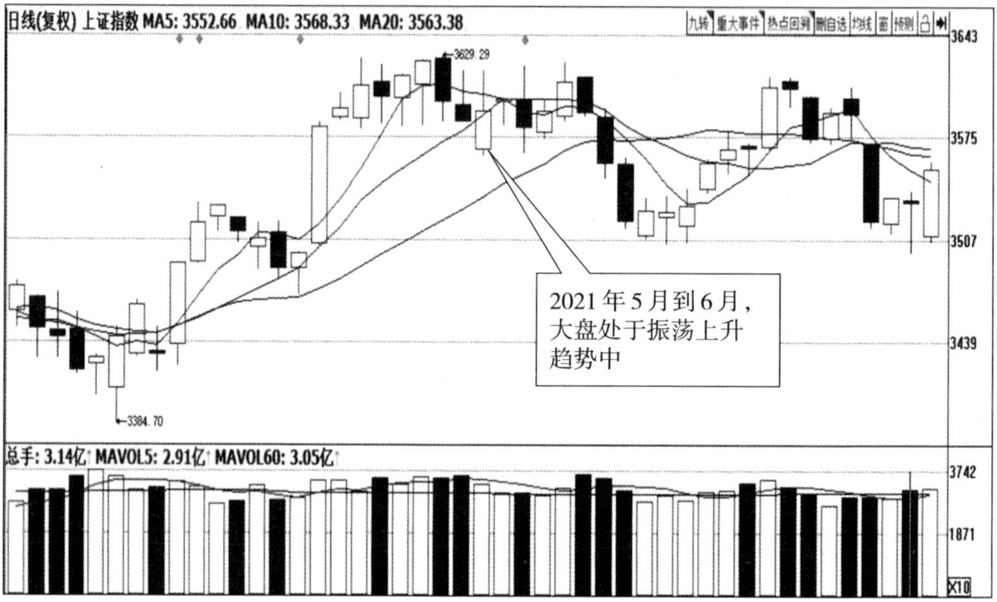

图7-1　上证指数（000001）日K线走势图

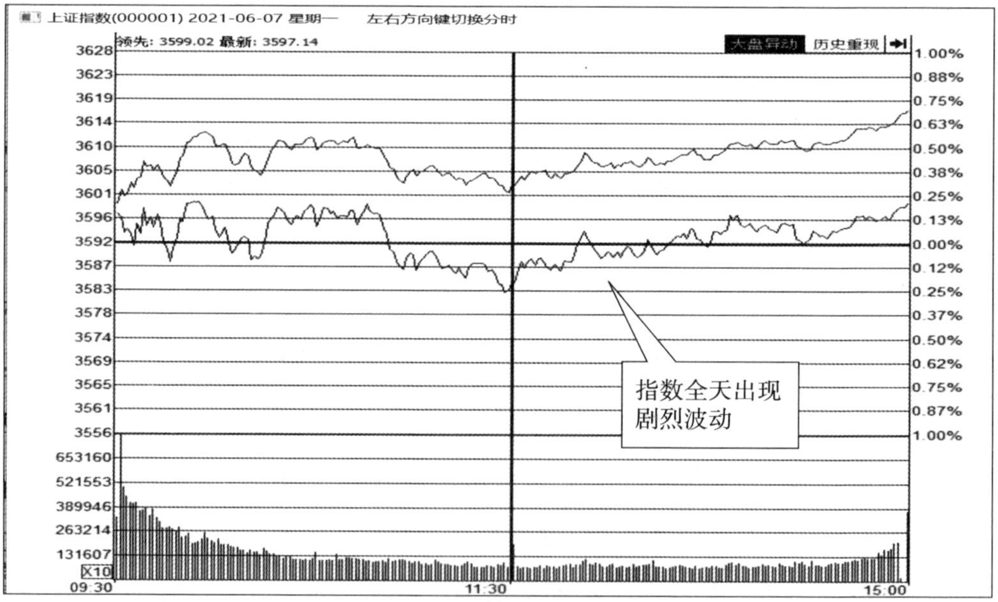

图7-2　上证指数（000001）分时走势图

（2）个股走势。

下面再来看一下金禾实业在6月7日的分时走势图，如图7-3所示。

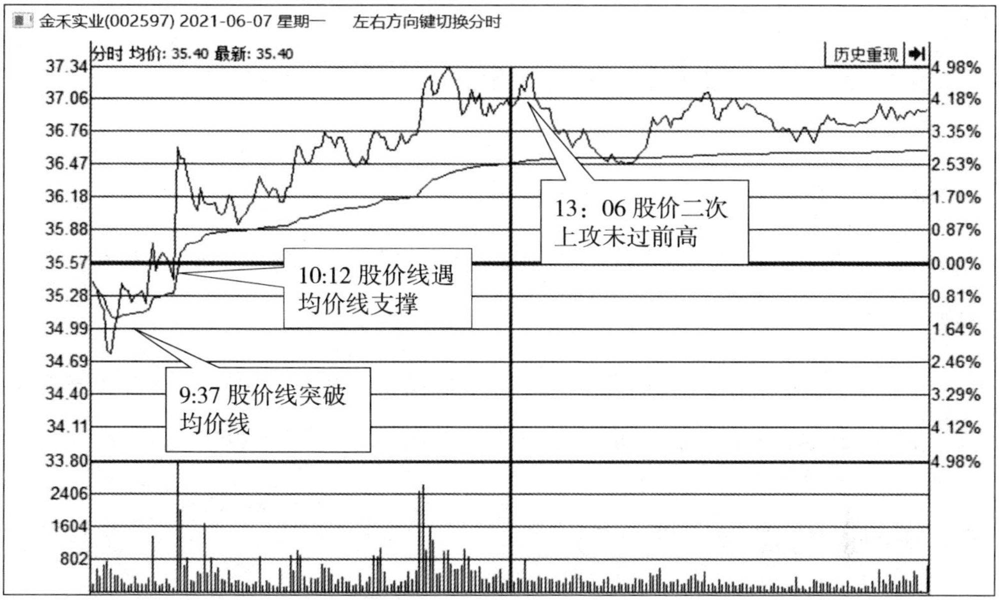

图7-3　金禾实业（002597）分时走势图（2021.6.7）

金禾实业的股价在2021年6月7日早盘开盘之后经历了一波下跌走势，但很快跟随大盘出现了反弹行情，分时线迅速上穿均价线，说明该股的买入时间已到。

此时持有金禾实业的短线投资者可以做出如下判断。

第一，大盘出现了反弹迹象，而且上涨非常有力，说明此时的行情非常适宜进行T+0交易。

第二，金禾实业的股价开盘之后经历了一波下跌，但在大盘上涨的带动下已经出现了明显上冲，这说明该股上涨可期。投资者应该把握这次T+0交易的时机，在9:37执行第一次买入操作。

第三，进入10点之后，金禾实业经历了一波快速拉升后，出现回调走势。10:12左右，当股价线回调至均价线附近时遇到支撑而重新上行，此时可进行二度加仓。

第四，13:06，金禾实业的分时线二度冲高出现回落，且第二次并未突破前一次冲高的高点，投资者可进行卖出操作。

当日T+0交易收益可能大于6%，是一次非常成功的交易。

T+0交易成功的关键在于以下两点。

第一，能否成功把握股价突破均线的买入时机（投资者若不太习惯使用分时线，也可以用1分钟K线操作）。如果错过这一时间点，将损失大量的投资收益，投资者宜慎之。

第二，能否看清大盘反弹的方向。当大盘反弹的高点超过大盘开盘点位时，投资者就应该确认指数可能会上行，并迅速做好买入股票的准备。

二、逆向T+0操作技术

逆向T+0交易是指投资者持有一定数量的某只股票后，在某一天的交易时段内，认为该股将下跌，那么，就可以卖出全部或部分股票，待其下跌到一定价位后，将原来持有的同一品种的股票全部买回，从而在一个交易日内实现高卖低买，并借此获取差价利润。

下面用一个例子来说明整个逆向T+0交易过程。一位投资者手中持有1000股价值11元的股票。在某一交易日，股价上涨到12元位置，此时这位投资者认为该股当天有可能会出现一波下跌行情，于是便将手中的1000股股票全数卖出，获得12000元现金（手续费、佣金忽略不计）。收盘前，该股下跌到11元位置，投资者就可以将以前卖出的1000股股票买回，这样手中还是1000股股票，而资金却多出了1000元。这就是一次成功的逆向T+0交易。

逆向T+0交易要求投资者手中必须持有一定数量的股票，而不需要有现金。投资者即使满仓被套也可以进行逆向T+0交易。从理论上来说，开通融资融券的投资者，即使手中没有要卖出的股票，也可以通过先向证券公司融入股票，卖出后，待股价下跌后再赎回的方式来完成逆向T+0操作。但在实战过程中，投资者事实上很难融到想要卖出的股票，因而这里不再将其作为一种股票来源的方法讲解。

1. 逆向T+0操作的前提条件

第一，大盘有振荡向下趋势。

投资者要进行逆向T+0交易，必须保证大盘的趋势能够振荡向下，这里对大盘有两个要求：一是必须方向向下，如果方向向上，将带动个股上涨，也就无法完成逆向T+0交易；二是必须有充足的振荡空间，大盘振荡必将带动个股出现振荡，从而有利于交易的完成。

第二，个股有向下突破的态势。

投资者不能看到个股上涨就认为该股一定会下跌，只有下跌趋势明显了，投资者才能开始行动。

第三，严守操盘纪律。

投资者要进行的是逆向T+0交易，因而一定要保证当天卖出的股票当天买回来，不能空仓。

2. 逆向T+0交易方法

逆向T+0交易需要投资者手中持有股票，在入场交易前需要制订详细的交易计划。

第一，卖出方法。

为了最大程度地避免因判断失败给自己造成损失，建议投资者将准备投放的股票分成两部分。当分时线或1分钟K线向下突破均价线时，执行第一次卖出操作；当分时线或1分钟K线向上跌破某一重要支撑位（如前一交易日收盘价、当日开盘价、前期低点等），可考虑执行第二次卖出操作。

第二，买入方法。

为了获取更多的利润，投资者可将当日卖出股票所换回的现金分为两部分。当分时线或1分钟K线呈现典型的底部特征时（如出现经典底部形态、量价底背离等），可执行第一次买入操作；当分时线或1分钟K线突破某一重要阻力位（如某条均线），可执行第二次买入操作；股价向上突破卖出之前的最高价时，必须将手中剩余的现金买入股票。

为了让投资者熟悉T+0操作技法，本节选用的主时间框架为分时线，当然，也可以用1分钟K线替换分时线，然后将均价线替换成均线，这样并不影响对股价走势的判断。

（1）操盘环境。

投资者进行逆向T+0操作前，也需要对大盘环境有所了解。一般来说，只要大盘没有明确的向上趋势，个股都可能完成逆向T+0交易。

下面来看一下上证指数日K线走势图，如图7-4所示。

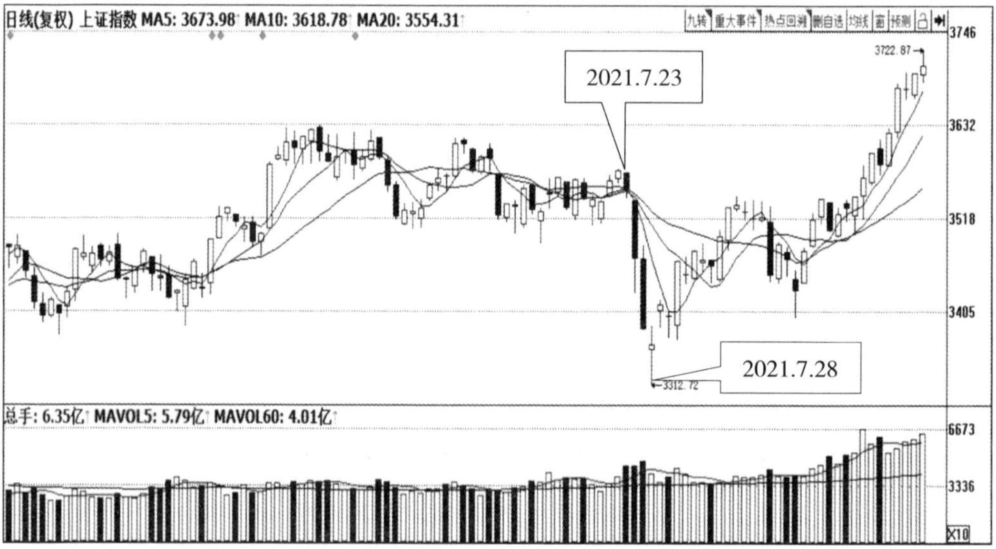

图7-4 上证指数（000001）日K线走势图

上证指数自2021年4月到9月期间，一直处于振荡盘整态势之中。从某种意义上来讲，这种走势比较有利于进行T+0操作。

2021年7月23日启动下跌后，连续出现几个交易日的大幅下挫，比较有利于投资者进行逆向T+0操作。

再来观察一下上证指数在7月27日的分时走势，如图7-5所示。

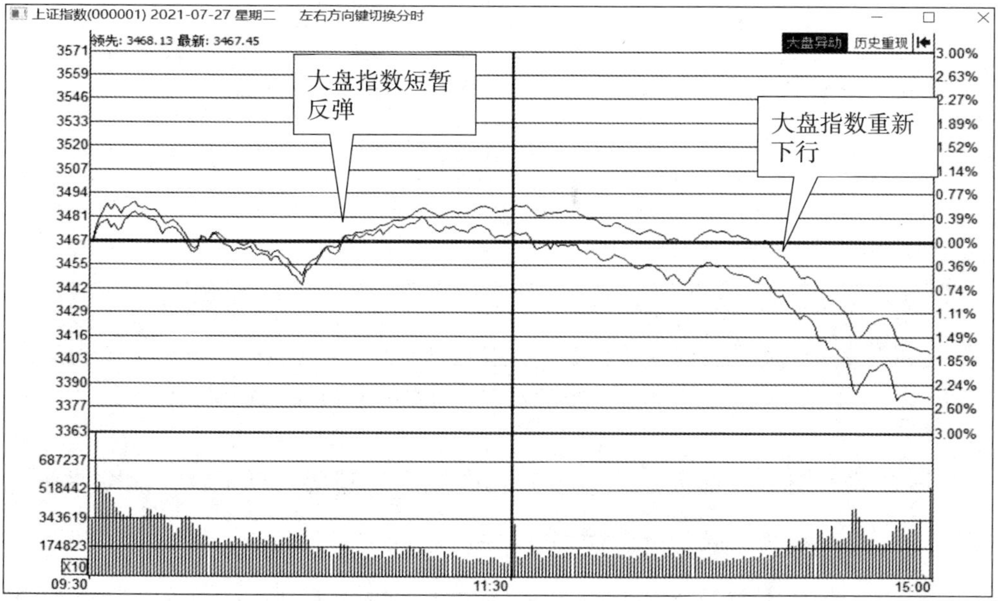

图7-5　上证指数（000001）分时走势图（2021.7.27）

上证指数在2021年7月27日早盘开盘之后出现了一波上涨走势，其后指数出现了明显的下跌走势。之后指数出现了反弹，不过在反弹至前日收盘价附近时，又再度下跌。大盘的上升与回调都可能带动个股的走势。

（2）个股走势。

下面再来看一下林洋能源的分时走势图，如图7-6所示。

林洋能源的股价在2021年7月27日早盘开盘之后经历了一波上涨走势，但很快跟随大盘出现了下跌行情，且跌幅远大于大盘指数。股价线迅速跌破均价线，说明该股的卖出时间已经到了。

此时持有林洋能源的短线投资者可以做出如下判断。

第一，大盘目前处于下跌趋势，尽管早盘出现反弹，但反弹力度较弱，

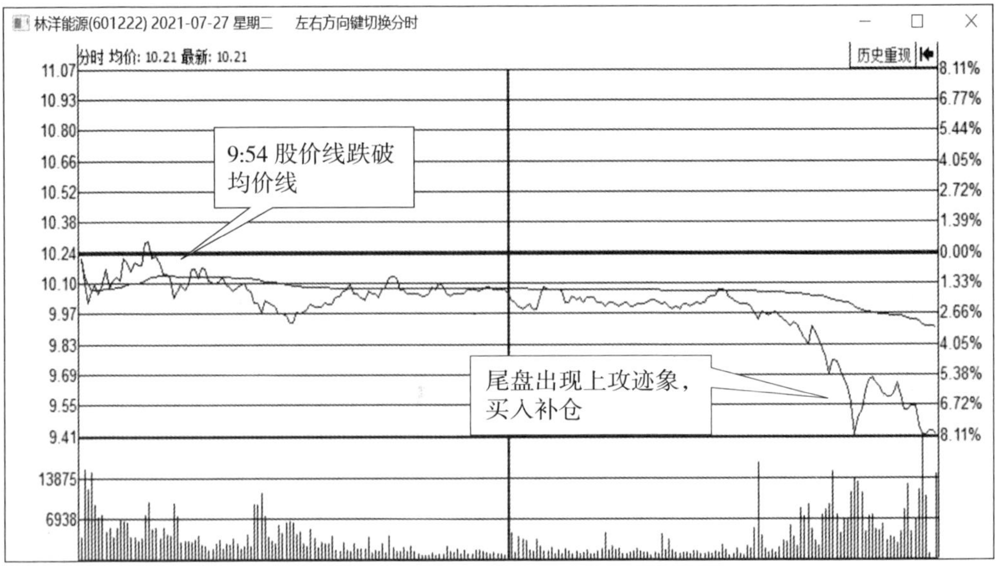

图7-6 林洋能源（601222）分时走势图（2021.7.27）

继续下跌的概率仍然很大。大盘上升不久就出现回调，且下跌力度非常强，说明此时的行情非常适宜进行逆向T+0交易。

第二，林洋能源的股价开盘之后经历了短暂的上升，但在大盘下跌的带动下已经出现了明显下跌，这说明该股继续走低的可能性很高。投资者应该把握这次逆向T+0交易时机，在9:54执行第一次卖出操作。

第三，进入10点之后，在大盘下跌的带动下，林洋能源出现了大幅下跌，投资者只需持币观望。

第四，进入尾盘时分，该股出现反弹向上的迹象，投资者可在尾盘时段将卖出的股票赎回补仓。

当日T+0交易收益可能大于7%，是一次非常成功的交易。

逆向T+0交易成功的关键在于以下两点。

第一，能否成功把握股价线跌破均价线的卖出时机（有时股价开盘后一路低于均价线，投资者可在股价线反弹回落时执行卖出操作）。如果错过这一时间点，将损失大量的投资收益，投资者宜慎之。

第二，补仓。T+0交易要求当日卖出的股票，当日一定要补回。从图7–6中可以看出，该股到收盘时段出现反弹迹象，但继续走低的概率很大。这可能会使得投资者有放弃补仓的意向，不过出于对T+0交易纪律的维护，还是要坚决补仓的。只有完成补仓，下一交易日才能有继续做T+0的机会。

第二节　日内滚动解套的控制要点

相对而言，日内滚动解套的操作难度更大，因此，在操作过程中，需要对整个交易模式、个股以及资金与仓位进行严格的控制。

一、日内滚动解套的基本操作模式

日内滚动解套的操作模式都是基于T+0操作技术设计的，主要包括两类操作模式。

1. 顺向日内滚动解套模式

使用该策略的前提，是投资者持有的某只股票已经被套牢。某一交易日，预判股价当日上涨概率较高，于是选择用现金买入股票；待临近收盘或股价冲高时，再卖出与买入等量的股票。这样投资者持有的总股票数不变，但持仓成本却下降了。投资者只要有机会就可以进行顺向日内滚动交易，直至解套。如图7–7所示。

投资者被套牢后，可以选择该策略积极地进行解套操作。比如，投资者发现持有股票的波动开始变得较为剧烈，某一交易日该股开盘大幅走低后出现反攻态势，而此时大盘开始走强。假如投资者原来持有该股票10000股，可在股价启动时加仓3000股左右，而后股价反弹至高点出现回落迹象时，再减仓3000股，如此反复。与其他解套方法不同，此方法要求买入与卖出必须在同一个交易日完成，即使当日没有形成较大的涨幅，甚至出现了亏损，投资者都要完成整个交易，直至完成解套。

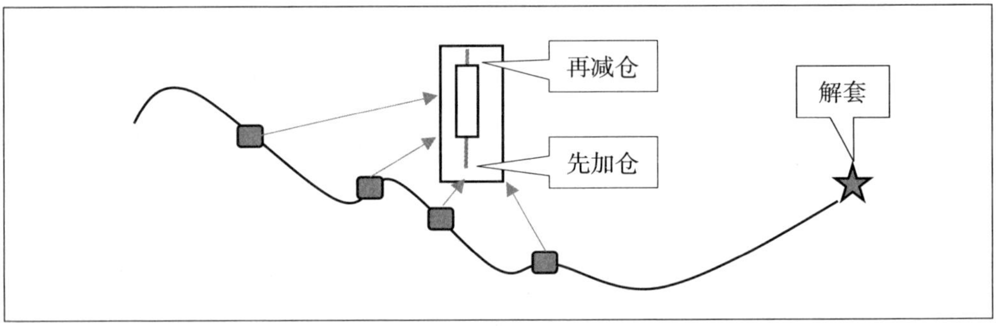

图7-7　理想的顺向日内滚动解套操作模式

2. 逆向日内滚动解套模式

使用该策略的前提，是投资者持有的某只股票已经被套牢。某一交易日，预判股价当日下跌的概率较高，于是选择先卖出手中部分股票；待临近收盘或股价走低时，再买入与卖出等量的股票。这样，投资者持有的总股票数不变，但持仓成本却下降了。投资者只要有机会就可以进行逆向日内滚动交易，直至解套，如图7-8所示。

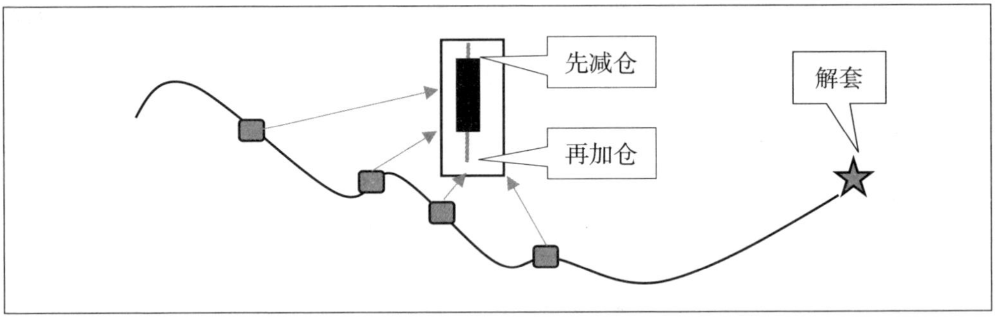

图7-8　理想的逆向日内滚动解套操作模式

投资者被套牢后，可以选择该策略积极地进行解套操作。比如，投资者发现持有股票的波动开始变得较为剧烈，某一交易日，该股开盘大幅走高后出现回落态势，而此时大盘开始走弱。假如投资者原来持有该股票10000股，可在股价启动回落时减仓3000股左右，而后股价回落至某低点出现反弹迹象时，再加仓3000股，如此反复。与顺向滚动解套方法相似，此方法也要求卖出与买入必须在同一个交易日完成，即使当日没有形成较大的跌幅，甚至出现了亏损，投资者都要完成整个交易，直至完成解套。

二、操作控制要点

运用日内滚动解套战法的过程中，需要特别注意以下几点。

第一，个股的选择。

并不是所有股票都适合进行T+0解套操作。通常来说，只有日内波动较为剧烈的股票才是该策略理想的操作标的。很多低价大盘股每天的波动都很小，也就失去了日内滚动操作的基础和意义。

第二，交易纪律的遵守。

通常来说，投资者并不会每次操作都获得成功，即成功地将持仓成本降低了。有些时候，投资者买入股票后，股价可能没有上涨而是下跌了；投资者卖出股票后，股价没有下跌而是上涨了。此时投资者不能因为自己判断失误，而等到次日再将仓位补回，而是要坚定地执行当日平仓的纪律。也就是说，当日卖出的股票，当日必须买回；当日买入的股票，当日必须卖出。只有这样才不会影响以后的交易。

第三，买入与卖出点位的选择。

日内首次买入或卖出股票时，必须对此时的市场环境有所认识，即股价大概率会出现上攻或下跌时，才能出手。这些点位通常为经典的买入或卖出点位，如股价向上或向下完成对均价线突破，股价线出现突然性的拐头等迹象。

相反，平仓时要相对宽松一些，即投资者买入股票后，只要产生了一定收益，投资者理论上就可以选择卖出平仓，卖出股票后也是同样道理。

三、仓位与资金控制

日内滚动解套同样需要对加仓的仓位和手中资金进行合理规划，避免投入过大的资金量，造成过大的损失。

仓位与资金控制要点包括如下三点，如图7-9所示。

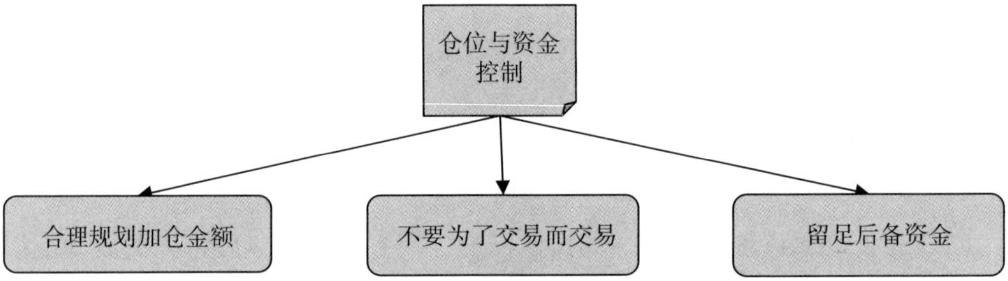

图7-9　仓位与资金控制

第一，合理规划加仓金额。

没有人能够准确地找到最佳的加仓点位。在启动入场加仓前，需要对手中的资金进行合理规划，不能一次性投入过多的资金，以防加仓失败，造成过大的损失。通常来说，日内加仓不能超过总仓位的20%～30%。

第二，不要为了交易而交易。

从理论上来说，很多股票几乎每天都有一定的波动，都可以进行T+0交易，但事实上，大部分波动都是投资者很难捕捉到的。过度的交易只会让投资者损失更多的交易费用，甚至增加交易失败的概率。因此，做最有把握的交易，才是成功的基础。

第三，留足后备资金。

无论有多么看好的机会，都不能将手中的子弹打光，一定要留有充足的预备队。只有这样，才能在股市中做到“游刃有余”。

第三节 日内滚动解套的实操技巧

在解套实战操作过程中，投资者并不是每次都要用顺向T+0解套，也不是都要用逆向T+0解套，而是要根据市场环境，有选择地加以应用。在有些情况下，甚至在同一交易日内，也可以两种策略组合使用。

一、下行趋势T+0解套战法

股价处于下行趋势中，投资者在应用日内滚动解套策略时，应以逆向T+0操作为主。当然，这并不意味着投资者不能使用顺向T+0操作，如果外围环境允许，且个股出现明显上攻情况时，仍然可以使用。不过，当股价处于下行趋势时，持仓投资者往往会倾向于做出股价还将下跌的判断，因而股价下行要比上升容易得多，因此，即使采用顺向T+0策略，也要降低盈利预期。

当然，该种解套方法的顺利实施也是需要具备一定条件的。

第一，外部环境要求。

对外部大盘环境的准确判断是日内滚动解套的前提条件。在下行趋势中，大盘高开后常常会出现低走的形态。个股同样会受大盘影响走出高开低走形态，K线常常会出现高开大阴线或假阴线等形态。身处这类大盘环境中，投资者的操作应以卖空为主要操作思路。

第二，股票要求。

通常来说，日内滚动解套对个股基本面的要求相对较低，但投资者一般还是不要操作垃圾股和即将退市的股票，同时还要远离那些刚刚经历了爆炒的股票。

第三，仓位分配与控制。

从投资安全角度看，T+0解套也是一种高风险的交易行为，操作不好就会深度套牢或者将手中的股票卖飞了。因此，在入场前必须对仓位进行合理规划，在留足预备仓位的前提下，还要设计好每次加仓的仓位。

下行趋势的日内滚动解套法对资金的规划：在下行趋势中，投资者以逆向T+0操作为主，原则上来说，对资金的需求量并不太大，但为了预防判断失误，投资者还需准备额外的资金（以占仓位30%左右的资金为宜）备用。

第四，加仓与减仓方法。

日内滚动解套策略可多次使用，只要市场给了应用的机会和条件，就可以实施。因股价处于下行趋势中，因此，顺向与逆向T+0操作的加、减仓量控制如下。

第一，逆向T+0操作的减仓量控制在总仓位的30%左右。

第二，顺向T+0操作的加仓量控制在总仓位的20%左右。

投资者可根据个股和市场环境循环操作，直至完成解套。

下面以共达电声为例进行讲解。共达电声作为A股市场上语音技术领域内的高科技企业，业绩较为稳定，而且整个盘子不大，股价波动较为剧烈。最近几年，受智能语音技术炒作的影响，共达电声也曾出现了几波级别较大的上涨行情。不过进入2023年之后，该股股价一直呈宽幅振荡态势，如图7-10所示。

共达电声的股价在2023年年中时段出现一波振荡上升后，很快转入了下行通道。很多在2023年7月中旬的入场者都被套牢在高位。

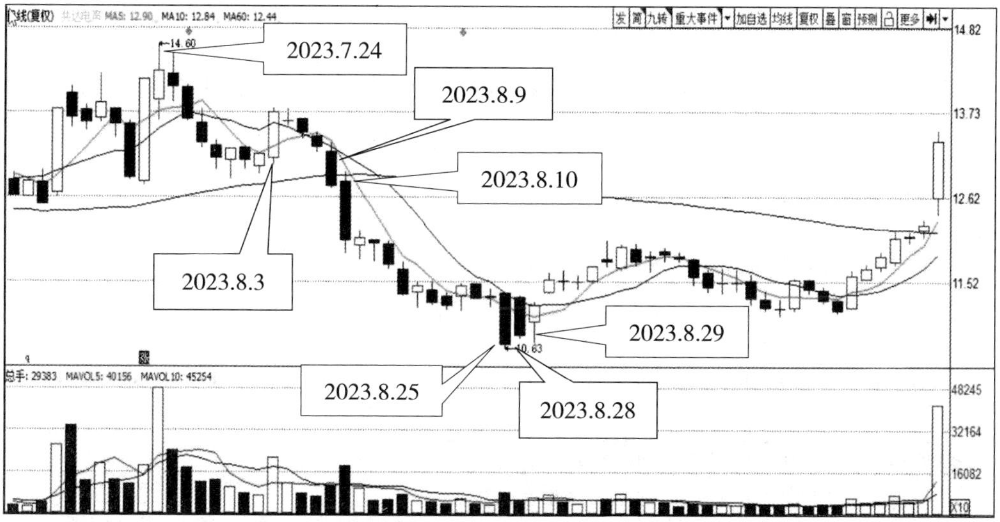

图7-10　共达电声（002655）日K线走势图

再来看一下此时段上证指数的走势情况，如图7-11所示。

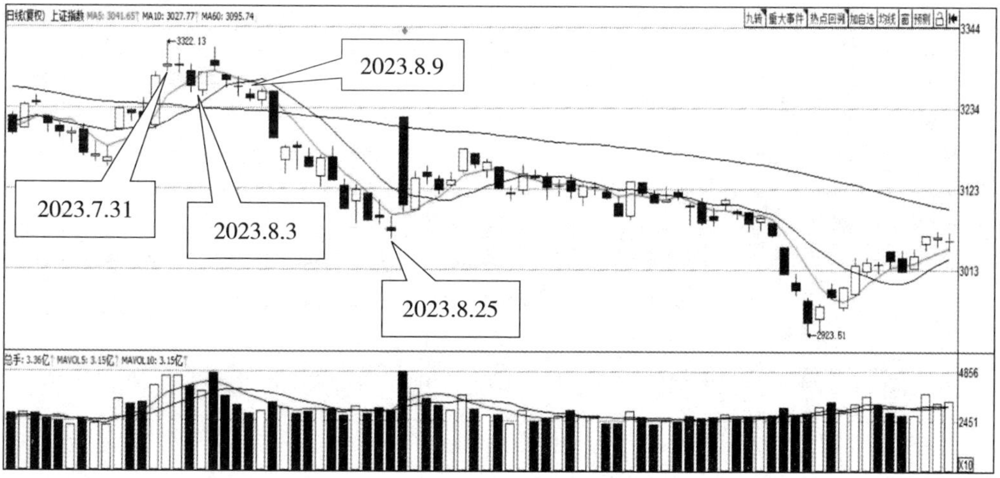

图7-11　上证指数日K线走势图

上证指数在2023年年中时段出现一波振荡上升后，很快转入了下行通道。整个2023年下半年，上证指数都处于振荡下行趋势中。因此，对于想要进行日内滚动解套的投资者来说，在制订解套策略时，T+0解套策略无疑是一种不错的选择。

假如投资者在2023年7月23日以14.50元的价格入手了10000股共达电声的股票，那么，其后就可以根据股价走势情况，择机进行T+0解套操作。

第一次操作：2023年8月3日。

操作方式：顺向T+0交易。

从图7-10中可以看出，共达电声的股价在一波下跌后出现横向盘整走势。8月3日，该股股价盘中出现异动，如图7-12所示。

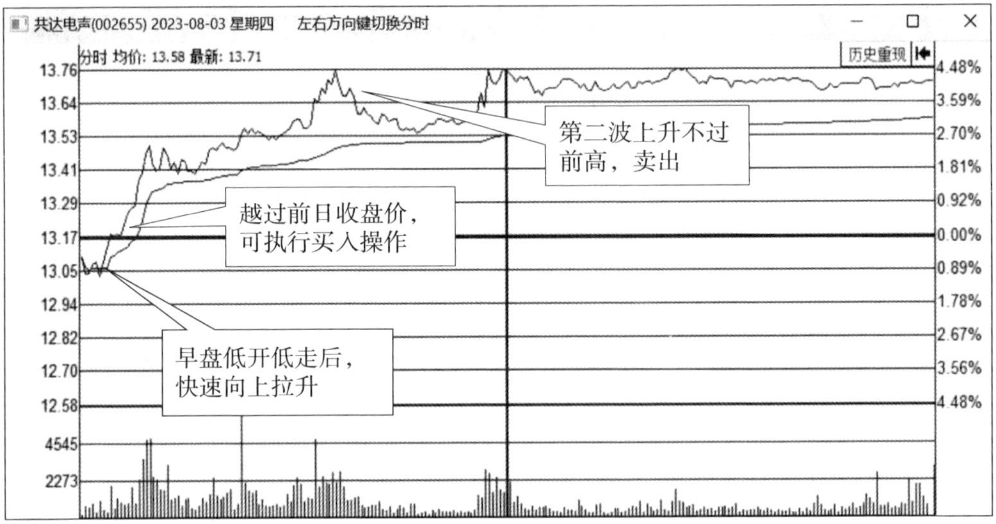

图7-12　共达电声（002655）分时走势图（2023.8.3）

从图7-12中可以看出，共达电声的股价在2023年8月3日早盘低开低走后，在大盘启动反弹的带动下出现了大幅上攻走势，很快股价线就完成了对前日收盘价的突破（这是一个重要的股价阻力位），此时投资者可考虑介入该股（以13.20元的价格买入2000股股票）。

该股股价在盘中一度上攻至13.76元，但其后股价出现了回落。第二波上攻期，股价上涨至13.69元即转入下跌。对于二次不过前高的股票，投资者应立即平仓卖出（以13.65元的价格卖出2000股股票）。

第二次操作：2023年8月9日。

操作方式：逆向T+0交易。

2023年8月9日，共达电声的股价在前日下跌的基础上，股价低开高走，稍作反弹就转入了下行趋势，如图7–13所示。

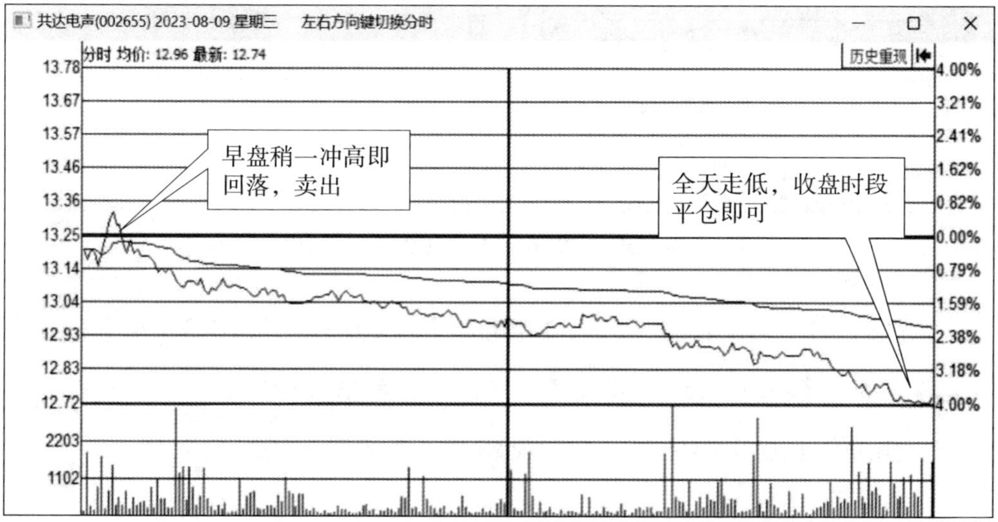

图7–13　共达电声（002655）分时走势图（2023.8.9）

从图7–13中可以看出，共达电声的股价在2023年8月9日早盘低开冲高后迅速回落，在大盘走低的影响下出现了大幅下跌走势，很快股价线就完成了对前日收盘价的跌破（这是一个重要的股价支撑位），此时投资者可考虑卖出该股（以13.25元的价格卖出3000股股票）。

其后，该股股价一路振荡走低，全天几乎没有反弹，投资者可一直到收盘再买回股票（以12.75元的价格买入3000股股票）。

第三次操作：2023年8月10日。

操作方式：逆向T+0交易。

2023年8月10日，共达电声的股价在前日下跌的基础上，股价低开高走，稍作反弹就转入了下行趋势，如图7–14所示。

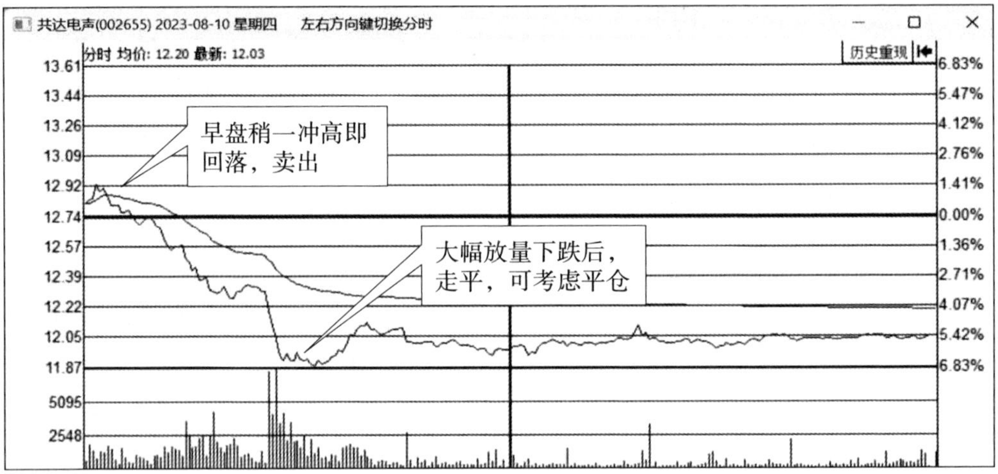

图7-14 共达电声（002655）分时走势图（2023.8.10）

从图7-14中可以看出，共达电声的股价在2023年8月10日早盘高开冲高后迅速回落，很快股价线就完成了对均价线和前日收盘价的跌破（这两个位置都是重要的股价支撑位），此时投资者可考虑卖出该股（以12.80元的价格卖出3000股股票）。

盘中，该股股价出现了大幅放量杀跌走势。通常来说，这种形态都不具有可持续性。待杀跌结束，投资者就可平仓买入股票（以11.90元的价格买入3000股股票）。

第四次操作：2023年8月25日。

操作方式：逆向T+0交易。

2023年8月25日，共达电声的股价在经历了几个交易日的横向盘整后，在大盘走低的影响下，再度发力下行，如图7-15所示。

从图7-15中可以看出，共达电声的股价在2023年8月25日早盘高开后迅速回落，很快股价线就完成了对前日收盘价的跌破，此时投资者可考虑卖出该股（以11.30元的价格卖出3000股股票）。

其后，该股股价一路振荡走低，全天几乎没有反弹，投资者可一直到收盘再买回股票（以10.70元的价格买入3000股股票）。

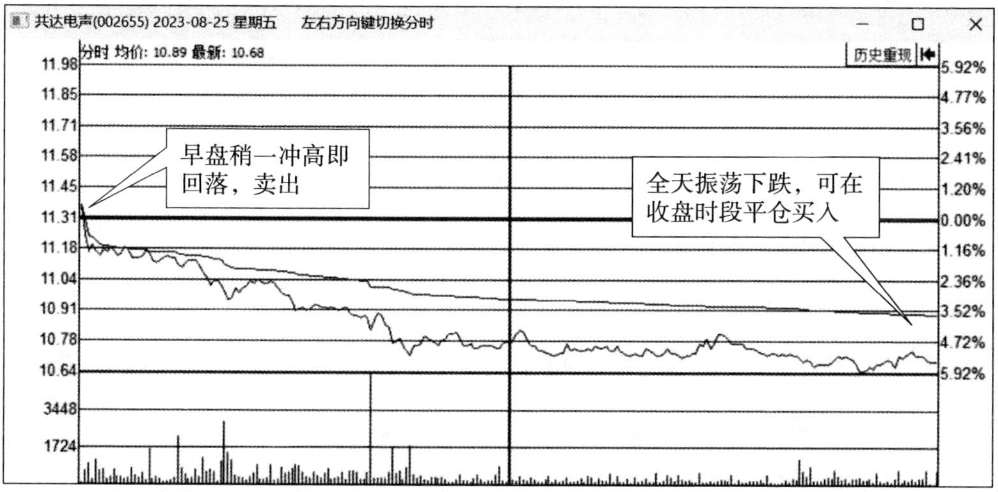

图7-15　共达电声（002655）分时走势图（2023.8.25）

第五次操作：2023年8月28日。

操作方式：逆向T+0交易。

2023年8月28日，共达电声的股价受市场利好消息影响，在大盘大幅高开的影响下，直接大幅高开，如图7-16所示。

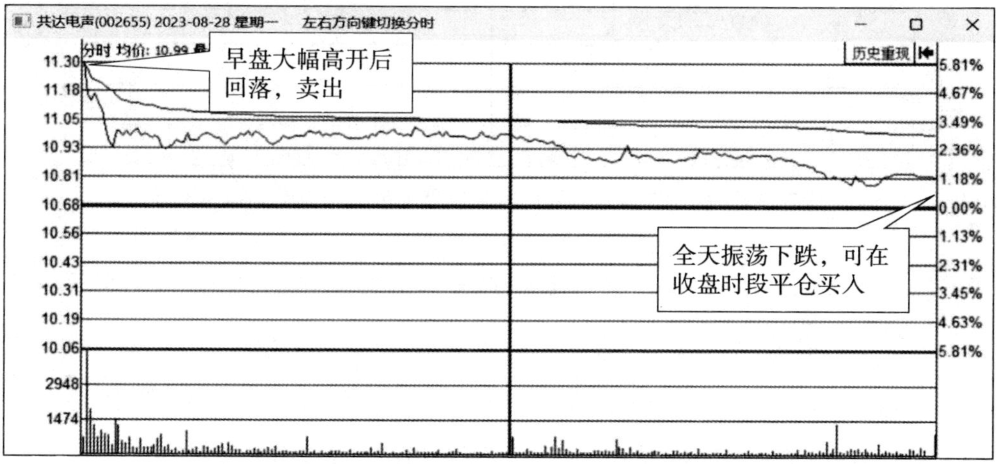

图7-16　共达电声（002655）分时走势图（2023.8.28）

从图7–16中可以看出，共达电声的股价在2023年8月28日早盘高开后迅速回落，此时投资者宜第一时间卖出股票（以11.30元的价格卖出3000股股票）。

其后，该股股价一路振荡走低，全天几乎没有反弹。投资者可一直到收盘再买回股票（以10.80元的价格买入3000股股票）。

第六次操作：2023年8月29日。

操作方式：顺向T+0交易。

共达电声的股价在经历了大幅振荡后，8月29日，股价在大盘上攻的带动下出现了反弹走势，如图7–17所示。

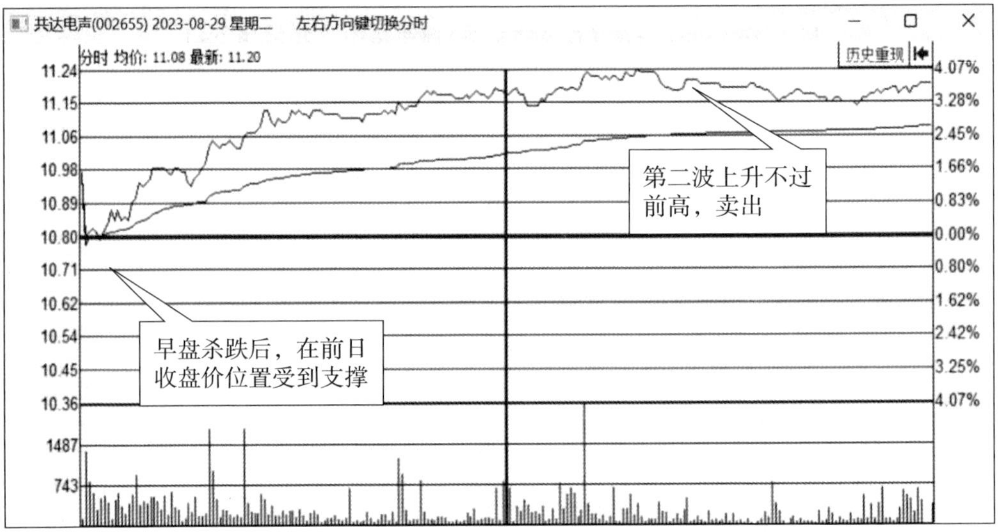

图7–17 共达电声（002655）分时走势图（2023.8.29）

从图7–17中可以看出，共达电声的股价在2023年8月29日早盘高开杀跌后（在前日收盘价位置获得支撑），在大盘启动反弹的带动下出现了大幅上攻走势。此时投资者可考虑介入该股（以10.80元的价格买入2000股股票）。

该股股价在盘中一度上攻至11.24元，但其后股价出现了回落。第二波上攻期，股价上涨至11.21元即转入下跌。对于二次不过前高的股票，投资者应立即平仓卖出（以11.20元的价格卖出2000股股票）。

投资者可持续按照上述方法进行T+0操作，直至将持仓成本降至股价下方。若投资者不再操作了，该股的持仓成本也已经从开始阶段的14.50元下降至13.56元了（不含交易费用），投资者耐心持仓，在10月17日（最高价13.71元）也可以获得解套。

表 7-1　下行趋势 T+0 解套法实操数据表

交易时间	股价	买入金额	买入数量	持仓成本	持仓数量	持仓金额	持仓盈亏
2023.7.23	14.50 元	145000 元	10000 股	14.50 元	10000 股	145000 元	——
2023.8.3	13.10 元	26200 元	2000 股	14.27 元	12000 股	158400 元	–13000 元
	13.65 元	–27300 元	–2000 股	14.39 元	10000 股	136500 元	–7400 元
2023.8.9	13.25 元	–39750 元	–3000 股	14.88 元	7000 股	92750 元	–11400 元
	12.75 元	38250 元	3000 股	14.24 元	10000 股	127500 元	–14900 元
2023.8.10	12.80 元	–38400 元	–3000 股	14.86 元	7000 股	89600 元	–14400 元
	11.90 元	35700 元	3000 股	13.97 元	10000 股	119000 元	–20700 元
2023.8.25	11.30 元	–33900 元	–3000 股	15.12 元	7000 股	79100 元	–26700 元
	10.70 元	32100 元	3000 股	13.79 元	10000 股	107000 元	–30900 元
2023.8.28	11.30 元	–33900 元	–3000 股	14.86 元	7000 股	79100 元	–24900 元
	10.80 元	32400 元	3000 股	13.64 元	10000 股	108000 元	–28400 元
2023.8.29	10.80 元	21600 元	2000 股	13.17 元	12000 股	129600 元	–28400 元
	11.20 元	–22400 元	–2000 股	13.56 元	10000 股	112000 元	–23600 元

注：卖出金额与股票数量、亏损金额均用“–”表示，不含交易费用。

二、低位振荡T+0解套战法

股价经过一波下跌后，进入低位振荡趋势。投资者在应用日内滚动解套策略时，可以平衡使用顺向T+0和逆向T+0，同时根据大盘环境，适当调整盈利预期。

该种解套方法的顺利实施也是需要具备一定条件的。

第一，外部环境要求。

对外部大盘环境的准确判断是日内滚动解套的前提条件。只要大盘没有出现单边上行或下跌行情，投资者就可以延续之前的操作思路。

第二，股票要求。

通常来说，日内滚动解套策略对个股基本面的要求相对较低。但投资者一般还是不要操作垃圾股和即将退市的股票，同时还要远离那些刚刚经历了爆炒的股票。

第三，仓位分配与控制。

从投资安全角度看，T+0解套也是一种高风险的交易行为，操作不好就会深度套牢或者将手中的股票卖飞了。因此，在入场前必须对仓位进行合理规划，在留足预备仓位的前提下，还要设计好每次加仓的仓位。

低位振荡行情中的日内滚动解套法对资金的规划：投资者可以平衡顺向T+0和逆向T+0操作。投资者需要准备占仓位30%的操作资金（主要为顺向操作资金）以及30%左右的备用资金。

第四，加仓与减仓方法。

日内滚动解套策略可多次使用，只要市场给了应用的机会和条件，就可以实施。不过，因股价整体上仍处于低位振荡趋势中，因此，顺向T+0与逆向T+0操作的加、减仓量控制如下。

第一，逆向T+0操作的减仓量可控制在总仓位的30%以内。

第二，顺向T+0操作的加仓量可控制在总仓位的30%以内。

投资者可根据个股和市场环境循环操作，直至完成解套。

下面以药明康德为例进行讲解。药明康德作为A股市场上医疗服务领域内的龙头企业，业绩较为优异。最近几年，受医药行业大环境不佳的影响，药明康德的股价出现了较大幅度的下跌。进入2023年，该股股价一直呈宽幅振荡态势，如图7-18所示。

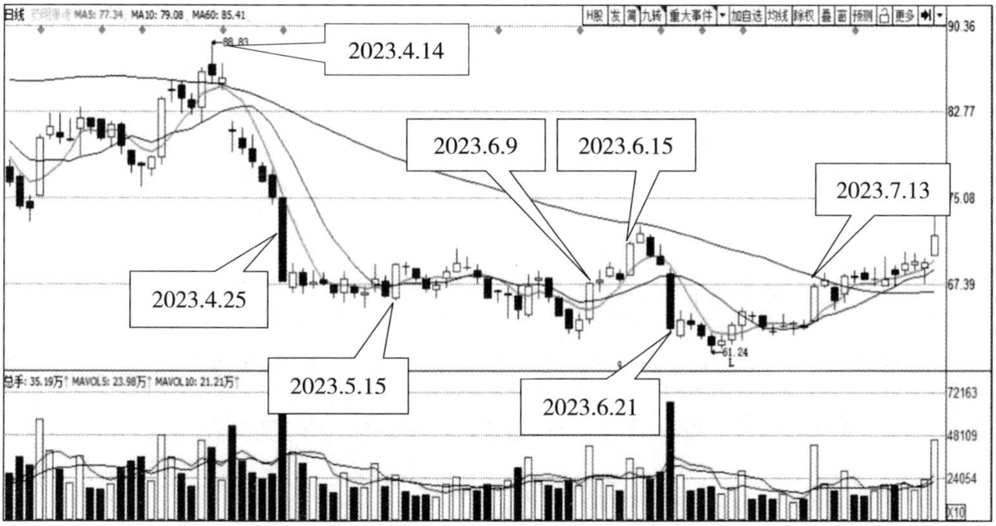

图7-18　药明康德（603259）日K线走势图

药明康德的股价在2023年上半年时段出现一波振荡上升后，很快转入了下行通道，很多在2023年4月中旬的入场者都被套牢在高位。

再来看一下此时段上证指数的走势情况，如图7-19所示。

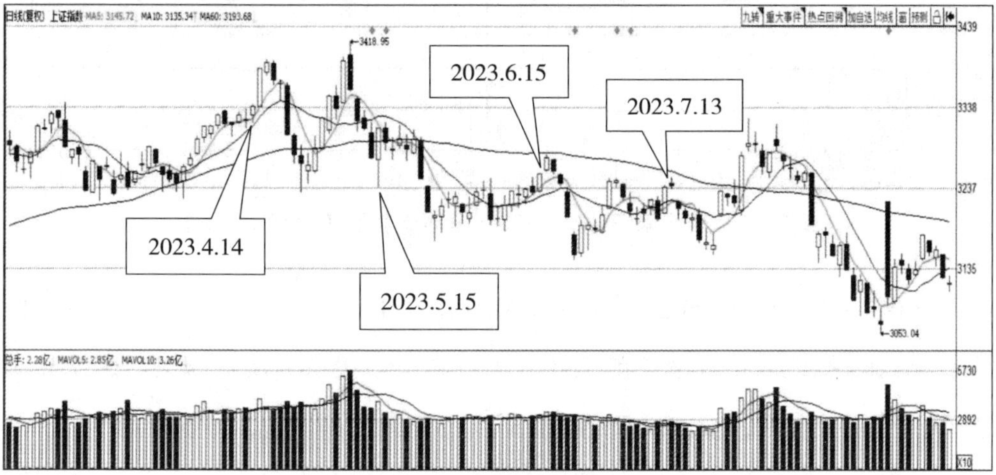

图7-19　上证指数日K线走势图

上证指数在2023年年中时段出现一波振荡上升后，很快转入了下行通道。整个2023年下半年，上证指数都处于振荡下行趋势中。因此，对于想要进行日内滚动解套的投资者来说，在制订解套策略时，T+0解套策略无疑是一种不错的选择。

假如投资者在2023年7月14日以87元的价格入手了1000股药明康德的股票，那么，其后就可以根据股价走势情况，择机进行T+0解套操作。

第一次操作：2023年4月25日。

操作方式：逆向T+0交易。

从图7-18中可以看出，药明康德的股价一直呈下跌态势，且跌势有加速态势。4月25日，该股股价盘中出现异动，如图7-20所示。

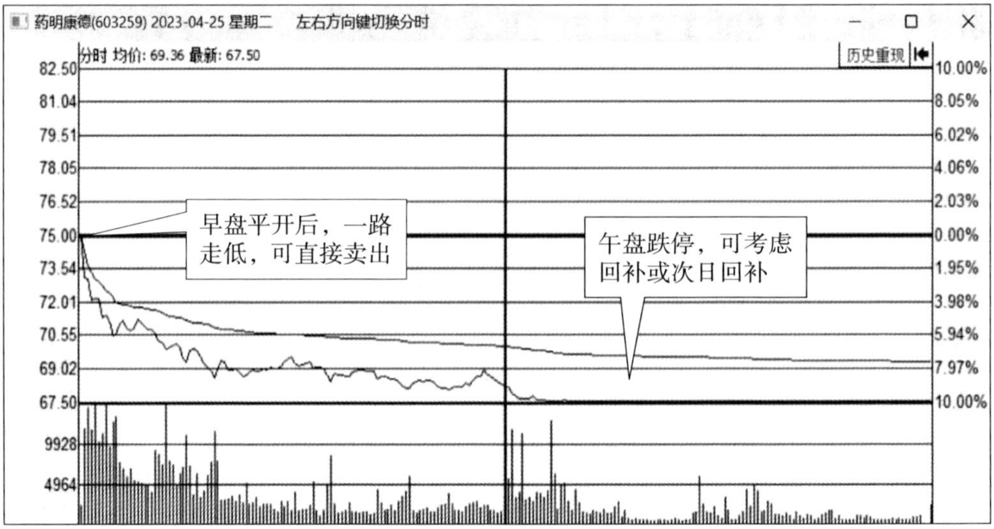

图7-20 药明康德（603259）分时走势图（2023.4.25）

从图7-20中可以看出，药明康德的股价在2023年4月25日早盘平开低走，给人一种股价将延续之前下跌趋势的感觉，投资者可考虑进行逆向T+0操作。早盘开盘后，卖出300股股票（以73元的价格卖出300股股票）。

其后，该股股价在盘中一度跌停至67.50元。通常来说，T+0交易是不可能隔日的，但考虑股价已经跌停了，倒是可以在次日低开后再赎回。不过，这里仍按照跌停价买入300股（以67.50元的价格买入300股股票）。

第二次操作：2023年5月15日。

操作方式：顺向T+0交易。

药明康德的股价在一波下跌后出现横向盘整走势。5月15日，该股股价盘中出现异动，如图7-21所示。

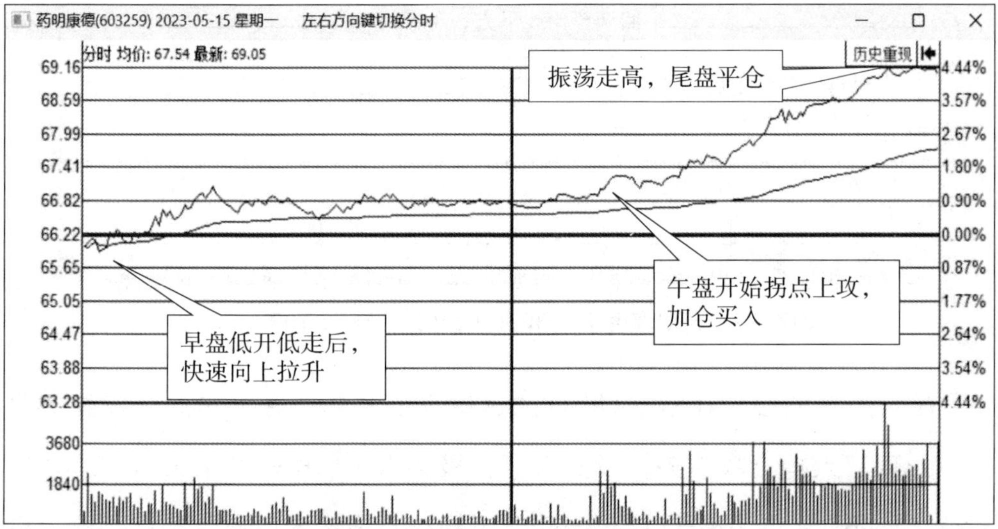

图7-21　药明康德（603259）分时走势图（2023.5.15）

从图7-21中可以看出，药明康德的股价在2023年5月15日早盘低开后振荡走高，在大盘启动反弹的带动下出现了大幅上攻走势。午盘后，该股股价开始放量加速上攻，此时投资者可考虑介入该股（以67元的价格买入300股股票）。

该股股价在盘中振荡走高，一度上攻至69.20元，其后临近收盘时段出现了小幅回落，投资者可在收盘时段以69元的价格卖出平仓（以69元的价格卖出300股股票）。

第三次操作：2023年6月9日。

操作方式：顺向T+0交易。

从图7-22中可以看出，药明康德的股价在一波横向盘整后，随着大盘的启动，开始出现上攻迹象。6月9日，该股股价盘中出现异动。

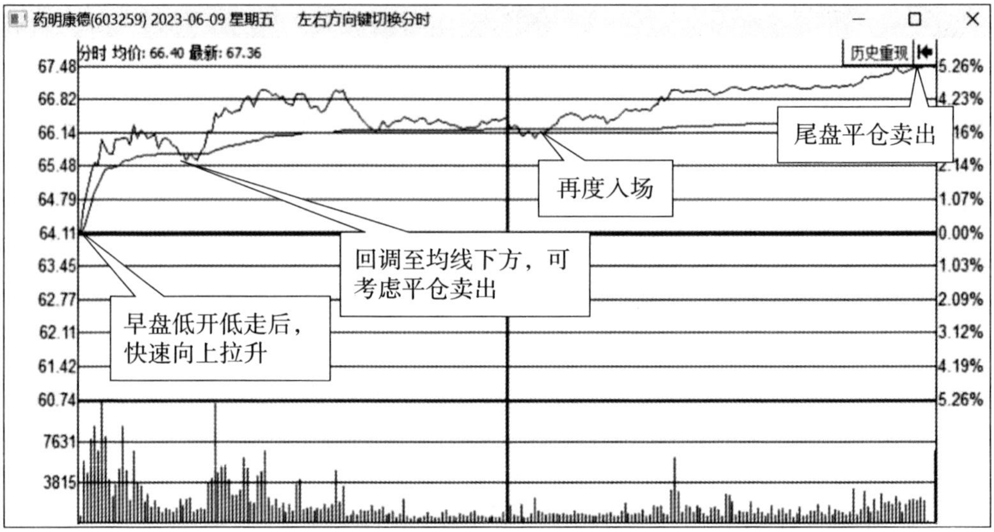

图7-22 药明康德（603259）分时走势图（2023.6.9）

药明康德的股价在2023年6月9日早盘低开后，在大盘启动反弹的带动下出现了大幅上攻走势，投资者可积极买入（以64元的价格买入300股股票）。不过，上午股价线一度跌破了均线，投资者可考虑卖出平仓（以65.50元的价格卖出300股股票）。

午盘后，该股股价经过一段时间的盘整，向上突破了均价线，可考虑买入操作（以66.20元的价格买入300股）。此后，该股股价维持上涨趋势至收盘，投资者可考虑卖出平仓（以67.40元的价格卖出300股股票）。

第四次操作：2023年6月15日。

操作方式：顺向T+0交易。

药明康德的股价在经历一波横向盘整后，在大盘上攻带动下又重拾升势。6月15日，该股股价盘中出现异动，如图7-23所示。

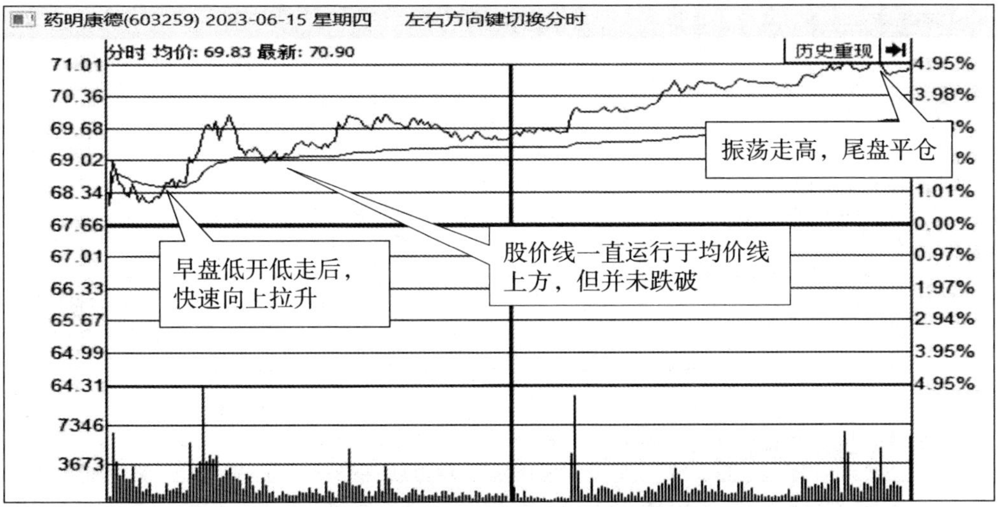

图7-23　药明康德（603259）分时走势图（2023.6.15）

从图7-23中可以看出，药明康德的股价在2023年6月15日早盘冲高后回落，但很快又重新向上，在大盘启动反弹的带动下出现了大幅上攻走势。午盘后，该股股价开始放量加速上攻，此时投资者可考虑介入该股（以68.50元的价格买入300股股票）。

该股股价在盘中振荡走高，一度上攻至71.10元，但其后临近收盘时段出现了小幅回落，投资者可在收盘时段以71元的价格卖出平仓（以71元的价格卖出300股股票）。

第五次操作：2023年6月21日。

操作方式：逆向T+0交易。

自6月15日之后，药明康德的股价一直呈下跌态势，且跌势有加速态势。6月21日，该股股价盘中出现异动，如图7-24所示。

从图7-24中可以看出，药明康德的股价在2023年6月21日早盘低开后稍一冲高立刻反向下跌，给人一种股价将延续之前下跌趋势的感觉，投资者可考虑进行逆向T+0操作。早盘开盘后，卖出300股股票（以68元的价格卖出）。

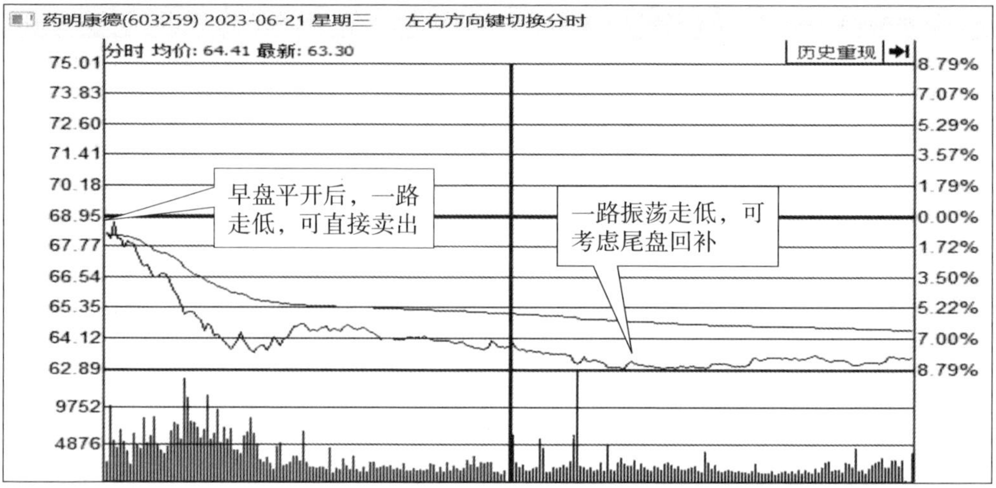

图7-24 药明康德（603259）分时走势图（2023.6.21）

其后，该股股价在盘中一度下跌至62.88元。由于股价一直没有像样的反弹，投资者可在尾盘时段买入平仓（以63元的价格买入300股股票）。

第六次操作：2023年7月13日。

操作方式：顺向T+0交易。

药明康德的股价在经历一波横向盘整后，在大盘上攻带动下又重拾升势。7月13日，该股股价盘中出现异动，如图7-25所示。

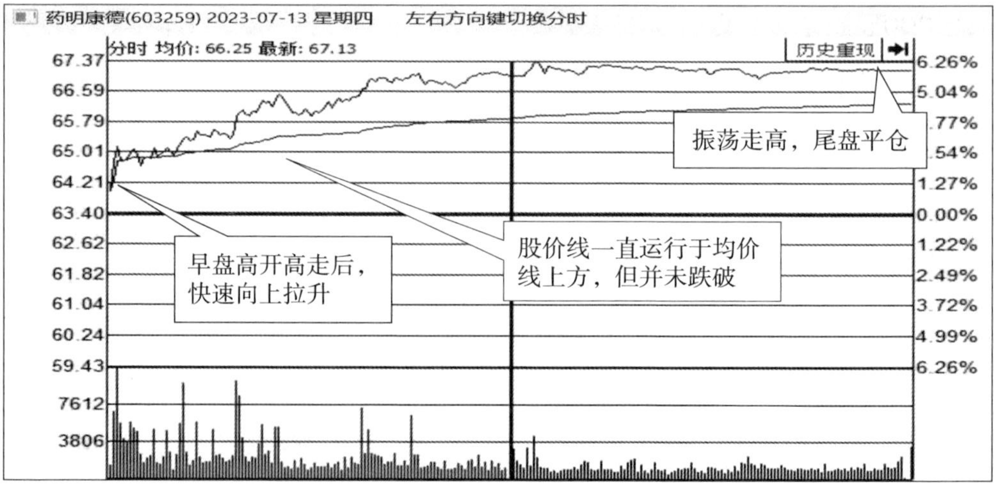

图7-25 药明康德（603259）分时走势图（2023.7.13）

从图7-25中可以看出，药明康德的股价在2023年7月13日高开高走，在大盘上升的带动下牛气冲天。投资者可考虑开盘后介入该股（以64.50元的价格买入300股票）。

该股股价在盘中振荡走高，一度上攻至67.40元，但其后临近收盘时段出现了小幅回落，投资者可在收盘时段以67元的价格卖出平仓（卖出300股）。

表 7-2　低位振荡 T+0 解套法实操数据表

交易时间	股价	买入金额	买入数量	持仓成本	持仓数量	持仓金额	持仓盈亏
2023.4.14	87 元	87000 元	1000 股	87 元	1000 股	87000 元	——
2023.4.25	73 元	–21900 元	–300 股	93 元	700 股	51100 元	–14000 元
	67.50 元	20250 元	300 股	85.35 元	1000 股	67500 元	–17850 元
2023.5.15	67 元	20100 元	300 股	81.12 元	1300 股	87100 元	–18350 元
	69 元	–20700 元	–300 股	84.75 元	1000 股	69000 元	–15750 元
2023.6.9	64 元	19200 元	300 股	79.97 元	1300 股	83200 元	–20750 元
	65.50 元	–19650 元	–300 股	84.30 元	1000 股	65500 元	–18800 元
	66 元	19800 元	300 股	80.08 元	1300 股	85800 元	–18300 元
	67.40 元	–20220 元	–300 股	83.88 元	1000 股	67400 元	–16480 元
2023.6.15	68.50 元	20550 元	300 股	80.34 元	1300 股	89050 元	–15380 元
	71 元	–21300 元	–300 股	83.13 元	1000 股	71000 元	–12130 元
2023.6.21	68 元	–20400 元	–300 股	89.62 元	700 股	47600 元	–15130 元
	63 元	18900 元	300 股	81.63 元	1000 股	63000 元	–18630 元
2023.7.13	64.50 元	19350 元	300 股	77.68 元	1300 股	83850 元	–17130 元
	67 元	–20100 元	–300 股	80.88 元	1000 股	67000 元	–13880 元

注：卖出金额与股票数量、亏损金额均用“–”表示，不含交易费用。

投资者可持续按照上述方法进行T+0操作，直至将持仓成本降至股价下方。若投资者不再操作了，该股的持仓成本也已经从开始阶段的87元下降至80.88元了（不含交易费用），投资者耐心持仓，在8月25日（最高价81.50元）也可以获得解套。

第八章

集中兵力，各个击破解套战法

如果投资者的选股没有问题，且不愿意对任何一只股票进行割肉处理，那么，在解套这条道路上，只能采取集中兵力、各个击破的战术。从理论上来说，任何一只股票的价格都不会一直呈单边下跌的态势（除非濒临退市），那么，只要股价在某个低点出现反弹，而投资者此时能够加大仓位，解套就还是有可能实现的。

第一节 各个击破式解套的操作基础

集中兵力、各个击破，顾名思义，是指有限的资金集中于单只股票，以求实现个股快速解套，再转而为另外一只股票解套，从而实现全面解套的一种操作思路。

该策略的实施需要具备一定的基础条件，包括但不限于以下几点，如图8-1所示。

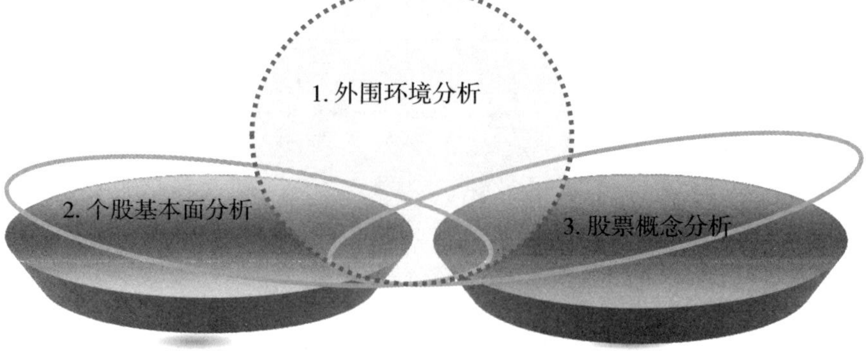

图8-1 各个击破式解套操作基础

一、外围环境分析

相对而言，该解套方案对外围环境的要求比较高，整个市场不能出现单边上涨或单边下跌的行情。单边上升行情中，其实大多数个股不需要特别的操作都可以实现解套；而面对单边下跌行情，最好的选择只能是离场。

下面来看一下上证指数在2022年年底到2023年的走势情况，如图8-2所示。

图8-2　上证指数日K线走势图

从图8-2中可以看出，上证指数在2023年10月底创出阶段低点后，开启了一波振荡反弹走势。

自2022年10月底开始止跌企稳后，整个大盘指数一直呈现明显的振荡运行态势。到了2023年5月上旬，上证指数振荡至3418点左右，此后开始进入下行通道。

相对而言，在2022年10月底到2023年5月初这段时间，属于较佳的各个击破式解套操作时间窗口。过了5月初，大盘指数开始进入下行通道，再想加仓操作就会困难重重，稍有不慎就可能造成深度套牢。

二、个股基本面分析

各个击破式解套同样要求个股基本面不能太差。

对于个股基本面的要求通常有两个方面。

首先，值得投资者进行解套操作的股票，肯定是有价值的股票，不能是垃圾股或者濒临退市的股票。

第二，个股的股价不能严重偏离其内在价值。这就意味着被短线爆炒的股票，不能列为各个击破式解套的备选标的。因为这类股票的股价严重偏离内在价值，股价一旦进入下行通道，将会很难再回归到以前的水平，因而，即使采取各个击破式解套策略，也很难实现真正意义上的解套。

三、股票概念分析

各个击破式解套的前提，是投资者被多只股票套牢。而从投资者角度来看，要想应用集中资金、各个击破的战术，就要求各只股票的运行趋势或节奏不能是相同的。换句话说，投资者持仓的股票，最好不是同一概念或同一板块的，因为相同概念、相同板块的股票走势具有一致性，投资者很难实施各个击破的战术。只有各只股票走势不同，投资者将资金集中在率先触底反弹的股票身上，才能更好地实现解套目标。从另一个角度来说，若持仓股票属于相同概念或板块，走势基本相同，那么，投资者只能选其中的一只进行解套操作，而在这只股票解套完毕后，其他股票可能又重新进入下行通道了，这就需要花更多的时间来完成解套了。

下面以华为汽车概念和第三代半导体概念指数的走势情况为例进行讲解，如图8-3、图8-4所示。

图8-3　华为汽车概念走势图

图8-4　第三代半导体概念走势图

从图8-3和图8-4的走势对比可以发现，在2023年8月25日之前，华为汽车概念指数和第三代半导体概念的股票同步出现了走低态势，但在8月25日之后，华为汽车概念的指数出现了一波上攻走势，而同期第三代半导体指数却呈现了二次触底走势，并在10月23日形成了第二个低点，该低点与8月25日的低点共同构成了双底形态。也就是说，若投资者所选的持仓股票中，既有华为汽车概念股又有第三代半导体概念股的话，相对更容易进行各个击破的操作。毕竟在8月25日之后，两类股票的走势很可能会出现分化，而先集中资金对华为汽车概念股实施解套操作，再返回来对第三代半导体概念股进行解套，就比较容易了。

第二节　各个击破式解套的控制要点

正确识别股价运行趋势，准确识别企稳个股，是进行各个击破式解套操作的基础。很多时候，当股价经过一波幅度较大的下跌后，多只股票被套牢，投资者识别哪只股票能够率先触底反弹就是成功解套的关键。若对象选择错误，则可能让整个解套操作“南辕北辙”。因此，在解套过程中，需做好如下几项工作的控制。

一、交易路线实施控制

各个击破式解套，需要前期对整个市场环境有所了解，即在大盘或整个市场出现下行的基础上，将手中股票全部减仓（30%～60%），然后按照个股企稳反弹的时间、力度，选择一只股票进行加仓，直至解套；再将剩余资金用于另外一只股票的解套，依此类推，直至所有股票完成解套。其操作路线如图8-5所示。

从图8-5中可以看出，当投资者买入三只股票后，手中剩余资金占总仓位的比重为10%。此后股价开始下跌，投资者相当于全仓被套，这也会让投资者失去了后续的操作机会。为了后续的操作，结合当时的市场环境，投资者可考虑将手中的三只股票先全线减仓，每只仅保留10%仓位，以防股价反攻。这样，投资者手中就有了占总仓位70%的资金了。

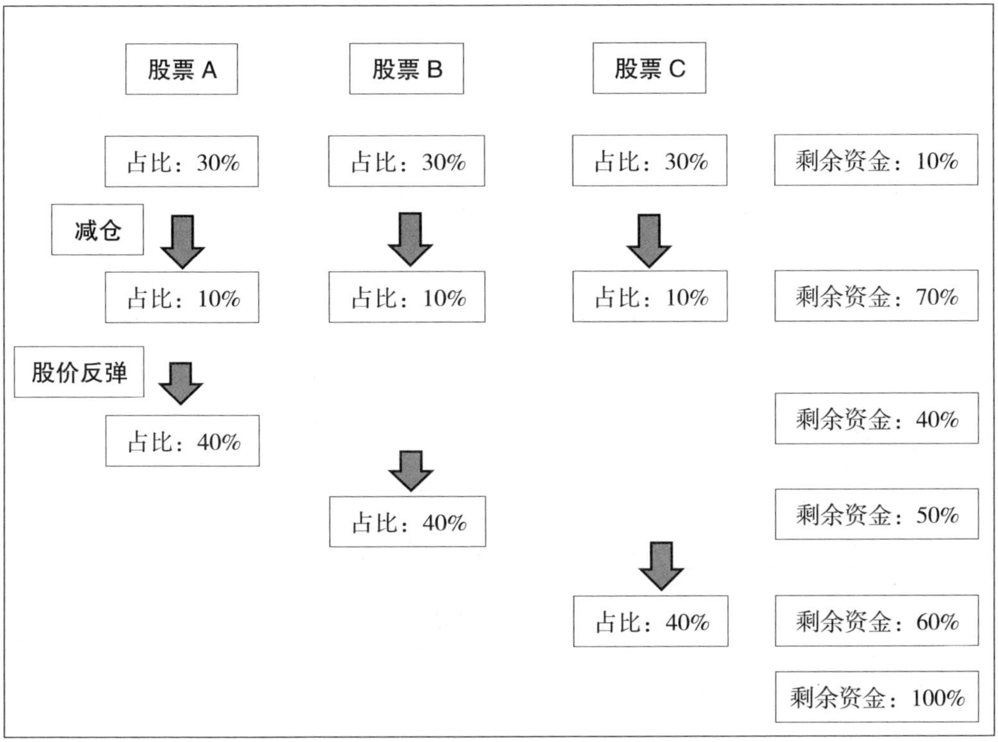

图8-5　各个击破式解套理想的路线图

其后，若股票A先行触底，并开始显露明显的上攻迹象时，投资者可拿出占总仓位30%的资金用于股票A的解套操作，剩余40%资金用于储备，防止股票A解套失败；待股票A完成解套后，投资者手中的资金占比就会达到总仓位的80%，再拿出30%用于股票B的解套操作；依此类推，直至股票C解套。

二、操作控制要点

运用各个击破式解套操作过程中，需要特别注意以下几点。

第一，突破点的选择。

手中的几只股票，到底哪只股票可能会率先启动？这是投资者面临的最难的选择。投资者不能根据主观偏好来做选择，一定要结合市场环境、市场炒作风向、消息面因素等综合评估哪类板块可能会率先启动。只有符合市场炒作方向的个股，才可能会先行走出反攻行情。

第二，留好“预备队”。

投资者选择的投资点，并不一定会真正成为第一个突破点，手中的后备资金就是用来投向突然启动的个股的。也就是说，假如投资者选择了股票A作为突破点，但事实上股票B启动了，而且市场热度等方面都聚焦在股票B所处的板块或概念，那就要将手中的预备资金投向股票B了。无论哪只股票率先完成解套，都是胜利。

第三，判断失败的处理。

投资者选定突破点后，势必需要对其进行大幅加仓，以拉低持仓成本。此后，若股价走势与投资者判断相反，出现下跌走势，则要及时进行止损操作，即将投入的仓位及时撤出，切不可加大投入造成深度套牢，影响后续的操作。

三、仓位与资金控制

各个击破式解套同样需要对加仓的仓位和手中资金进行合理规划，避免投入过大的资金量，造成过大的损失。

仓位与资金控制要点包括如下三点，如图8-6所示。

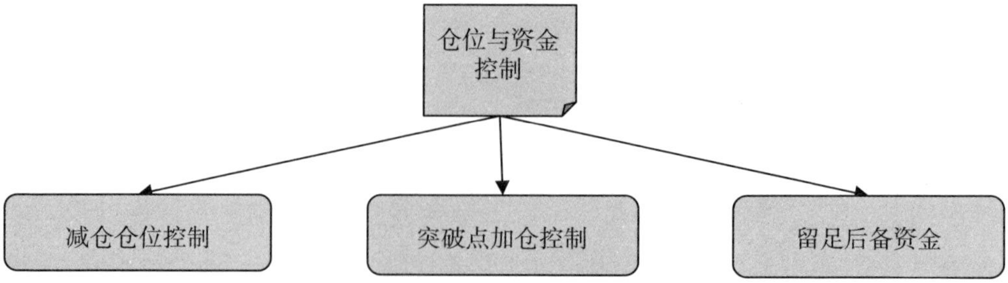

图8-6 仓位与资金控制

第一，减仓仓位控制。

没有人能够准确预测股价的涨跌，因此，在对各只股票减仓以集中资金时，需要控制好减仓的比例。减仓比例过大，若股价不跌反涨，容易踏空后面的行情；减仓比例过低，则可能会造成集中的资金过少，不利于解套操作。

第二，突破点加仓控制。

没有人能够准确找到最佳的加仓点位。在启动入场加仓前，需要对手中的资金进行合理规划，不能一次性投入过多的资金，以防加仓失败，造成过大的损失。拟投入到某只股票的加仓金额也可以分批入场，以防判断失误造成较大的损失。

第三，留足后备资金。

无论有多么看好的机会，都不能将手中的子弹打光，一定要留有充足的“预备队”。只有这样，才能在股市中做到“游刃有余”。

第三节　集中兵力，各个击破解套战法实操技巧

各个击破解套战法在实战操作过程中相对较为灵活，投资者可根据个人情况，制订不同的解套方案。

一、下行趋势各个击破式解套战法

投资者高位入场多只股票，全仓被套牢后，可考虑各个击破式解套战法。当然，具体操作策略和突破重点还要考虑当时的市场环境而定。

通常来说，下行趋势各个击破式解套战法的应用需要满足这样几个条件。

第一，外部环境要求。

对外部大盘环境的准确判断，是该解套目标实现的前提条件。也就是说，当投资者入场多只股票后，大盘环境恶化，多只股票都被全仓套牢了。此时，投资者就必须考虑应用此方案了。

第二，股票要求。

该解套方案对个股质地还是有一定要求的。一方面，持仓股票基本面应该还是不错的，不能是垃圾股或濒临退市的股票；另一方面，持仓中不能有被大幅炒作过后，股价开始大幅走低的股票。

第三，减仓与加仓。

从投资安全角度看，减仓获得的资金集中于单只股票的风险还是比较大的。大盘与个股同步处于下行趋势，可考虑将被套牢股票减仓三分之二来集中资金。追加投入单只股票的资金一般不应超过总仓位的30%。

第四，交易要点。

要防止突破点选择的失败。一旦选定的股票并未如预期上涨，反而出现了下跌走势。一旦触及止损线，投资者需要第一时间将追加投入的股票全部兑现离场，以确保将来有足够的资金再度入场。

下面以投资者A的解套过程为例进行讲解。

投资者A经历一番调查和评估后，在2022年8月开始陆续入手了信维通信、片仔癀和深南电路三只股票。可是刚刚买入股票不久，整个大盘结束了横向盘整，开启了一波下行趋势，如图8-7所示。

从图8-7中可以看出，上证指数在2022年8月经过一波横向振荡后，先是在8月24日拉出一根大阴线。此后指数虽经小幅修正，但自2022年9月15日开始，还是正式开启了一波下跌走势。也就是说，在此之前入场并持有一定量仓位的投资者，很可能会被套牢于高位。投资者A持有的三只股票也不例外。投资者A在买入股票前持有的总资金为20万元。

图8-7　上证指数日K线走势图

1. 片仔癀的走势情况

从图8-8中可以看出，2022年8月期间，片仔癀的股价经过一波下跌后出现横向盘整走势。2022年8月8日，该股股价大幅上攻，并一举突破了多根

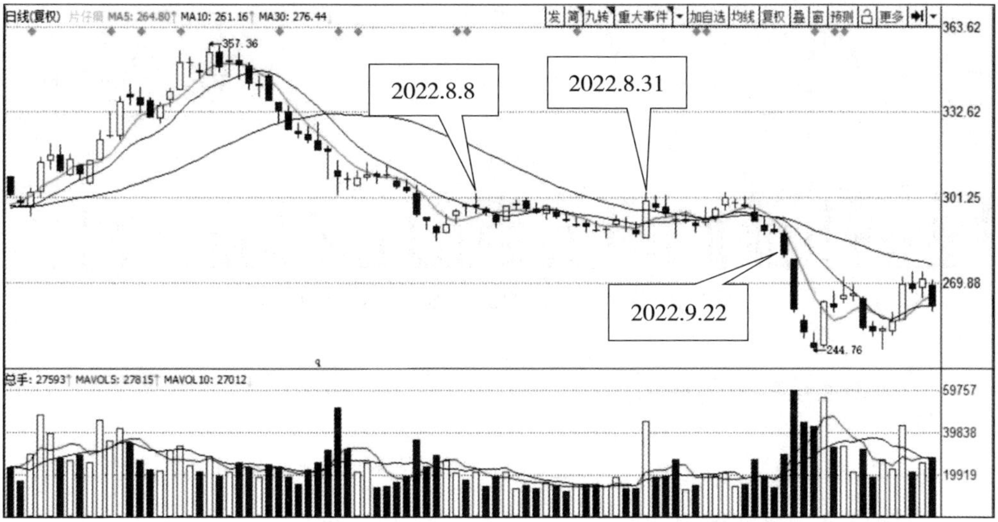

图8-8　片仔癀（600436）日K线走势图

均线（其后出现回落，并收出一根十字线），给人一种股价即将上攻的感觉。2022年8月8日，投资者A在片仔癀股价大幅上攻时开始入场做多，想要坐享一波股价快速上升的红利，当日以300元的价格买入了200股股票。

2. 深南电路的走势情况

从图8-9中可以看出，2022年7月期间，深南电路的股价一直呈现明显的振荡下跌态势。不过，自2022年8月开始，该股股价呈现了明显的上攻态势，给人一种股价将会持续走好的感觉。加之整个大盘此时还算稳定。2022年8月8日，投资者A在深南电路的股价大幅上攻时开始入场做多，想要坐享一波股价快速上升的红利，当日以94元的价格买入了600股股票。

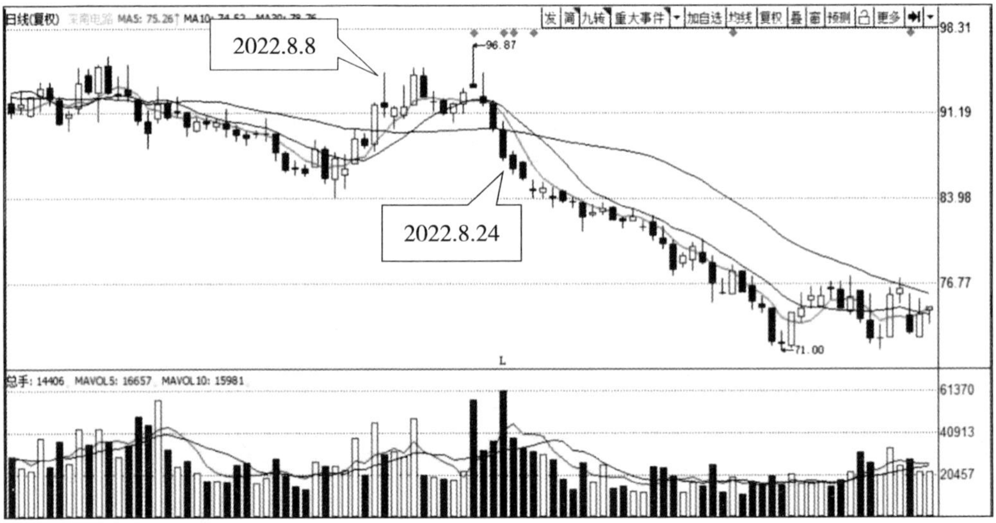

图8-9　深南电路（002916）日K线走势图

3. 信维通信的走势情况

从图8-10中可以看出，2022年7月到8月期间，信维通信的股价一直呈现明显的振荡上升态势。股价上升幅度不大，但保持了升势，给人一种股价将会持续走好的感觉。加之整个大盘此时还算稳定。2022年8月11日，投资者A在信维通信的股价大幅上攻时开始入场做多，想要坐享一波股价快速上升的红利，当日以18.50元的价格买入了3200股股票。

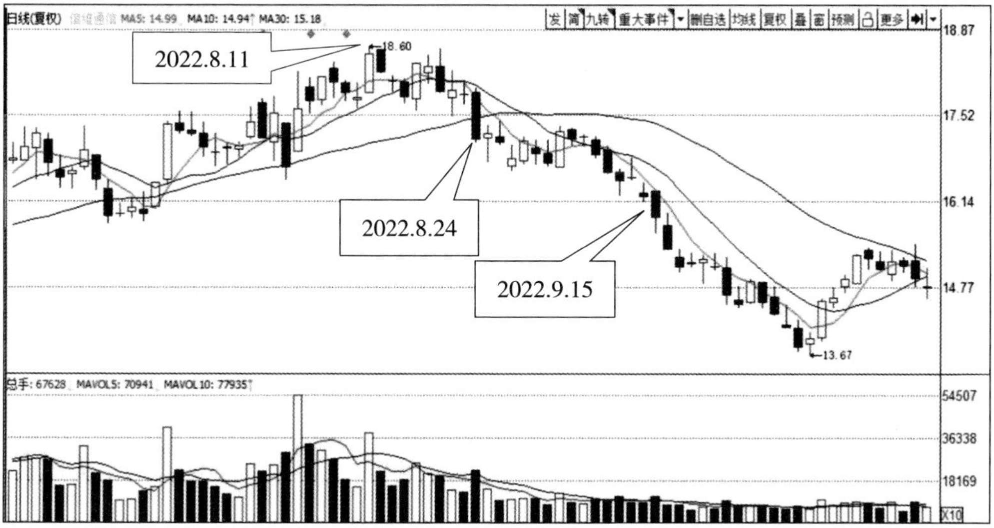

图8-10　信维通信（300136）日K线走势图

4. 大盘下跌与减仓

待投资者建仓三只股票后，大盘开始呈现下跌态势，特别是8月24日，大盘指数的大幅走低，让很多股票出现了大幅下挫走势，投资者A持有的三只股票都出现了亏损。投资者A持仓的信维通信和深南电路都出现了大幅下跌，为了防止后面出现过大的损失，其开始考虑减仓操作。

8月24日，投资者A对信维通信和深南电路分别减仓2000股（股价为17.10元）和400股（股价为87.50元）（减仓占持有仓位的三分之二左右）；9月22日，片仔癀的股价也无力继续抵抗，开始显露大幅下跌迹象，投资者卖出了100股（股价为280元）。

此后，投资者手中持有的现金达到了121600元。这样，后面股价无论朝哪个方向走，投资者都可以很从容地应对了。

5. 集中资金，各个击破

大盘和个股经过一轮下跌后，信维通信率先走出了触底反弹形态，如图8-11所示。

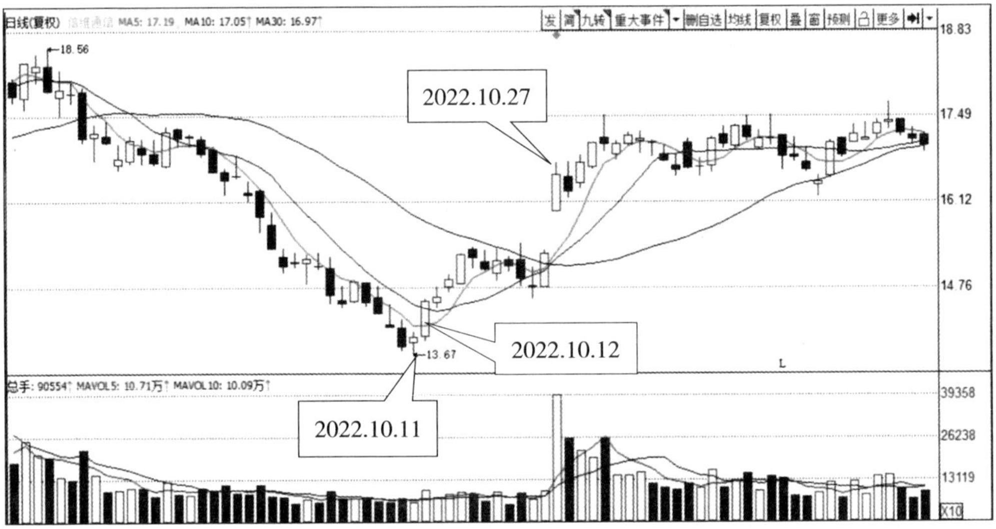

图8-11　信维通信（300136）日K线走势图

从图8-11中可以看出，自2022年8月下旬开始，信维通信的股价出现了一波大幅下跌走势。到2022年10月11日，该股股价出现了触底反弹态势。10月12日，股价更是向上突破了多条均线。鉴于股价运行态势反转，投资者A可集中资金先重点围绕信维通信进行解套。2022年8月12日，其拿出剩余资金量30%的资金追加信维通信，买入2800股股票（股价为14.50元，累计持有该股4000股，平均股价为16.40元）。

10月27日，信维通信的股价大幅跳空高开高走，并出现了回落走势，最高点触及16.73元，投资者可考虑在16.70元位置完成解套清仓离场，释放出66800元现金，手中现金达到了147800元，解套其他两只股票更为容易了。

再来看一下片仔癀的走势，如图8-12所示。

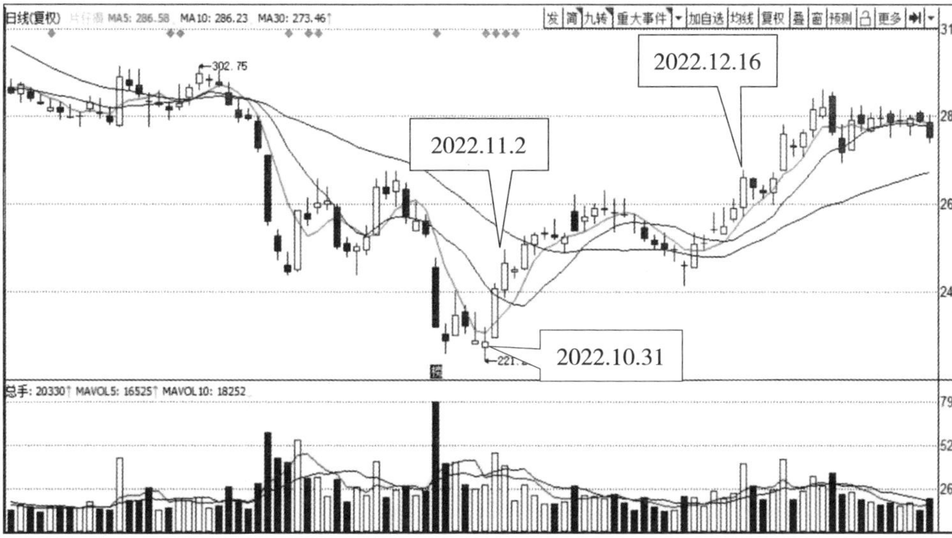

图8-12　片仔癀（600436）日K线走势图

从图8-12中可以看出，自2022年9月下旬开始，片仔癀的股价出现了一波大幅下跌走势。到2022年10月底，该股股价出现了触底反弹态势。

11月2日，该股股价更是向上突破了多条均线。鉴于股价运行态势反转，投资者A可集中资金重点围绕片仔癀进行解套。2022年11月2日，其拿出剩余资金量30%的资金追加片仔癀，买入200股股票（股价为245元，累计持有该股300股，平均股价为270元）。

12月6日，片仔癀的股价大幅高开高走，并出现回落走势，最高点触及275.08元，投资者A可考虑在275元的位置完成解套清仓离场，释放出82500元现金，手中现金达到了181300元，解套剩余的一只股票更为容易了。

最后来看一下深南电路的走势。由于其他两只股票接连完成解套，且都产生了一定的盈余，深南电路的解套压力减少了许多，如图8-13所示。

从图8-13中可以看出，自2022年9月下旬开始，深南电路的股价出现了一波大幅下跌走势。到2022年10月底，该股股价出现了低位横盘态势。此时，投资者A由于正在集中精力为其他两只股票解套，可以先将深南电路放一放。

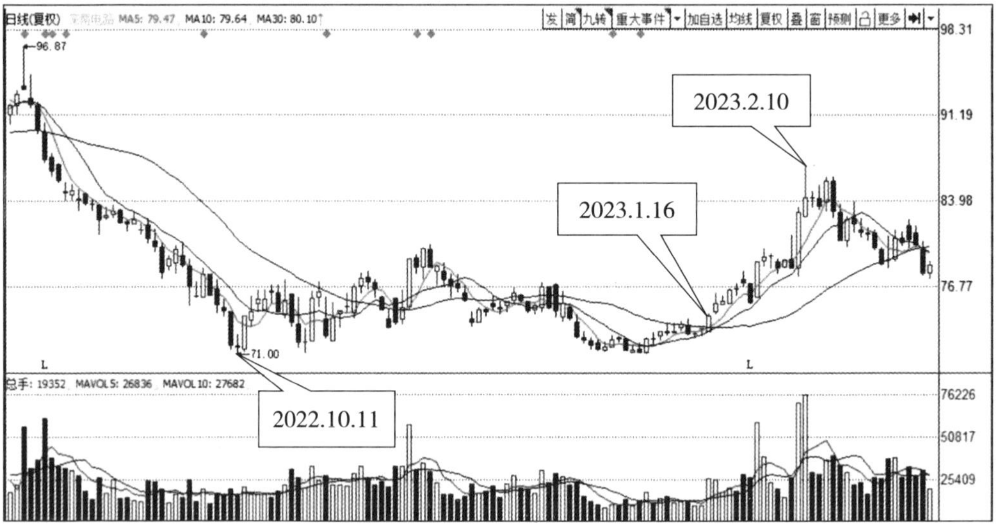

图8-13 深南电路（002916）日K线走势图

2023年1月16日，该股股价向上突破了多条均线。鉴于股价运行态势反转，投资者A可集中资金重点围绕深南电路进行解套。2023年1月16日，其拿出剩余资金量30%的资金追加深南电路，买入800股股票（股价为75元，累计持有该股1000股，平均股价为81.40元）。

2月10日，深南电路的股价大幅高开高走，并出现回落走势，在K线图上留下了带长上影线的K线，最高点触及87.64元。投资者可考虑在87元的位置完成解套清仓离场，释放出87000元现金，手中现金达到了208300元。至此，股票解套全部完成。

表8-1 下行趋势各个击破解套法实操数据表

交易时间	股票名称	股价	买入金额	买入数量	平均股价	持仓现金	资金总额	持仓盈亏
2022.8.8	片仔癀	300元	60000元	200股	300元	140000元	200000元	——
2022.8.8	深南电路	94元	56400元	600股	94元	83600元	200000元	——
2022.8.11	信维通信	18.50元	59200元	3200股	18.50元	24400元	200000元	——
2022.8.24	信维通信	17.10元	–34200元	–2000股	20.84元	58600元	195520元	–4480元

（续表）

交易时间	股票名称	股价	买入金额	买入数量	平均股价	持仓现金	资金总额	持仓盈亏
2022.8.24	深南电路	87.50 元	-35000 元	-400 股	107 元	93600 元	191620 元	-8380 元
2022.9.22	片仔癀	280 元	-28000 元	100 股	320 元	121600 元	187620 元	-12380 元
2022.10.12	信维通信	14.50 元	40600 元	2800 股	16.40 元	81000 元	172120 元	-15500 元
2022.10.27	信维通信	16.70 元	-66800 元	-4000 股	0 元	147800 元	193300 元	-6700 元
2022.11.2	片仔癀	245 元	49000 元	200 股	270 元	98800 元	189800 元	-10200 元
2022.12.6	片仔癀	275 元	-82500 元	-300 股	0 元	181300 元	198800 元	-1200 元
2023.1.16	深南电路	75 元	60000 元	800 股	81.40 元	121300 元	196300 元	-3700 元
2022.10.30	深南电路	87 元	-87000 元	-1000 股	0 元	208300 元	208300 元	8300 元

注：卖出金额与股票数量、亏损金额均用“-”表示，不含交易费用。

二、振荡趋势各个击破式解套战法

投资者高位入场多只股票，全仓被套牢后，可考虑各个击破式解套战法，当然，具体操作策略和突破重点还要考虑当时的市场环境而定。

通常来说，振荡趋势各个击破式解套战法的应用需要满足这样几个条件。

第一，外部环境要求。

对外部大盘环境的准确判断是解套目标实现的前提条件，也就是说，当投资者入场多只股票，被套牢后，若大盘短期内没有出现单边下跌趋势，那么，投资者可根据手中个股的走势，直接选择重点突破方向。

第二，股票要求。

该解套方案对个股质地还是有一定要求的。一方面，持仓股票基本面应该还是不错的，不能是垃圾股或濒临退市的股票；另一方面，持仓中不能有被大幅炒作过后股价开始大幅走低的股票。

第三，减仓与加仓。

从投资安全角度看，减仓获得的资金集中于单只股票的风险还是比较大的。大盘与个股同步处于下行趋势，可考虑将被套牢股票减仓二分之一来集中资金。追加投入单只股票的资金一般不应超过总仓位的30%。

第四，交易要点。

要防止突破点选择的失败。如果选定的股票并未如预期上涨，反而出现了下跌走势，一旦触及止损线，投资者需要第一时间将追加投入的股票全部兑现离场，以确保将来有足够的资金再度入场。

下面以投资者B的解套过程为例进行讲解。

投资者B经过一番调查和评估后，在2023年4月陆续入手了通富微电、恒立液压和瑞联新材三只股票。此后，尽管大盘仍能维持横向振荡运行态势，但个股走势却不尽理想，如图8–14所示。

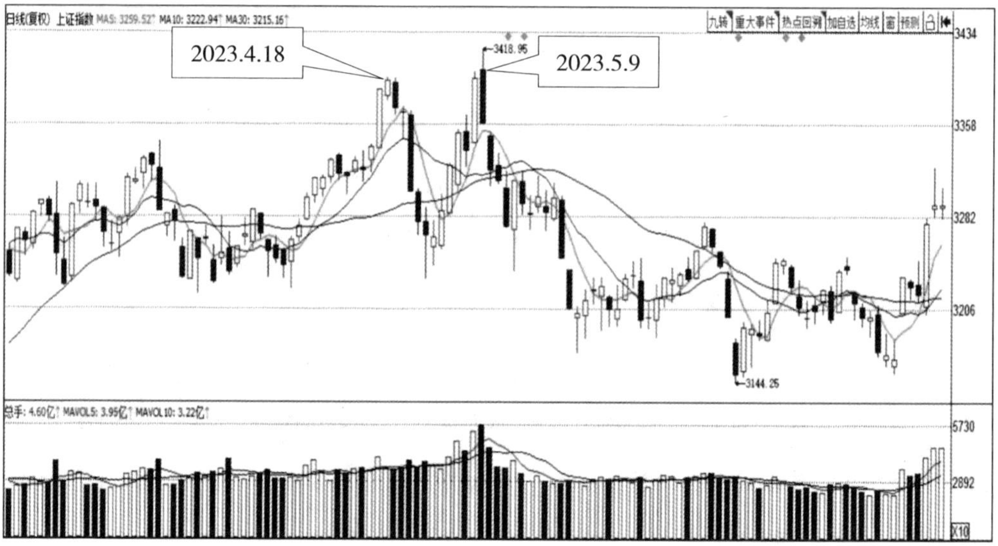

图8–14　上证指数日K线走势图

从图8–14中可以看出，上证指数在2023年2月到7月期间整体维持了横向振荡态势。特别是4月18日和5月9日，大盘指数创出两个阶段高点，也就是说，在这两个高点入场的投资者有很大的可能被套在高位。投资者B在买入股票前持有的总资金为20万元。

1. 通富微电的走势情况

从图8-15中可以看出，2023年3月期间，通富微电的股价出现横向盘整的走势。2023年3月23日，该股股价大幅上攻，并一举突破了多根均线，给人一种股价即将上行的感觉。2023年3月23日，投资者B在通富微电的股价大幅上攻时开始入场做多，想要坐享一波股价快速上升的红利。当日以25.50元的价格买入了2400股通富微电的股票。

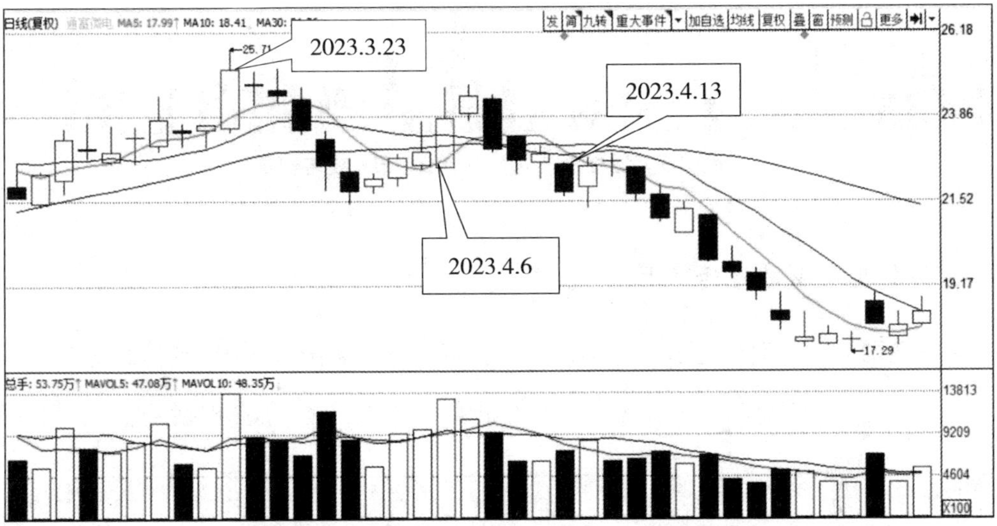

图8-15　通富微电（002156）日K线走势图

2. 恒立液压的走势情况

从图8-16中可以看出，2023年3月期间，恒立液压的股价经过一波下跌后，出现横向盘整的走势。2023年3月23日，该股股价大幅上攻，并一举突破了多根均线，给人一种股价即将上行的感觉。2023年3月23日，投资者B在恒立液压的股价大幅上攻时开始入场做多，想要坐享一波股价快速上升的红利。当日以66元的价格买入了900股恒立液压的股票。

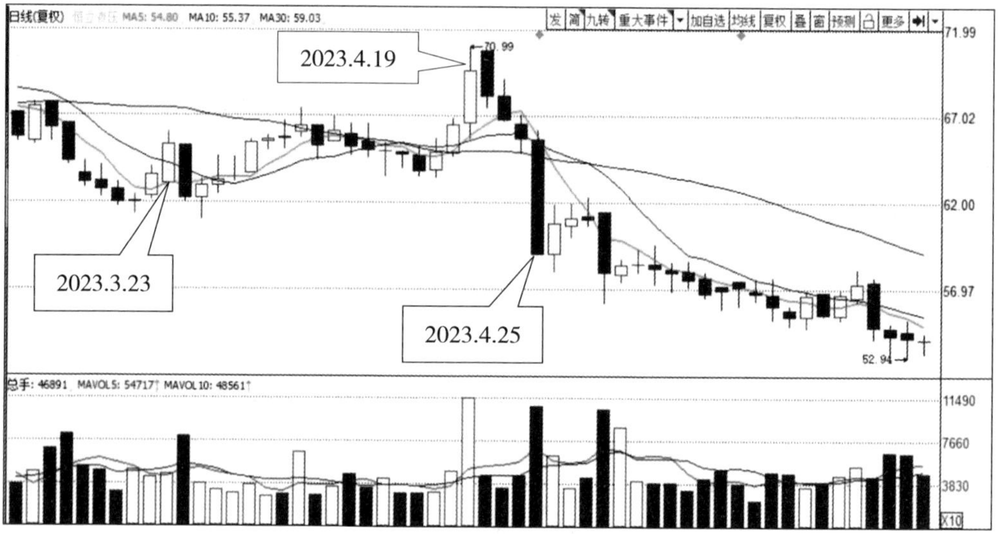

图8-16 恒立液压（601100）日K线走势图

3. 瑞联新材的走势情况

从图8-17中可以看出，2023年3月期间，瑞联新材的股价经过一波振荡下跌后，出现横向盘整的走势。2023年3月22日，该股股价大幅上攻，并一

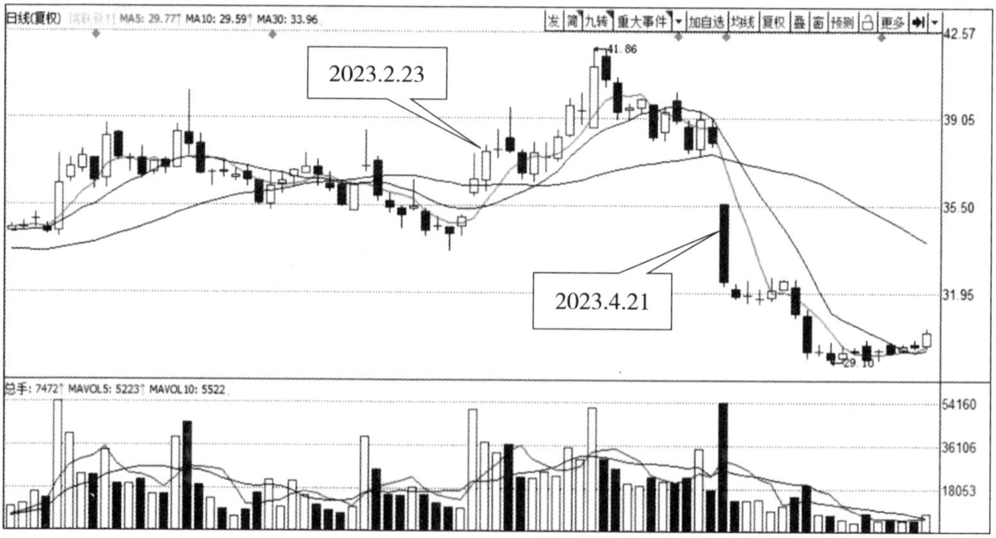

图8-17 瑞联新材（688550）日K线走势图

举突破了多根均线（其后出现了回落，并收出一根带长上影线的K线）。次日股价再度上攻，给人一种股价即将上行的感觉。2023年3月23日，投资者B在瑞联新材的股价大幅上攻时开始入场做多，想要坐享一波股价快速上升的红利。当日以37.50元的价格买入了1600股瑞联新材的股票。

4. 大盘下跌与减仓

待投资者B建仓三只股票后，随着大盘的振荡走低，三只股票都在经过一波小幅走高后出现了反向下跌，给投资者B造成了亏损。为了防止后面出现过大的损失，投资者可考虑减仓操作。

4月13日，以21.70元的价格减仓通富微电1200股（占该股仓位的二分之一）。

4月21日，以35元的价格减仓瑞联新材800股（占该股仓位的二分之一）。

4月25日，以60元的价格减仓恒立液压500股（占该股仓位的二分之一）。

此后，投资者手中持有的现金达到了103440元。这样，股价后面无论朝哪个方向走，投资者都可以很从容地应对了。

5. 集中资金，各个击破

个股轮番下跌后，通富微电率先走出了触底反弹形态，如图8-18所示。

从图8-18中可以看出，自2023年4月下旬开始，通富微电的股价出现了一波大幅下跌走势。到2023年5月4日，该股股价出现了触底反弹态势，5月12日，股价更是向上突破了多条均线。鉴于股价运行态势反转，投资者B可集中资金先重点围绕通富微电进行解套。2023年5月12日，投资者B拿出剩余资金量30%的资金追加通富微电的股票，即买入1600股通富微电的股票

（股价为18.50元，累计持有该股2800股，平均股价为23.13元）。

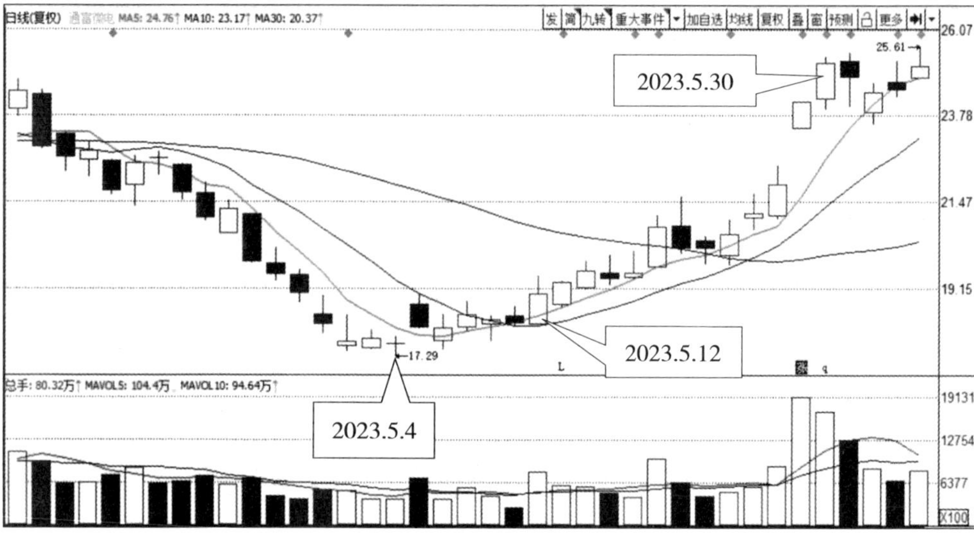

图8-18　通富微电（002156）日K线走势图

5月30日，通富微电的股价在前日涨停的基础上，再度大幅高开高走，并出现了回落走势，考虑股价并未再度涨停，可考虑解套离场。投资者B可考虑在25元位置完成解套清仓离场，释放出70000元现金，手中现金达到了143840元，解套其他两只股票更为容易了。

再来看一下恒立液压的案例，如图8-19所示。

从图8-19中可以看出，自2023年4月下旬开始，恒立液压的股价出现了一波大幅下跌走势。到2023年6月初，该股股价出现触底反弹态势。

6月14日，该股股价更是向上突破了多条均线。鉴于股价运行态势反转，投资者B可集中资金重点围绕恒立液压进行解套。2023年6月14日，投资者B拿出剩余资金量30%的资金追加恒立液压的股票，即买入900股的恒立液压股票（股价为58元，累计持有该股1300股，平均股价为62.77元）。

6月20日，恒立液压的股价大幅冲高回落，最高点触及69.03元，投资者B可考虑在68元位置完成解套清仓离场，释放出88400元现金，手中现金达

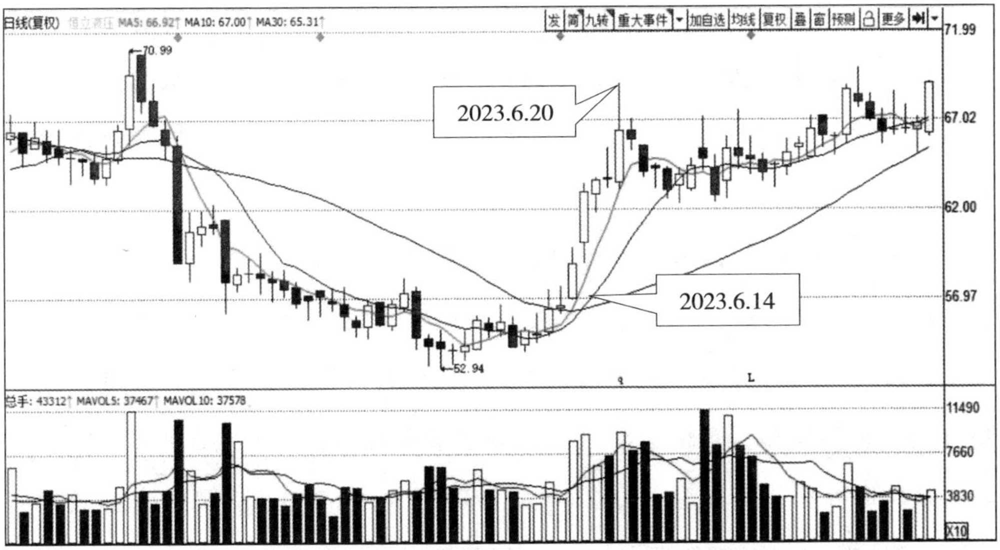

图8-19　恒立液压（601100）日K线走势图

到了180040元，解套剩余的股票更为容易了。

最后再来看一下瑞联新材的案例。由于其他两只股票接连完成解套，且都产生了一定的盈余，瑞联新材的解套压力大大减小了，如图8-20所示。

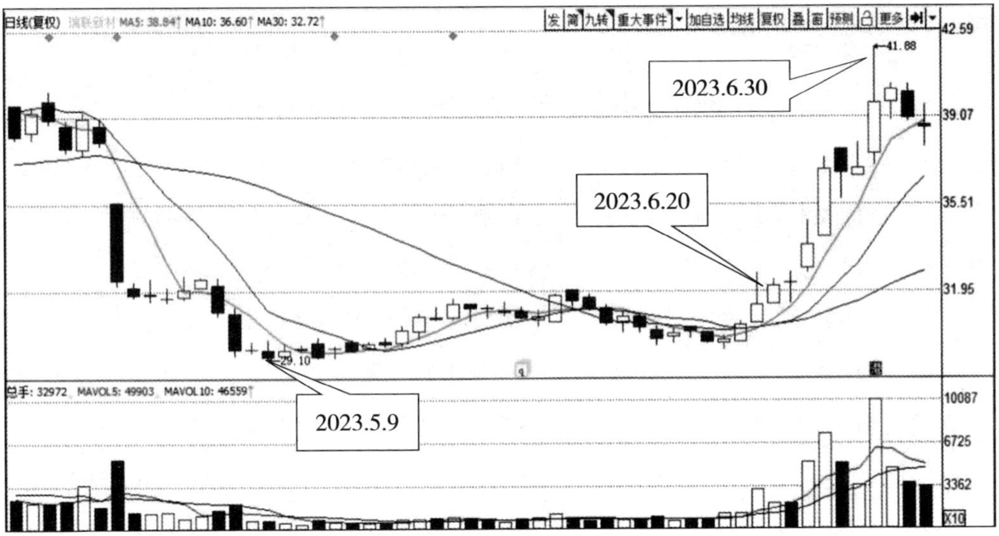

图8-20　瑞联新材（688550）日K线走势图

从图8-20中可以看出，自2023年4月下旬开始，瑞联新材的股价出现了一波大幅下跌走势。到2023年5月初，该股股价出现了低位横盘态势。此时，投资者由于正在集中精力为其他两只股票解套，可以先将瑞联新材放一放。

2023年6月19日，该股股价向上突破了多条均线，并收出一根带长上影线的K线。不过，此时恒立液压还没有卖出，加之该股的上影线太长，并不安全，投资者可稍等一个交易日。6月20日，该股股价再度高开高走，鉴于股价运行态势反转，且恒立液压已经完成解套操作，投资者B可集中资金重点围绕瑞联新材进行解套。2022年6月20日，投资者B拿出剩余资金量30%的资金追加瑞联新材的股票，买入1800股股票（股价为32元，累计持有该股2600股，平均股价为34.47元）。

6月30日，瑞联新材的股价大幅高开高走，并出现了回落走势，在K线图上留下了带长上影线的K线，最高点触及41.88元，投资者可考虑在41元位置完成解套清仓离场，释放出106600元现金，手中现金达到了229040元。至此，三只股票的解套全部完成。

表 8-2　振荡趋势各个击破解套法实操数据表

交易时间	股票名称	股价	买入金额	买入数量	平均股价	持仓现金	资金总额	持仓盈亏
2023.3.23	通富微电	25.50 元	61200 元	2400 股	25.50 元	138800 元	200000 元	——
2023.3.23	恒立液压	66 元	59400 元	900 股	66 元	79400 元	200000 元	——
2023.3.23	瑞联新材	37.50 元	60000 元	1600 股	37.50 元	19400 元	200000 元	——
2023.4.13	通富微电	21.70 元	−26040 元	−1200 股	29.30 元	45440 元	190880 元	−9120 元
2023.4.21	瑞联新材	35 元	−28000 元	−800 股	40 元	73440 元	186880 元	−13120 元
2023.4.25	恒立液压	60 元	−30000 元	500 股	73.50 元	103440 元	181480 元	−18520 元
2023.5.12	通富微电	18.50 元	29600 元	1600 股	23.13 元	73840 元	177640 元	−22360 元
2023.5.30	通富微电	25 元	−70000 元	−2800 股	0 元	143840 元	195840 元	−4160 元

（续表）

交易时间	股票名称	股价	买入金额	买入数量	平均股价	持仓现金	资金总额	持仓盈亏
2023.6.14	恒立液压	58 元	52200 元	900 股	62.77 元	91640 元	195040 元	–4960 元
2023.6.20	恒立液压	68 元	–88400 元	–1300 股	0 元	180040 元	208040 元	8040 元
2023.6.20	瑞联新材	32 元	57600 元	1800 股	34.47 元	122440 元	205640 元	5640 元
2023.6.30	瑞联新材	41 元	–106600 元	–2600 股	0 元	229040 元	229040 元	29040 元

注：卖出金额与股票数量、亏损金额均用“–”表示，不含交易费用。

第九章

从资金解套到系统重构战法

很多被套牢者总是执着于将持仓股票由亏损状态转为盈利状态，即完成持仓股票的解套。但这里有一个根本性问题需要解决，我们炒股的目标是什么？当然是盈利。这里的盈利，可不仅仅是某只股票的盈利，而是整个持仓的盈利。为了实现整体的盈利，有些时候我们需要用一些小的亏损来验证自己的交易策略与方法，以求换来更大的盈利。从这点上来看，个股的亏损并不是一个大问题，只要整体上能够实现盈利，我们就是赢家。顺着这个思路，我们就会发现，在解套方面，这一思维路线也是同样成立的。

第一节　资金套牢与解套逻辑

放弃低效的资金运营方式（为持续下跌的股票提供解套安排），将有限的资金放到更有效率的方式上（投资于把握更大的交易行为），是资金解套的核心逻辑。即A股造成的亏损，只要能通过操作B股或C股赢回来，即算作完成解套。

一、顺势而为

事实上，在前面解套方式的讲解过程中，大家也可以发现，很多股票被套牢后，往往会出现很大一波的振荡下跌走势。即使我们采取了较为有效的解套方案，比如高抛低吸，但只要股价还继续下跌，亏损的额度一定仍是持续放大的。从整个资金运营的角度来看，与其采取复杂的交易策略，降低股价下行给自己带来的损失，不如将有限的资金投放到处于上升趋势的个股中。

下面来看一下爱尔眼科的案例，如图9-1所示。

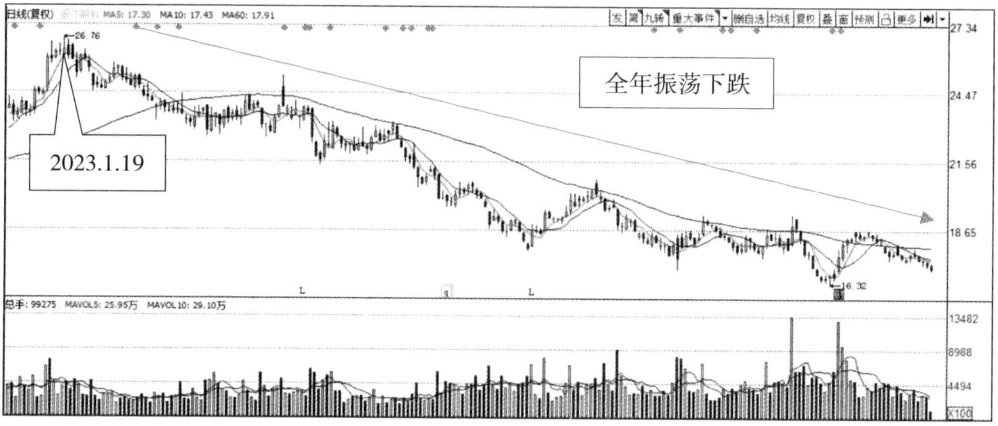

图9-1 爱尔眼科（300015）日K线走势图

从图9-1中可以看出，爱尔眼科在整个2023年都处于振荡下跌态势，即使股价在下跌途中出现了几次反弹，但力度十分有限。这也就意味着，投资者年初在高位被套牢后，若将关注焦点全部放到这只股票身上，那么全年都无法实现解套，而且在解套操作过程中，若出现失误，还可能让自己“套得更深”。

再来看看另外一只股票恒为科技在2023年的走势情况，如图9-2所示。

从图9-2中可以看出，恒为科技在整个2023年都处于振荡上升态势，即使股价在上涨途中出现了几次回调，但力度十分有限。这也就意味着，如果投资者在年初低位入场后，一直持有该股，收益将十分丰厚。

对比以上两只股票就可以看出，在整个2023年，两只股票的运行趋势是完全不同的，爱尔眼科整体处于下行趋势，而恒为科技则处于上升趋势。

顺势而为是股票交易的精髓所在。当你身处强势股，股价上升就会变得比较容易，盈利也就会非常容易；反之，若持有弱势股，那么亏损的概率将会大大增加。因此，将有限的资金投放到强势股身上，才是最佳的选择。

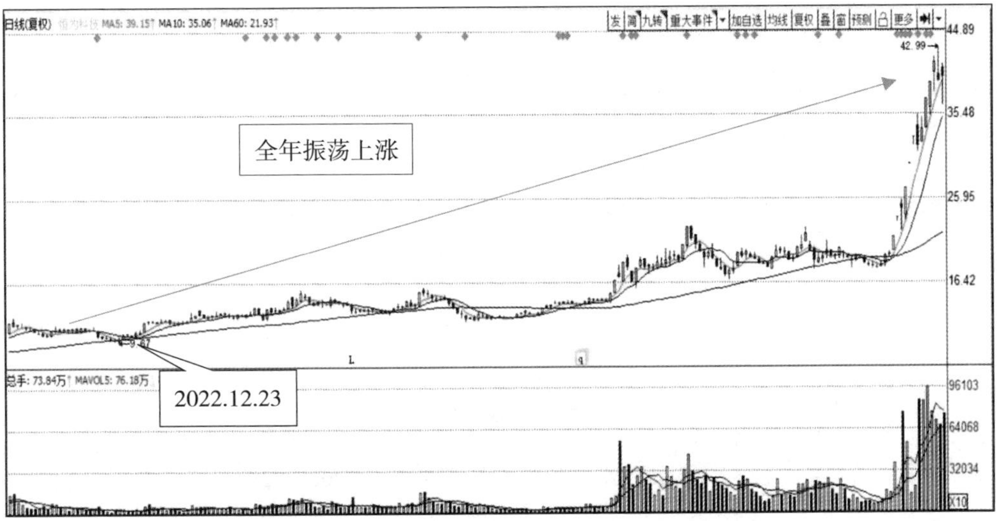

图9-2　恒为科技（603469）日K线走势图

二、强者恒强

强者恒强。走势越强的股票，继续走高的概率就越大，交易这类股票获利的可能性也就越大。这就如同一辆汽车，当它高速行驶时，本身就具有了相当大的惯性，即使你不再继续给油，它也会继续前行一段距离。因此，选择一只正处于强势上攻期的股票，可能会比其他股票更加安全、可靠。同理，当股价走势由强转弱，投资者应第一时间执行卖出操作，而非继续持股等待。

在每波行情中，都会涌现出一批强势股，而其中最为耀眼的当属龙头股。龙头股，特别是整个市场的大龙头股，是市场资金炒作的风向标，更是整个行情的“旗帜”。

一波行情起来后，普通的跟风股可能有个30%的涨幅就非常不错了，而大龙头股的涨幅超过100%的比比皆是。

比如，2020年以后，受疫情的影响，传统零售势弱，新零售概念横空出世。2022年年初，随着疫情的反复，新零售的优势开始显现。新零售概念成为2022年开年后第一个被炒作的概念。新零售概念的龙头股翠微股份一马当先，率先完成了涨停，此后，该股正式开启了一波快速上攻走势，如图9-3所示。

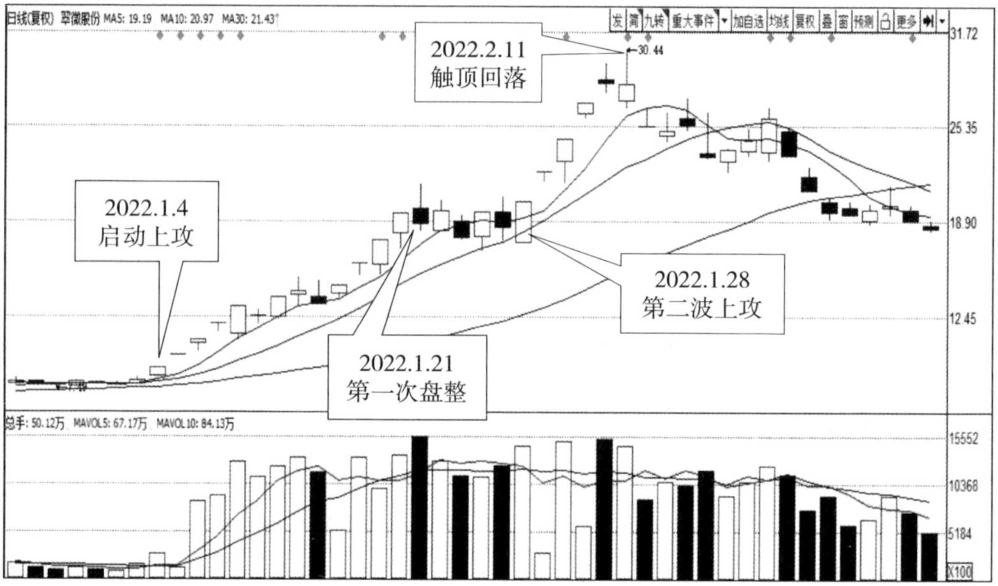

图9-3　翠微股份（603123）日K线走势图

在新零售概念成为市场主要炒作对象时，翠微股份率先在2022年1月4日封上了涨停板，此后更是了连续拉出多个涨停板，龙头风采开始显现。

到了1月21日，该股股价已经上涨了较大的幅度。不过，该股股价也是横向盘整了几个交易日。自1月28日开始，该股又发动了第二波上涨浪潮，至2月11日，股价的上攻趋势才算终结。

自1月4日该股启动前的5.23元，至2月11日的高点15.57元，股价翻了将近三倍。

从图9-3中可以看出，尽管翠微股份在上攻过程中也曾出现几次回调，但整体调整幅度都不大，而后上攻力度却很强，这就是“龙头风范”。换句话说，找寻市场的强者，乃至大龙头，才是投资者要做的事，而守着被套牢的股票，只会让自己陷入“被动”。与其“被动”交易，不如主动采取行动，将手中的“熊股”换成“龙头股”。只要操作得当，在“熊股”身上赔的钱，还是可以从牛股身上赚回来的。

三、做最有把握的事

在投资市场上，最忌讳的事就是用错误的方法掩盖以前的错误。股票被套牢，说明之前的选股或操作存在问题，但这是过去的事了，而且是已经发生了的、不可改变的事实。同时，我们每天还会面对新的投资和交易机会。到底是要抱着掩盖过去失误的思路，继续解套交易，还是寻找新的交易机会？是投资者面对的新选择。其实，到底如何选择，完全取决于投资者自身的情况以及当前时刻对股价未来走势的判断。投资者若是发现手中套牢的股票，在短期内存在解套的可能，且迹象非常明显，当然可以继续尝试解套操作；反之，若眼下解套无望，而市场上有自己非常看好的投资机会出现，那么，再抱着原来的继续解套的思路，就是典型的错误选择了。

做当下最有把握的事，将有限的资金投入到最可能获得盈利的方向，才是最明智的选择。过去的套牢已经成为过去，我们必须面对新的未来，做出有利于自己的决策。被套牢的股票产生了1万元的亏损，而在其他股票身上拿到1.1万元的盈利，那这次整体操作就是成功的。有亏有赢才是真的股市，不能为了片面地追求“不亏损”，而把有限的资金浪费在持续下跌的股票上。

第二节　资金解套基本思路

资金解套的核心逻辑在于解放被套牢的资金，并将资金用于最有可能获利的领域，因此，该解套策略更类似于交易的重启或交易系统的重构。

通常来说，资金解套包括以下几个步骤，如图9-4所示。

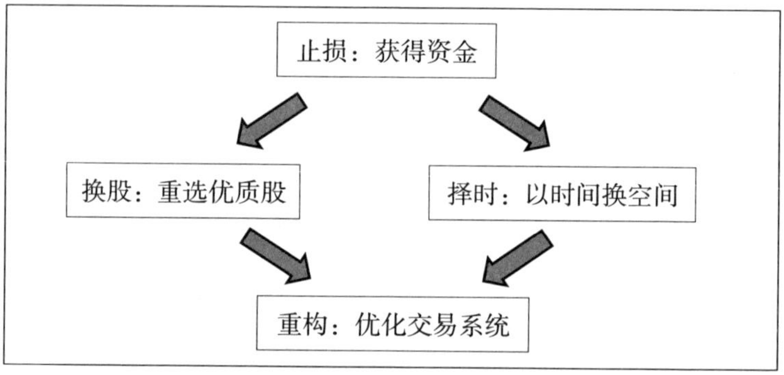

图9-4　资金解套基本步骤

一、止损：获得资金

止损是资金解套的第一步。解放被套牢的资金，才能让有限的资金发挥更大的效用。当然，投资者可依照持仓股票当前的运行态势，决定是全仓止损还是部分止损，总体原则就是去弱留强。将处于下行趋势或反弹遇阻的股票清仓，保留目前仍具有一定上涨或反弹空间的股票。当然，这里需要忽视这些正在上涨的股票是否处于亏损状态，也就是说，只要股价处于上涨状态，无论是亏损还是盈利都可以保留；反之，股价处于下跌状态，则要坚决地清仓，为自己获得充足的后续操作资金。

及时止损，保住本金，是股市生存的不二法则。股价下跌是没有底的，千万不要以为股价已经有较大的跌幅，未来就不会下跌了。没有最低，只有更低。

下面来看一下大全能源的案例，如图9-5所示。

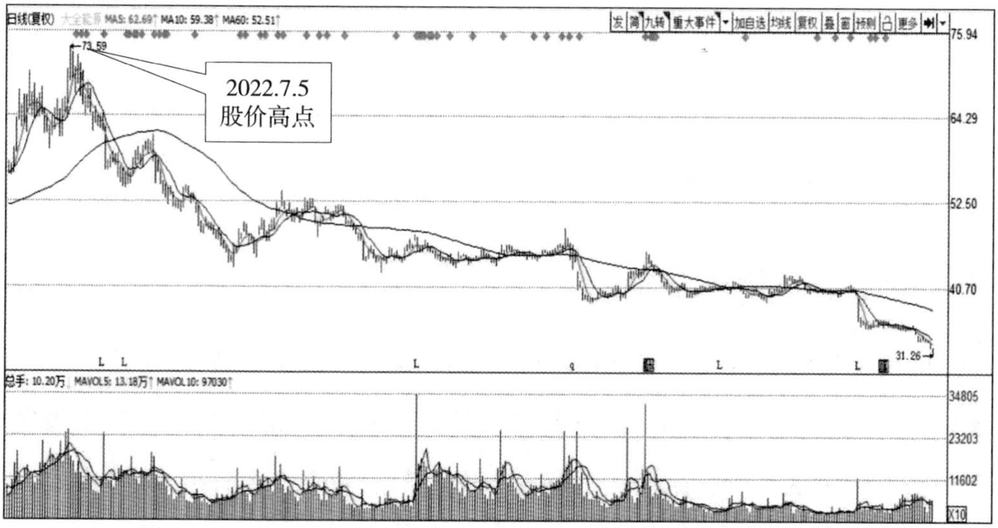

图9-5　大全能源（688303）日K线走势图

从图9-5中可以看出，自2022年7月初大全能源的股价走出一个阶段高点后，股价一直呈振荡下跌走势。作为新能源领域的超级绩优股，大全能源的股价持续走低，若是投资者在2022年7月前后入场被套牢其中，最佳的选择只能是止损离场。很多看似企稳的回升点都成为后面股价下跌的起始点了。

二、换股：重选优质股

之所以止损，就是为了重新选择股票。投资者需要结合市场环境、个人投资偏好以及对目标股的了解，重新选择合适的股票。当然，也要充分吸收之前被套牢股票的教训，检讨之前选股中存在的不足。

对于致力于资金解套的投资者来说，以下几类股票可以成为备选的参考标的。

第一，当前市场上投资主线内的股票。特别是那些基本面较佳的，刚刚呈现启动迹象，进入上升通道的股票。

第二，对于投资经验较为丰富的投资者而言，市场上的龙头股也是可以选择的对象。

第三，对于已经经历了漫长下跌之路的超级绩优股，已经开始出现明显的启动迹象，也是可以选择的对象。

三、择时：以时间换空间

即使是超级绩优股，也要在正确的时间买入，如果在错误的时间入场，也可能会造成较大的亏损。投资者将亏损股票执行止损操作后，不一定要立即重新将手中的资金全部投入战场。事实上，很多投资者所犯下的错误，恰恰就是止损后急于将亏损补回，而急匆匆地入手了其他股票，结果就是套牢第二次出现了。

将套牢股票止损卖出后，投资者需要重新审视大盘的环境，判断当前的炒作主线，确认当前是否有利于入场交易，应该选择哪个板块的股票进行交易。

从以往的经验来看，A股市场将很难再出现普涨或普跌的行情，在某一时间段内个别板块或个别类型的股票被大幅炒作更为普遍。这就要求投资者对当前的市场环境、投资主线有所了解和熟悉后再入场交易，看不清楚的行情不参与、少参与。

当然，若整个市场行情不佳，投资者也可以考虑将止损撤出来的资金先投放到债券基金或国债逆回购等领域，以待市场转暖。

下面来看一下中国平安的股价走势情况，如图9-6所示。

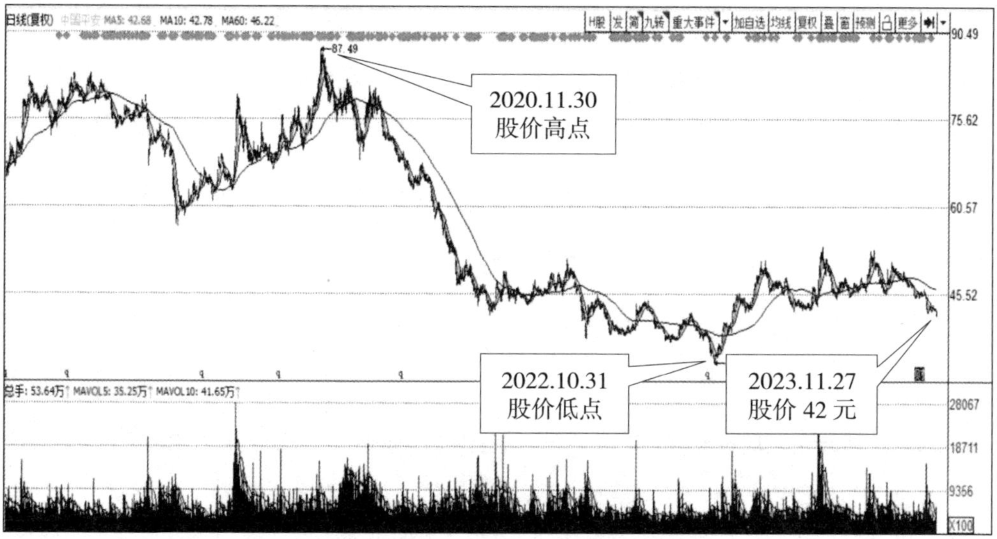

图9-6　中国平安（601318）日K线走势图

从图9-6中可以看出，中国平安的股价自2020年11月底创下阶段高点后，随着大盘的走低而出现了振荡下跌走势。在接下来的三年时间里，该股股价整体上呈现了明显的下行趋势，到2023年11月底，股价已经不足2020年11月底的一半了。这就意味着，投资者若在高位买入了中国平安，那么，后面想要靠这只股票的上涨实现解套是十分困难的。反之，投资者若在2022年10月底的股价低点附近入场，那后面操作就会容易很多。同样是超级绩优股，不同的时间入场，其结果是完全不同的。这也是投资者择时的重要性。

四、重构：优化交易系统

对于很多投资者而言，套牢并非简单的选股或操作失误，而是由于投资者的交易系统存在问题造成的。因此，止损后获得的资金不能简单地再次投放到市场，而是要先对自己的交易系统、交易体系进行重构。

重构交易系统时，需要注意以下几点。

第一，重新明确个人的交易策略，是短线交易、波段交易还是长线投资。交易策略不同，交易行为和交易计划也会有所不同。关于个人交易策略的制订，要充分考虑个人的性格特征、偏好、资金情况等几方面。如果短期内对资金有需求，就不能制订中长线的投资策略。

第二，依据交易策略，制订清晰的、可执行的交易计划。交易计划中需要明确交易的入场点、止盈与止损位置、资金与仓位安排等。

第三，针对个人先前在交易过程中所犯的错误，要体现在新的交易计划中。同时，特别需要有明确的止损安排，避免出现再次被套牢的窘境。在新的交易计划中，还需要明确资金与仓位的安排，需要保证一定量的后备资金，以防万一。

第三节　资金解套实战方案

资金解套在实战操作过程中相对较为灵活，投资者可根据个人情况，制订不同的解套方案。本节讲解几套典型的方案，以供投资者参考。

一、换股资金解套战法

投资者高价介入某只股票被套牢后，可第一时间采取止损离场的方式，截断资金的持续亏损。是否可以换股操作，则需结合当时的市场环境而定。

通常来说，换股资金解套战法的应用需要满足这样几个条件。

第一，外部环境要求。

对外部大盘环境的准确判断是进行换股操作的前提条件。也就是说，大盘并未出现单边下跌行情，而手中的个股却出现了明显的下跌趋势，这就存在换股的必要了。换句话说，只有大盘处于横向振荡或上升趋势，投资者才可以进行换股操作。

第二，股票要求。

进行换股操作前，需要明确持仓股票与拟换仓股票的基本情况。一方面，持仓股票一般应该属于下行趋势的初期，未来还可能有较大的下行空间或者属于被炒作到高点的个股；另一方面，拟换仓股票应该属于当前投资主线内的股票，且并未出现较大的上涨幅度。

第三，仓位分配与控制。

从投资安全角度看，换股其实面临更大的风险。因此，通过止损获得的资金不能全部用于一只股票，而要在留足备用资金的基础上，分散投资。

第四，交易要点。

耐心！耐心！在之前股票身上产生的亏损不要想着在另外一只股票身上一次性赚回来，而要慢慢来，耐心持股，一点一点地挽回损失。

下面以投资者A的解套过程为例进行讲解。

投资者A经过一番调查和评估后，在2023年7月下旬入手了涪陵榨菜。可是，刚刚买入股票不久后，股价就由上升转入了下跌，并开启了一波下行趋势，如图9-7所示。

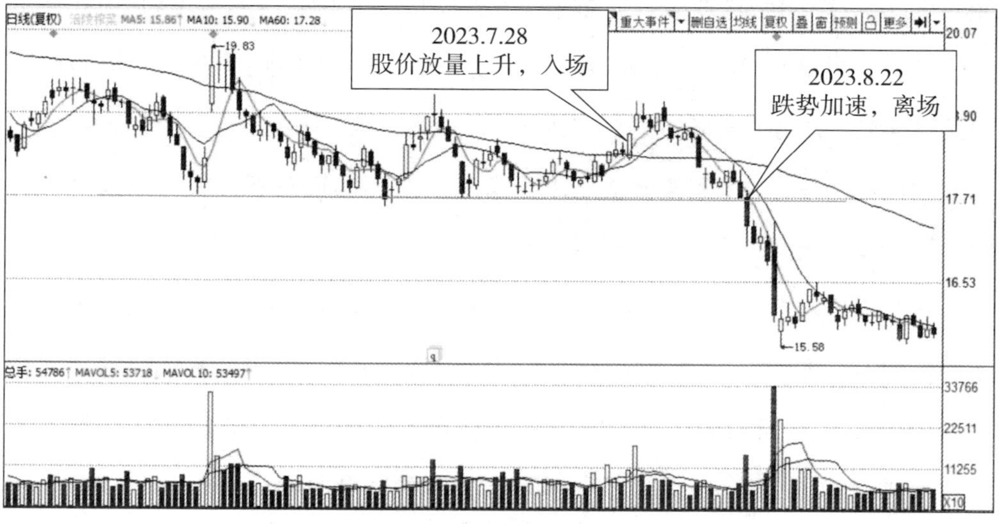

图9-7 涪陵榨菜（002507）日K线走势图

从图9-7中可以看出，涪陵榨菜在2023年年中时段出现了一波横向振荡走势。股价在振荡回落过程中所形成的低点几乎在同一直线上，这也可以说明该位置对股价具有一定的支撑作用。在股价振荡过程中，中期均线60日线逐渐下移，并开始放平。2023年7月28日，该股股价放量上攻，并站稳了60日均线。投资者A认定此时是入手该股的一个较佳机会。当然，支持投资者A做出上述判断的原因，还有以下几点。

第一，涪陵榨菜是市场上具有较强竞争优势的龙头股。

第二，涪陵榨菜的业绩一直不错，连续多年保持了稳定的业绩。

第三，截至2023年年中时段，涪陵榨菜的股价已经从2021年的40元高点位置下跌至不足18元，跌幅超过了50%。作为一只业绩优良的股票，其内在价值应该不只有18元。

因此，投资者A看到股价横盘多日展开上攻走势后，义无反顾地入场了，将手中的10万元资金一次性入场，以18.50元的价格买入了5400股股票。

不过，事与愿违，投资者A买入涪陵榨菜后，该股股价没涨两个交易日就立即转入了下跌走势。8月22日，该股股价更是跌破了先前股价的回调低点位置，这就意味着该股股价可能会迎来一波更大的下跌。此时，该股股价已经跌至17.30元（最低点为17.02元），跌幅为6.5个百分点。投资者感觉自己被套牢了（其实被套牢的幅度并不算大，但因为投资者A属于全仓杀入，股价下行趋势显现，让其看不到终点，于是心生恐慌）。

尽管投资者仍然认为涪陵榨菜的股价总有一天会涨回来的，但由于其持仓占比过高，已经无法继续操作其他股票了。因此，投资者A被迫选择了止损离场，并寻求通过操作其他股票来完成资金的解套。2023年8月22日，投资者A以17.10元的价格卖出了全部的涪陵榨菜持仓股票。

关于涪陵榨菜交易的失败，投资者A总结了这样几条教训。

第一，在错误的时间买入了绩优股。即使是优质的股票，但整个市场和大环境对其不友好，也不能贸然入场。

第二，自己根本做不到能够几年不动地持股。若是长期持有涪陵榨菜的股票，那么，以当时的价格来看，最后肯定不会亏损。

第三，若采用短线交易模式，必须寻找市场的投资主线或热点。只有跟对了热点，才有短线盈利的可能。

第四，必须分散投资，否则即使亏损幅度不大，也会套牢所有资金，无力从事新的交易。

基于对上述失败原因的分析，投资者A觉得若是选择短线投资，还是要从市场投资主线和热点板块入手，辅之以分散投资的方式来控制风险。

经过几个交易日的研究和分析，投资者A发现，2023年8月下旬的主要投资主线集中在以华为概念为主的板块，其中华为汽车最为典型。经过多番挑选，投资者A选择了江淮汽车和铭科精技两只股票，如图9-8、图9-9所示。

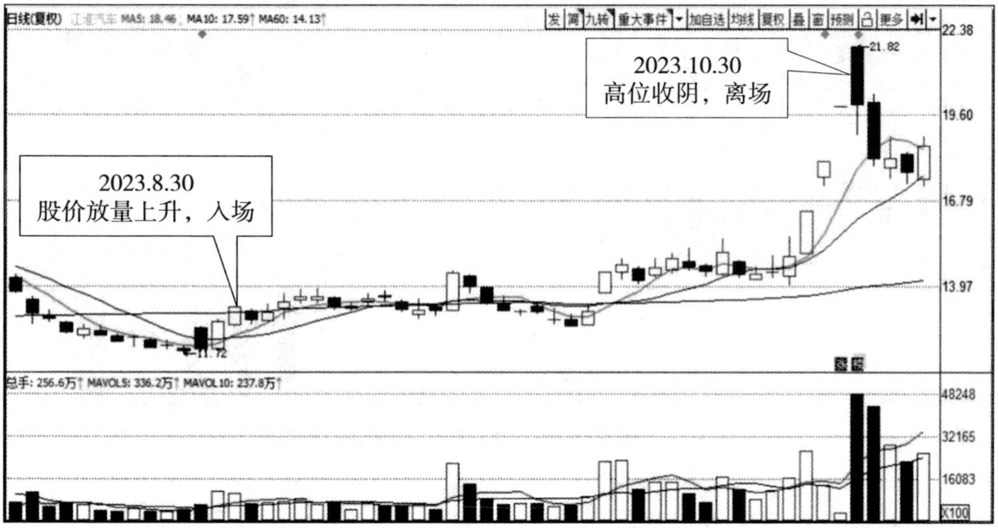

图9-8 江淮汽车（600418）日K线走势图

从图9-8中可以看出，在2023年8月28日和29日两天，江淮汽车的股价出现了异动，先是在大盘利好刺激下高开低走，收出一根假阴线，之后又大幅上攻向上突破了假阴线的最高点，且同日还向上突破了5日均线与10日均线，这是股价大幅反攻的强烈信号。不过，此时股价距离60日均线较近，若其能够顺利突破60日均线再入场更佳。

2023年8月30日，该股股价完成了对60日均线的突破，且60日均线出现放平迹象。投资者可考虑买入该股。

投资者A鉴于之前操作失败的经历，采取了较为保守的策略，只拿出了总资金的30%投入了江淮汽车，以13元的价格入手了2300股江淮汽车的股票。

此后，该股股价经过一波横向振荡后，在10月下旬出现了一波快速拉升走势。10月30日，该股股价以涨停开盘后直接下行，投资者宜立即离场（离场卖出时，股价为21.20元）。

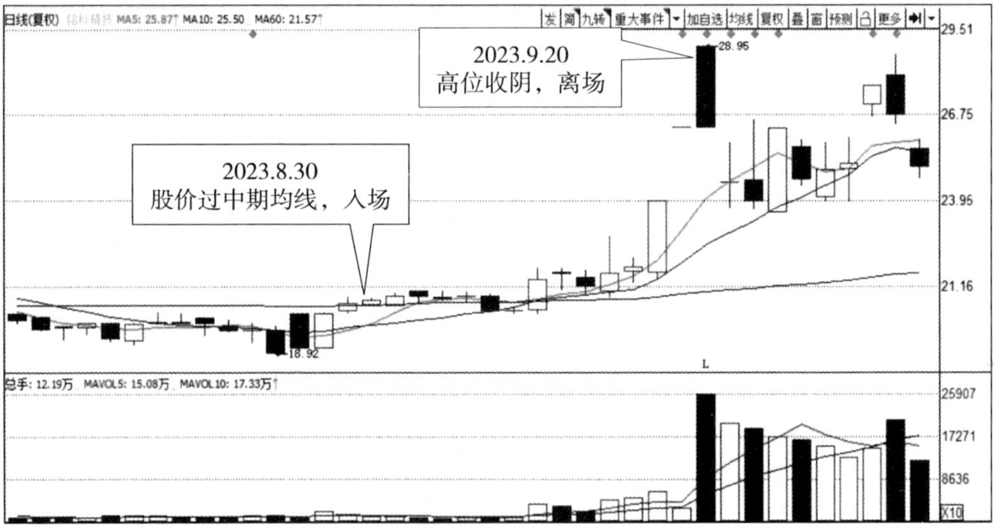

图9-9　铭科精技（001319）日K线走势图

从图9-9中可以看出，与江淮汽车相似，在2023年8月28日和29日这两天，铭科精技的股价出现了异动，先是在大盘利好刺激下高开低走，收出一根假阴线，之后又大幅上攻向上突破了假阴线的最高点，且同日还向上突破了5日均线与10日均线，这是股价大幅反攻的强烈信号。不过，此时股价距离60日均线较近，若其能够顺利突破60日均线再入场更佳。

2023年8月30日，该股股价完成了对60日均线的突破（阳线较小），且60日均线出现放平迹象。投资者可考虑买入该股。

投资者A鉴于之前操作失败的经历，采取了较为保守的策略，只拿出了总资金的30%投入了铭科精技，以20.60元的价格，入手了1500股铭科精技的股票。

此后，该股股价经过一波横向振荡后，在9月中旬出现了一波快速拉升走势。9月20日，该股股价以涨停开盘后直接下行，投资者宜立即离场（离场卖出时，股价为28.80元）。

表 9-1　换股资金解套法实操数据表

交易时间	股票名称	股价	买入金额	买入数量	持仓金额	资金总额	持仓盈亏
2023.7.28	涪陵榨菜	18.50 元	99900 元	5400 股	99900 元	100000 元	——
2023.8.22	涪陵榨菜	17.10 元	92340 元	–5400 股	0 元	92440 元	–7560 元
2023.8.30	江淮汽车	13 元	29900 元	2300 股	29900 元	92440 元	–7560 元
2023.8.30	铭科精技	20.60 元	30900 元	1500 股	60800 元	92440 元	–7560 元
2023.9.20	铭科精技	28.80 元	–42300 元	–1500 股	29900 元	103840 元	3840 元
2023.10.30	江淮汽车	21.20 元	–48760 元	–2300 股	0 元	122700 元	22700 元

注：卖出金额与股票数量、亏损金额均用“–”表示，不含交易费用。

从表9–1中可以看出，到2023年9月20日卖出铭科精技股票后，投资者A就已经完成了事实上的解套。当然，考虑江淮汽车在9月20日的股价也要略高于8月30日的买入价格，投资者A在9月20日的盈利数额可能要更高一点。总之，到了9月20日，投资者A已经完成了事实上的资金解套。

二、择时资金解套战法

在正确的时间入场，比选择正确的股票更重要。有些时候，投资者被套牢并非因为所选的股票不好，而是选错了入场时机。

投资者高价介入某只股票被套牢后，可第一时间采取止损离场的方式，截断资金的持续亏损。之后再结合市场环境重新择时入场操作，也可以重新买入之前清仓的股票。

通常来说，择时资金解套战法的应用需要满足这样几个条件。

第一，外部环境要求。

对外部大盘环境的准确判断是进行择时操作的前提条件。在大盘单边下行趋势中，投资者不管是重新择时还是换股，都可能会带来更大的亏损。毕竟，处于上升趋势的个股，也很难抗住大盘的持续下行。也就是说，面对大盘的下行，先退出保护好本金，待大盘企稳后再重新加入战局，才是明智之选。

第二，股票要求。

进行择时操作前，需要明确个股的基本面情况。择时不一定要重新选股，但前提是自己手中的股票足够好。若手中的股票质地不佳，也可以考虑在大盘企稳时进行换股操作。

只择时不择股的股票本身质地不能太差。若股票本身属于垃圾股或濒临退市的股票，则需要重新换股操作。

第三，仓位分配与控制。

从投资安全角度看，换股面临的风险其实更大。因此，通过止损获得的资金不能全部用于一只股票，而要在留足备用资金的基础上，分散投资。

第四，交易要点。

耐心！耐心！在之前的股票上产生的亏损不要想着重新进场后很快赚回

来，而要慢慢来，耐心持股，一点一点地挽回损失。

下面以投资者B的解套过程为例进行讲解。

投资者B经过一番调查和评估后，在2022年7月初入手了中信证券和三一重工两只股票。可是刚刚买入股票不久后，股价就由上升转入了下跌，并借此开启了一波下行趋势，如图9-10所示。

从图9-10中可以看出，中信证券在2022年年中时段出现了一波横向振荡走势。6月底到7月初期间，股价出现了明显的上攻迹象，投资者B拿出了30%左右的资金买入了该股。

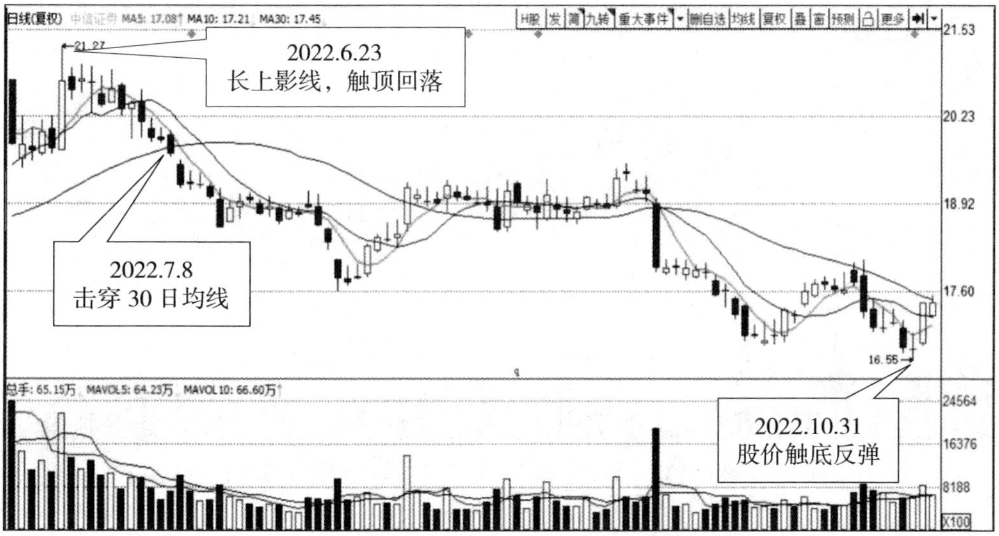

图9-10　中信证券（600030）日K线走势图

支持投资者B做出上述判断的原因，还有以下几点。

第一，中信证券是市场上具有较强竞争优势的龙头股。

第二，中信证券的业绩一直不错，连续多年保持了稳定的业绩，最近两年受大盘走势不佳的影响，业绩出现了一定程度的下滑，但仍具有较强的盈利能力，且未来随着经济形势的好转，证券市场也会好转，业绩反弹就是必然的。

第三，截至2022年年中时段，中信证券的股价已经从2021年的28元高点位置下跌至21元左右，跌幅超过了30%。作为一只业绩优良的股票，其内在价值应该不只有21元。

因此，投资者B看到股价横盘多日展开上攻走势后，义无反顾地入场了。该投资者将手中10万元资金的30%，以21元的价格买入了1500股股票。

再看看投资者B买入的另外一只股票的情况，如图9-11所示。

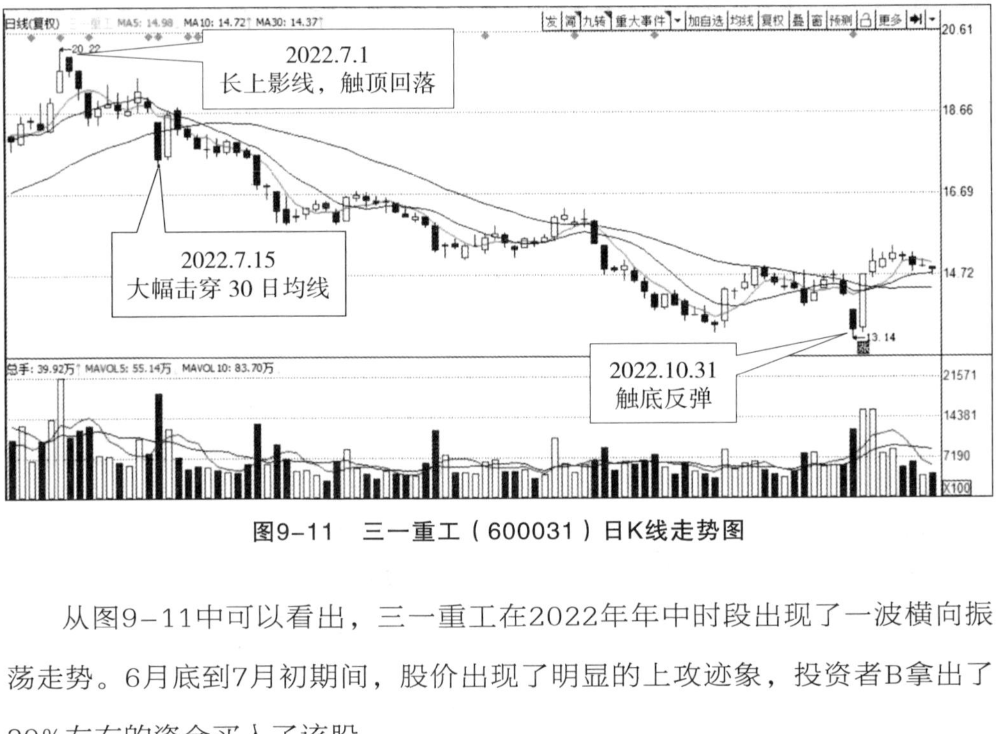

图9-11 三一重工（600031）日K线走势图

从图9-11中可以看出，三一重工在2022年年中时段出现了一波横向振荡走势。6月底到7月初期间，股价出现了明显的上攻迹象，投资者B拿出了30%左右的资金买入了该股。

支持投资者B做出上述判断的原因，还有以下几点。

第一，三一重工是市场上具有较强竞争优势的龙头股。

第二，三一重工的业绩一直不错，连续多年保持了稳定的业绩，最近两年受疫情和房地产市场影响，业绩出现了一定程度的下滑，但仍具有较强的盈利能力，且未来随着经济形势的好转，业绩反弹就是必然的。

第三，截至2022年年中时段，三一重工的股价已经从2021年的49元高点位置下跌至20元左右，跌幅超过了60%。作为一只业绩优良的股票，其内在价值应该不只有20元。

因此，投资者B看到股价横盘多日展开上攻走势后，义无反顾地入场了。该投资者将手中10万元资金的30%，以20元的价格买入了1500股股票。

不过，在投资者B买入三一重工后，大盘走势就出现了与投资者B的想法相悖的情形。自2022年7月5日开始，大盘指数正式开启了单边下跌走势，且连续跌破了多条均线，如图9-12所示。

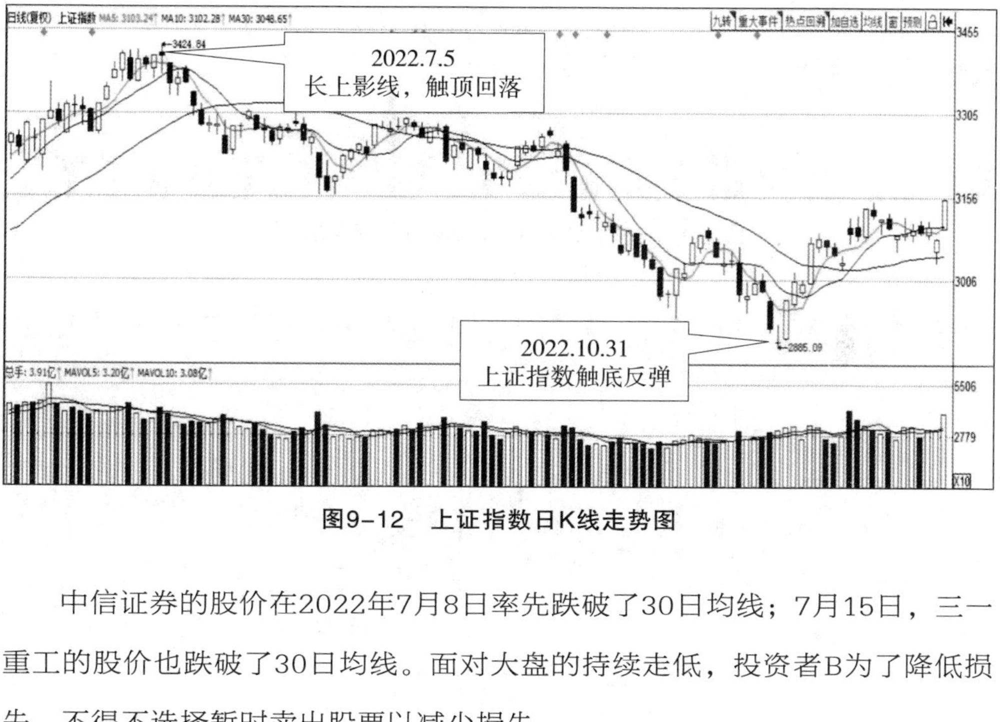

图9-12　上证指数日K线走势图

中信证券的股价在2022年7月8日率先跌破了30日均线；7月15日，三一重工的股价也跌破了30日均线。面对大盘的持续走低，投资者B为了降低损失，不得不选择暂时卖出股票以减少损失。

7月8日，投资者B以19.50元的价格卖出了1500股中信证券。

7月15日，投资者B再度以17.50元价格卖出1500股三一重工。

截至2022年7月15日，投资者B共亏损5250元，相当于5.25%的跌幅。

尽管在几个交易日内产生了较大的跌幅，但相对于这两只股票其后的跌幅来说，还是比较低的，也是可接受的。

到了2022年11月初，随着大盘的企稳反弹，中信证券和三一重工同样出现了企稳反弹的走势，如图9-13、图9-14所示。

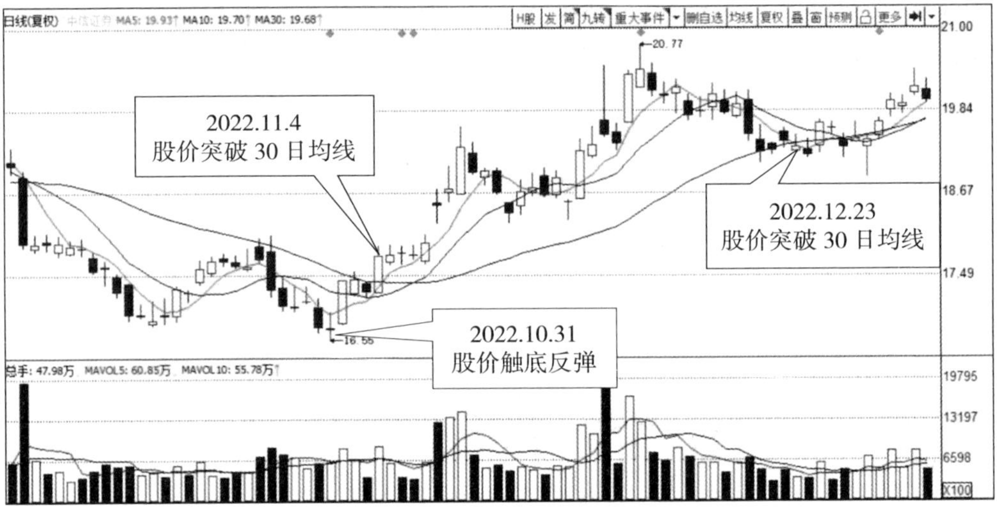

图9-13 中信证券（600030）日K线走势图

图9-14 三一重工（600031）日K线走势图

出于对两只绩优股的偏爱，投资者B还是决定再度入局这两只股票，仓位也按照之前卖出的水平布局。考虑股价已经出现了大幅下跌，投资者B用相同的仓位买了更多的股票。

2022年11月1日，三一重工的股价向上突破30日均线时，投资者B以14.50元的价格买入了2000股股票。

2022年11月4日，中信证券向上突破30日均线时，投资者B以17.50元的价格买入了1700股股票。

买入两只股票后，投资者B的持仓仓位占比达到了62%左右，此时还保留了将近40%的后备资金，属于较为安全的资金仓位配置。此后，两只股票都迎来了一波振荡上升走势，不过在2022年12月下旬都出现了一波幅度较大的回调。由于投资者B是以30日均线为入场建仓依据的，为了防范可能的风险，其仍将股价跌破30日均线作为离场的基准。

2022年12月23日，中信证券的股价向下跌破30日均线时，投资者B以19.30元的价格卖出了1700股股票。

2022年12月28日，三一重工的股价向下跌破30日均线时，投资者B以16元的价格卖出了2000股股票。

投资者B经过一波对中信证券和三一重工的操作，在没有改变股票的前提下，成功实现了解套。其实，这两只股票后续还有一波更大的涨幅，投资者B若在股价线重新向上突破30日均线时再入场，收获可能会更大。投资者B在8月底卖出持仓股票后，也可以将资金短暂地投资于债券基金或国债逆回购，以增加资金的收益。当然，投资者所选的领域应该是流动性较佳的方向，以随时将资金重新投放到市场为标准。

表 9-2　择时资金解套法实操数据表

交易时间	股票名称	股价	买入金额	买入数量	持仓金额	资金总额	持仓盈亏
2023.6.23	中信证券	21 元	31500 元	1500 股	31500 元	100000 元	——
2023.7.1	三一重工	19.5 元	29250 元	1500 股	60750 元	100000 元	——
2023.7.8	中信证券	19.50 元	–29250 元	–1500 股	29250 元	97750 元	–2250 元
2023.8.30	三一重工	17.50 元	–26250 元	–1500 股	0 元	94750 元	–5250 元
2023.11.1	三一重工	14.50 元	29000 元	2000 股	29000 元	94750 元	–5250 元
2023.11.4	中信证券	17.50 元	29750 元	1700 股	58750 元	94750 元	–5250 元
2023.12.23	中信证券	19.30 元	–32810 元	–1700 股	29000 元	97810 元	–2190 元
2023.10.30	三一重工	16 元	–32000 元	–2000 股	0 元	100810 元	810 元

注：卖出金额与股票数量、亏损金额均用“–”表示，不含交易费用。